广告文案创作与评析

主编 蔡学平 孙 吉 刘 冰 刘颖惠

图书在版编目(CIP)数据

广告文案创作与评析/蔡学平,孙吉,刘冰,刘颖惠主编.—修订本.—长沙:中南大学出版社,2013.1
ISBN 978-7-5487-0769-1

Ⅰ.广...　Ⅱ.①蔡...②孙...③刘...④刘...　Ⅲ.广告-写作
Ⅳ.F713.8

中国版本图书馆 CIP 数据核字(2013)第 015602 号

广告文案创作与评析

蔡学平　孙　吉　刘　冰　刘颖惠　主编

□责任编辑　刘　辉
□责任印制　易红卫
□出版发行　中南大学出版社
社址:长沙市麓山南路　　邮编:410083
发行科电话:0731-88876770　　传真:0731-88710482
□印　　装　长沙市宏发印刷有限公司

□开　　本　730×960　1/16　□印张 18.25　□字数 325 千字
□版　　次　2013 年 1 月第 1 版　□2017 年 1 月第 2 次印刷
□书　　号　**ISBN 978-7-5487-0769-1**
□定　　价　**38.00 元**

图书出现印装问题,请与经销商调换

总序

广告业的繁荣在中国也就是十几年的时间。十几年间，中国大体上完成了计划经济向市场经济转型，广告业伴随着市场经济的发展而发展起来。同时，它也是市场经济的有机构成。广告业在市场经济中发展，市场经济在广告业中展示。

不过，广告作为传播商品或商品生产信息的形象手段，却由来已久，大约有两千多年了。声音广告、实物广告、标志广告、色彩广告、语言广告等等，先秦至汉就不断地普遍起来。历史是文化的构成与展现形态，又是文化的过滤器。在漫长的历史过程中，很多存在过甚至繁荣过的东西消失了，很多先前没有的东西产生了并且繁荣了，更有一些东西消失了复又产生，产生了又再消失，几起几落，这就是历史的文化过滤作用。历史过滤有历史根据历史标准，合于这根据的东西就保留和繁荣起来，不合于这根据的东西就被滤除或者淘汰。这历史的根据或标准又不断地变化，此一时彼一时，这就有了此时被淘汰而彼时又生出的情况。再有，这历史的过滤作用又有空间地域的差异，在此一地产生的东西在彼一地未必产生，在此一地被淘汰的东西在彼一地未必淘汰。比如中国的京剧在西方就没有，而西方规模宏大的教堂群在中国也没有。时间与空间是历史的基本形态也是历史过滤作用的基本形态。不过，不管历史怎样发挥着过滤作用，怎样使不少东西被滤除使不少东西消而又生或生而又消，也不管历史怎样地体现为空间或地域差异，广告却在历史中长盛不衰。这样，广告及广告业就成为一种普遍的历史现象。当然，广告业作为“业”而产生并繁荣这是社会分工的结果。社会分工有社会分工的条件，当广告业作为“业”而独立并繁荣时，相应的历史条件便是商品经济的一定程度的发展与发达。据史记载，唐宋两代是中国广告业相当繁荣的两个时期，专门有一批技艺高超的手艺人在专门的场所从事着花样繁多的精美的广告制作，当时，车船、房架、院墙、廊柱、铺面、门脸、摊亭等都作为广告媒体被开发出来。唐宋时期，正是中国商品经济空前发展的时期。有人说，盛世广告多。这话不假，不仅唐宋，历史上凡值盛世，便都有广告的繁荣。从这一意义说，广告是建立在商品经济基础上的社会繁荣的晴雨表。

广告及广告业与商品经济的内在联系则在于广告乃是商品经济的表象，商品及商品经济经由广告及广告业创造的表象而自我表征、而传播信息、而营造市场并赢得市场。“酒香不怕巷子深”是因为好酒借助于人们的口碑广告而走出深巷，广为人知，进入市场。有些人认为商品好没有广告照样不愁买主，这种看法的迂腐处在于它不知道一传十十传百的好口碑本身就是广告，同时它也不知道大家所以乐于传乐于使自己成为那好酒的活广告，乃是因为那好酒需要广告，需要广告才有一传十十传百的广告效应，也才有那酒的更好；此外，这迂腐还在于，迂腐者没有想到，如果那好酒有了更多的广告宣传形式，它会获得更大的市场，它将由深巷进入闹市，再由闹市走向全国乃至世界。

这就涉及广告与商品、与厂家、与市场、与消费者、与媒体的关系。这是一个复杂的关系群。构成关系群的每一方都在不停地变化，而任何一方的任何一点变化都会经由这复杂的关系引起其他各方的变化。问题是所有这些方面又都在不断地变、同时地变，这就是变幻莫测了。不少商品，不少厂家，不少广告部门，不少广告媒体，就是因为没有很好地顾及各方之变，顺应各方之变，进而以应万变而寻求自身发展的不变，而终于每况愈下甚至淘汰出局。商品经济愈发达，广告业愈繁荣，由上述诸关系方面组成的关系群也就愈千变万化、充满玄机，愈要求眼观六路耳听八方，随机而起应时而动。这样一来，专门研究广告的广告学就成为综合各方的、动态的、机智的、富于创造性的学问，从广告业的经营与发展角度说，这几乎成为一门事关存亡的学问。

当下，中国的市场经济进入繁荣期，很多专家学者认同这样的说法，即随着市场经济的更加繁荣，中国的社会发展已呈现出众多的历史盛世特征。这样一来，就盛世广告多的历史一般性而言，中国广告业的更加繁盛正成为不争的事实。广告业的繁盛自然要集聚一大批广告从业人员，即所谓广告人；而广告学的事关经营之存亡与发展的严重性，又使得这门学问成为广告人及有志于广告的人无可回避必须精修的学问。由此，广告便有了相当普遍而且强烈的求教与施教的社会需求。一些专门从事广告学教学的院校或专业陆续被催生与发展，一批专事广告教学及研究的教师先后进入角色，更多急欲求知的学生也带着广告人的梦想走进课堂。20 世纪 90 年代初，极少数率先开设广告专业的教学者还被业内人士讥笑为投市场经济之机巧，曾几何时，大家又都唯恐不先地挤入这块专业教学领域。这又一次证明任何选择都无从离开发展变化的现实，发展才是硬道理。

真正有成效的广告教学离不开适宜于广告发展现实的教材。然而现实发展太快，广告学问的社会需求也来得太猛烈，而任何一门知识的教材又需要一个积累沉淀的过程。虽然可以借鉴，借鉴邻近学科的教材，借鉴先行的他国同类学科教材，但这毕竟是借鉴而且也只能是借鉴。中国的广告教材如果不适宜中国广告的发展规律，那就只能是花拳绣腿误人子弟。

适宜于中国广告业实际、适宜于中国广告发展、适宜于中国广告人才需要的广告教材，成为急切的时代呼唤。

摆在读者面前的这套“21 世纪广告智能运作书系”正是应时代呼唤而生，应时代的广告教学需要而生。它承载着历史的广告业的坎坷起落而来，积聚着广告的经验积累而来，负载着广告人的热切期待而来，承担着广告学及广告业繁荣的压力而来。它是一个风尘仆仆的赶路者，带着喧嚣的市场风尘进行冷静的思索。

广告这门学问是一个综合性很强的学问，它必须直面充满活力并变动不居的现实复杂的广告场景，须对解答实践着的广告及广告业难题提供富于实践意义的启发与引导，它还必须提供广告开发与创造广告精品、更充分地发挥广告效应的方略。这就是广告学的现实具体性特征。在所有的学问中，具体性的而非抽象性的学问是极具知识综合性的学问，没有众多知识的融会贯通就没有现实具体性的学问性及实践性的实现。广告策划、广告创意、广告经营、广告媒体开发、广告制作等，都直接面临具体的实施效果问题，而每一个效果的获取又都涉及众多方面知识。广告策划的总体方略，怎样既合于商家又合于市场更合于消费者的关注？这就既要知晓商家的经营之道及经营状况，又要了解市场的变化规律变化现实，还要了解消费者的消费期待、消费水平、消费习惯。这里的每一个方面都靠相关的知识支撑着：工商管理学的知识、经济学的知识、市场学的知识、消费学的知识、心理学的知识、美学的知识、文化学的知识、民俗学的知识、传播学的知识、媒体学的知识、设计学的知识、写作学的知识，等等。这众多知识如血液贯体般地流转于广告学问及其应用中，任何一方面知识的不足都会给施教与应用带来窘迫与尴尬。有人说广告的学问在广告之外，这话当然是有道理的。当广告人不是很难，也就是个谋业与敬业问题，但要成为广告界精英成为呼风唤雨的广告大师，那就大不容易了。其中的难就难在这需要大量的知识积累，需要从业于广告的人是一个真正意义的通才。按照这样的标准来编写广告学教材，要通过这样的教材去培养广告人，去为广告业精英、广告大师打下坚实的广告学基础，不突出广告学的知识综合性特点，显然不行。

此外，广告学问既非知的学问亦非技的学问，但它又离不开知与技，它介于知与技之间，是知的具体运用是技的经验向着知识的升华。中国古人称这类学问为“术”，古希腊的亚里士多德则称之为“艺”。广告学的教材如果按照纯然的知识类教材去编写，对定义范畴特点功能等，条分缕析，成识成体，不能说这类教材没用，这也只是专业知识的入门之用。而且，不管这类教材如何追求知识的体系性，理论的精深性，它也比不上那些理论性很强的专业。眼下不少这类关于“术”或“艺”的教材，特别在知识性理论性上下工夫，整个体例建立在原理、特点、功能等的知识性阐述的基础上。使用这样的教材，学生知道了是这么回事甚至知道了为什么是这么回事，但却不会动手动脑去做这事，这就是问题了，这显然有违教学的初衷。像这样的以知为重的教材，在广告学的各类学问中，在总类或重要分类中有一本两本概论性的东西也就够了。至于少数人要进一步深造，要在广告学领域做大学问，如攻读硕士或博士学位，进而成为这一领域的理论家，那当然须有更富于理论性的教材，但那又绝不是概论性的东西，而只能是专题研究的专著性教材。像现在不少教材那样，应用而不能用，专题研究却既非专题又不得专题之究，就不伦不类了。

当然，走另一种极端，把广告学问做成技术性教学，只是在动手、动口能力上下工夫，使学生所学仅止于如何市场调查，如何谈判，如何做灯箱广告路牌广告等，这也不合于广告的学问规定。这些具体动手或上手的技术性的学习或训练确实应该有，应该学与练，但不能仅止于此，还要进一步向知识学问的高度提升，即不仅使学生会动手去做，更要使学生知道为什么应这样去做，知道何以这样做行而那样做就不行。一则电视广告，从形象到言辞到场景和音乐，做出来播出来了，看上去似乎原本就应该如此，其实从制作者角度说，他着手制作时是面临着众多种选择的，每一个局部或细部都有众多选择，对每一个选择他都要进行大量比较，而最终所以这样来做而不那样去做他都必须有所根据。这里是容不得盲目性的，也非随意之举。为什么有些电视广告，从模特表演到场景，音乐、言辞、摄制技术都很不错，受众也乐于观看，但十几遍播过去了，就是记不清所宣传的商品叫什么名称？为什么一些报纸广告整版地做，不断地做，受众应合率却远不如预期那么高？为什么一些优秀的现场广告可以技压群雄，从其他现场广告中脱颖而出一下便抓住受众的注意，而其他广告反倒成了陪衬？为什么一个广告策划可以救活一个企业、创出一个品牌，而更多的广告策划却无助于企业走出打不开市场的困境？为什么有些广告语美则美矣却乏力于促销，而另一些看似平常的广告语却产生出强而有力的关注效应，甚至一语定乾坤？这类问题主要并不是技术或技艺水平问题，这里有众多学问的灵活运用。仅从心理学角度说它就涉及感觉强化问题、知觉注意问题、同构问题、认知问题、想象问题、记忆问题、情感问题、共鸣问题，等等。对于制作者来说，桃李不言可以，心中无数则绝对不行。这心中的数就是学问。这学问的体现及获得这学问之方法的重要习得处所就是教材及使用教材进行教学的课堂。

广告学的“术”或“艺”的学问，在亚里士多德的“识”、“智”、“艺”的三元划分中属于“智”。“智”，即智能，这是开启、运用、展示聪明才智的能力。它不同于观念的知，也不同于技术技艺的技，智能是知与技的汇聚场所。无知则无智，同样，无技也无智，专门的知汇成专门的智，专门的技受导专门的智。而广告学问的综合性又决定了广告之智乃是综合的智，它由众多知识支撑又向广告所需的众多技艺敞开。广告学问做成知的学问或做成技的传授都未见其本分，唯基于广告知识的广告智能开发，才是这门学问的起点与归宿。概括地说，就是如何进行广告学的智能传授与训练。这套“21 世纪广告智能运作书系”就是奠基于广告学智能的传授与训练，并以此组合知识、转用知识、综合知识，再以此为根据形成思路和体例，建构以智能实训为特征的学问体系。

广告学的智能实训，须以教为引导以训为主元。教，主要讲授待训之智能的性质、结构、心理特征、训练根据、训练方法根据、训练要求、训练目的等等；训，则分导训、助训与自训，引导学生成为智能开发的主体。这类教与训再与相应的广告学知识关联起来，以相应的广告专业知识为专业智能实训的知识提领并据此营造相应的知识场景与应用场景，专业知识由此被讲授。在这样的学问系统中，专业知识铺设进去了，专业知识向专业智能实训的转化展开了，提升专业智能的目的也现实化了，学生学成后用于专业开发的业绩也就随之而来。就这样的知识—实训—智能提高—专业应用四位一体的教材学问构架及学问体系而言，这是一套应广告及广告业现实发展的实际需要，实现知识智能转化的富于创新性的教材。这套教材的构架与体系，决定着旨在开发智能的案例分析，旨在进行智能实训的专业场景式、专业课题式、专业情境式训练题目的设立，以及学生的实训参与、实训参与过程设计、实训成果检验这三个方面，它们在教材中占据重要位置。这里的难点及特点并不在于案例分析及训练题目的设立形式——这类形式在其他教材中也都不同程度地引起关注并设立，而在于把这类形式的根基设立于智能开发的基点。显然，让人知道一件事与教人做好这件事并不是一回事。出于知识的基点与出于实训的基点，两者即便用到同一个案例与设立同样的习题，其要求、其侧重、其具体分析与展开过程也大不相同。其中的差别，与告诉人南极旅游的知识和亲自组织旅游团到南极旅游是完全不同的两回事一样。

这套教材中的半数以上内容在此前三年中已在辽宁广告职业学院及部分从业人员培训中不同程度地试用，并在试用中得到了不同程度的修改与完善，收到的教学效果是令人振奋的。一些综合性大学的广告专业也已引入或正在引入这样的教学思路及这套教材此前已然成形的部分。

广告业的繁荣与发展催生着与之适应的广告学教学，卓有成效的广告学教学通过源源不断地为广告业输送开发了专业智能的人才而促进广告业的更加繁荣与发展。这个过程中，作为广告业及广告人才的答谢式馈赠，以智能实训为基点的广告学教材也在实践中如根基于沃土的苗木，饱受阳光雨露的滋养，正长成繁茂的森林。

本套丛书编写过程中，参考大量的国内外学者的同类教材和网络文献，对这些文献的作者表示感谢。现在，这套教材向读者们交付了，它需要在读者的批评中不断完善。

以此为序。

高凯征

目 录

第一章 绪 论 ……………………………………………………………… (1)

第一节 广告文案概说 …………………………………………………… (1)
第二节 文案大师谈写作 ………………………………………………… (4)
第三节 广告文案的未来展望 …………………………………………… (28)

第二章 广告文案主题的谋划 ………………………………………… (34)

第一节 广告文案的主题 ………………………………………………… (35)
第二节 主题的形成与提炼 ……………………………………………… (45)
第三节 制定广告文案策略单 …………………………………………… (49)

第三章 文案的创意与表现 …………………………………………… (55)

第一节 广告创意的内涵 ………………………………………………… (56)
第二节 广告创意的基本理论 …………………………………………… (63)
第三节 广告创意的表现技巧 …………………………………………… (72)

第四章 广告文案的结构 ……………………………………………… (80)

第一节 标题的写作 ……………………………………………………… (82)
第二节 正文的写作 ……………………………………………………… (93)
第三节 广告语的写作 …………………………………………………… (104)
第四节 附文的写作 ……………………………………………………… (109)

第五章 广告文案的语言与修辞 ……………………………………… (117)

第一节 广告文案的语言 ………………………………………………… (118)
第二节 广告文案语言的诉求方式 ……………………………………… (130)

第三节 文案语言的修辞方法 …………………………………………(141)
第四节 广告语言的基本语式 …………………………………………(153)

第六章 不同媒介广告文案写作 …………………………………………(161)

第一节 平面广告文案写作 …………………………………………(164)
第二节 电子广告文案写作 …………………………………………(182)
第三节 网络广告文案写作 …………………………………………(201)

第七章 不同信息主体广告文案写作 …………………………………………(213)

第一节 产品广告文案 …………………………………………(217)
第二节 服务广告文案 …………………………………………(220)
第三节 企业广告文案 …………………………………………(226)
第四节 公益广告文案 …………………………………………(232)

第八章 不同行业内容广告文案写作 …………………………………………(243)

第一节 房地产行业广告文案 …………………………………………(245)
第二节 酒业广告文案 …………………………………………(264)
第三节 餐饮业广告文案 …………………………………………(268)
第四节 食品业广告文案 …………………………………………(273)
第五节 医药业广告文案 …………………………………………(276)

参考文献 …………………………………………(281)

第一章 绪 论

知识要点

1. 知晓广告文案的概念；广告文案的特性；
2. 了解广告大师的广告作品。

第一节 广告文案概说

一、广告文案的界定

“广告文案”一词来源于英文 advertising copy，中文“文案”在《辞海》中有两种解释，一是“公文案卷”，二是“旧时衙署中草拟文牍、掌管档案的幕僚”。这与现今同时以“文案”指称广告作品中的文案和文案撰稿人的情况大体相同。通常说到广告文案，有两重意指，一是指广告的各种文字形态，一是指广告业的一个专职，即创作或撰写广告文案的职业人员，即广告文案撰稿人。

1985 年，傅汉章、邝铁军在所著《广告学》中较早对“广告文案”做出明确界定：“广义的广告文案，也称广告稿、广告拷贝（advertising copy）或广告表现，它的内容包括广告作品的全部，如广告文字、绘画、照片及其布局等等。例如，报刊广告，广告文不限于文字，也包括色彩、绘画、图片、装饰等。”近年来，随着广告业在我国的蓬勃发展，对广告文案的概念界定日益明晰。陈培爱在《如何成为杰出的广告文案撰稿人》一书中将其界定为“广告作品中用以表达广告主题和创意的语言文字”；丁柏铨在《广告文案教程》一书中这样定义“广告文案是广告作品的文字部分”；李世丁、周运锦编著的《广告文案写作》将其描述为“广告策略与广告创意的文字表达”；赵兴元主编的《广告原理与实务》中指出“广告文案是指以广告宣传为目的的文字作品，是广告作品设想与蓝图的具体陈述”。

广告文案有广义与狭义之分。广义的广告文案是指广告运作文案及广告作品文案。广告运作文案涉及广告运作的总体过程及构成总体过程的阶段性运作，以及各运作细节，如广告运作中的市场调查、市场分析、媒体分析、方略论证等，这又通常称为广告策划文案。广告作品文案则是广告作品创作所依循的蓝本。广告策划文案在“广告策划”的教材中多有专述。本书指称的“广告文案”是狭义的广告文案，专指广告作品文案，这是广告作品中全部的语言文字部分；是广告文案人员在广告运作目的的制约和支配下，进行广告作品的主题的提炼、材料的选择、结构的安排、文案部分与美术设计部分配合的过程；是广告文案人员采用不同的语言排列组合、不同的表现方式表达广告主题，传达广告信息，以达到广告意图的文字书写形态。因此，广告文案写作是一个创意实现的过程，又是创意表述的文字形态。狭义的广告文案从功能上划分为两种，一是见于广告作品的文案，这类文案本身就是广告作品，是本书阐释的重点；二是指导性文案，如平面广告的创意说明、电视广告脚本，其文字形式在作品中并不出现，而是转化为形象。

综合以上对广告文案的不同理解，我们可以归纳出广告文案的下列特性：

（一）明确的目的性

广告文案是一种有目的的写作。广告文案作为广告的一个必然组成部分，它总是以准确体现广告创意和有效沟通受众并产生该广告预期效果为其写作目的的。广告文案的写作目的控制并引导着广告文案写作的全过程，即控制并引导着广告标题的拟定，广告文案主题（观点）的明确或限定，广告正文的内容材料的选用，结构层次的安排，广告语言风格的确定，广告语的提炼以及附文的撰写。

（二）借助语言文字表述

广告文案大师奥格威曾经指出“广告是文字的生涯”，著名广告学者H·史载平斯也强调，“文案是广告的核心”。广告文案是广告作品中的语言和文字符号。这里的“语言”，既指广告中诉诸受众听觉的有声语言；也指广告中诉诸受众视觉的书面语或其他文字符号；还指影视广告中富有动感的体势语。言语表达要有独特性，即广告的表现手法的灵活多样，广告文案的写作手法也不拘一格。可以这样说，除了虚构之外，文学的表达方式与表现方法，均可进入广告文案的写作领域。再深一层说，广告作品是科学与艺术的融合。它既具有内容的真实性，又具有表现的艺术性。在真实与艺术的基础上又有着浓郁的文化气息。这是广告创作必须遵循的原则，这就决定了广告文案在言语与文字表达上不能太刻板，要有创造性。“科学的广告术是依据心理学法则的”，这句名言也必然适用于广告文案的写作。因为广告文案要打动受众或消费者，要深入人心，要有撞击力，因此广告文案的言语与文字的表达就应该是独特的。

(三)围绕创意进行具体延展

广告文案写作的根据是广告创意。广告创意是广告设计者依据已经确定的广告战略与策略，为达到广告目的而进行的科学与艺术相融合的创造性构思的结晶。广告创意为广告制作流程中的各个环节提出了具体的、可操作性的要求。文案的写作是以广告创意为根据的，不仅要符合创意，而且要突出体现创意的核心——广告主题。

二、广告文案写作的内涵

广告文案写作是关于广告作品中的语言文字的写作。写作学把写作分为基础写作和应用写作两大类。前者用于打基础，后者着眼应用。如果基础打得好，应用写作会变得很容易。总体上看，广告文案的写作属于应用写作，文案的应用性十分直接。这种应用性体现在广告文案所传达的主题、内容和受众的直接利益息息相关。它虽有创意，但不能虚构；虽然真实，但必须经过策划。文案语言所表述的观念或商品的卖点不仅要目的明确，而且要具体化。也就是说，这种应用性是和文案写作鲜明的目的性直接相关的。同时，这种应用性蕴涵着很大的创造性，不同于某些应用写作以程序性、格式性为主要特征，而是常常借助各类文体的写作手法，比如运用文学的表达手段让受众在文学氛围中得到感染，产生购买欲望；运用新闻写作的特殊结构和语言风格吸引消费者注意等等。

广告文案写作除了具有一般文章的生成规律之外，还要遵循其特殊规律，那就是要依据广告战略与策略。广告战略是广告主在一个较长时期内，为实现广告总体目标而制定的，能够派生具体的广告策略，指导广告创意与运作，驾驭广告活动的总体谋略。这是一种宏观的、具有指导性的长远营销谋略。它的取向具有原则性和方向性。广告策略是在广告战略指导下，针对具体广告项目和广告活动，或随着形势的发展而制定的具体运作方针、方式和方法。作为传达广告主要信息的广告文案，必须在广告战略与策略的指导下紧密围绕着产品、目标消费者进行创作，这就是广告文案撰写的深层规律。

写作广告文案时，初学者应注意以下问题。首先，广告文案写作是面向受众和消费者的，因此广告文案的写作应树立客体意识，以广告受众为中心，对受众抱以真诚的态度，不断地提升企业自身的知名度和商品的美誉度。文案写作前应尽可能地了解目标消费者，包括消费者的性别、年龄、经济收入、文化信仰、家庭结构、购买态度、购买方式、所在地域以及消费需求，如满足日常生活、工作的基本需求，或满足较高档次的消费需求以及其他满足内在精神、情趣的需求等因素。

其次，要立足于说服。广告是说服的艺术，不管是情感诉求还是理性诉求，目的都是为了引发共鸣，激发受众的潜在需求。文案要唤起消费者的共鸣不是一件容易的事情，只有在充分感受社会氛围和时代气息的基础上，运用富于个性的语言，抱以诚信的态度才能使文案产生魅力，达到沟通交流的效果。说服的目的，不仅在于告知，更在于使之信服，受众只有对企业增进信任度，对商品产生美誉度，对服务提升赞誉度，对公益事业产生关切度，广告文案的价值才能真正体现出来。

最后，广告文案写作有极强的原创性。这是对广告创意的深化和再创造，属于广告表现的范畴。如何对创意进行有效的深化和再创造至关重要。立足于独创，因为独创才有可能产生魅力，才有可能产生卓然独立的新鲜印象。诚然，广告文案的写作离不开对以往经典案例的借鉴学习，但要借鉴得自然、流畅、恰当，在创新基础上的借鉴才能不落窠臼。

另外，广告文案写作要拥有自身的美学追求。成功的广告作品都是带给人以美感的。广告作品不仅要吸引受众的眼球，而且要有效地提高广告受众对广告作品的审美维度和记忆度，提高表现广告美的能力，通过丰富广告的美学内涵引发人们兴趣。所以，广告文案要写得漂亮、精彩，就要求文案人员具有基本的美学修养，深厚的文化素养和文字功底，以及独具创造性的表现广告主题的能力。

总之，在文案写作中，广告文案人员要在广告文案写作的特殊原则、特殊条件下，对广告创意策略和表现策略进行文字表现，与其他表现要素一起形成一个完整、有效的广告作品。

广告文案写作立足受众，才能引起关注；立足真诚，才能真实可信；立足说服，才能传播有效；立足创新，才能魅力持久。

第二节　文案大师谈写作

在现代广告的发展过程中，广告文案的撰写占有相当重要的地位。在西方广告界，长期以来形成了文案中心制的传统，很多杰出的广告人都以写作而成名，如，乔治·格里宾、大卫·奥格威、威廉·伯恩巴克以及李奥·贝纳、罗瑟·瑞夫斯，他们是最早得到“纽约文案俱乐部”授予的“杰出撰文家”荣誉的广告大师，他们为整个广告界带来了声誉，作出了巨大的贡献。他们的经验，对今天的文案写作具有深远的指导意义。

一、乔治·格里宾

（一）人物生平

乔治·格里宾出生在美国密歇根州。威斯康星大学新闻系毕业后，由于经济危机曾经在百货公司卖刷子，在这里，他观察各类人物购物时的心理，也了解了商品促销的各种手段。1935 年，他加入扬·罗比凯公司，从最基层的广告撰写员做起，经过 20 多年的磨炼，于 1958 年担任了这家赫赫有名的广告公司的总经理。在长期的广告生涯中，乔治·格里宾创作了大量的独具特色的广告作品，因此成为最早获得纽约文案俱乐部所颁赠的“杰出撰文家”荣誉称号的五位广告人之一。

图 1－1 乔治·格里宾

格里宾认为，一个好的撰文人员的特征，应该是避免陈词滥调，他不仅仅应在表现形式上避免出现这种情况，在言词上也要力求出新。他认为广告的根本是基于文字的力量，并将它置于广告各项工作的首位。他为广告人所下的定义是：把组合的文字放在一起以说服别人去买商品的人。他为报纸广告设定的撰稿原则是：

（1）在美术指导的帮助下，创作一幅能吸引读者去读文案标题的图画；

（2）创作文案标题，使它能吸引读者去读正文第一句话；

（3）创作正文第一句话，使它能吸引读者读正文第二句话；

（4）继续这样的步骤，直到你确信文案能吸引读者读完最后一个字为止；

（5）确信整个画面和文字都能激起消费者的购买欲望。

1965 年，格里宾退休后回到校园，从事学术研究。在曼哈顿维尔大学他获得了人类学硕士学位。即便退休后，格里宾仍然担任扬·罗比凯公司的顾问。1977 年，他重新上阵，担任扬·罗比凯公司的创意总监，对广告业施加了更大的影响，为扬·罗比凯公司的国际化扩张之路立下了汗马功劳。

（二）创作原则

1. 彻底了解你的商品，彻底了解你的顾客

乔治·格里宾结合自己的切身体会说过这样一番话：“我认为，写文案的人应该对商品有深切的了解——不仅仅只是他所要宣传的商品实体上的特点，而且要知道哪一类的人会去买它，以及什么样的动机使得他们去买它。去了解你的未来顾客，去了解你的商品，同时要对这两项有相当深度的了解。此外，我恐怕再也没有一定的公式了。”换句话说，一个广告文案在问世之前，创作人员首先要确定，你所宣传的东西是什么，谁最有可能成为你的顾客，以及你用什么样的方法把商品的优点介绍给予他们，才能使得他们想去购买。

2. 借助丰富的生活经验

广告文案写作的要点和难点，就在于依赖生活中的经验和你所读到东西，把所要介绍的商品放进联想的范围，以使消费者产生兴趣。比如说，如果你想宣传一种香皂，如果只是把香皂本身放在广告中作为画面，那么肯定不能吸引更多的人看你的这个广告。因此，你一定要想出某种表现形式，使得广告内容和画面更能吸引人。当然，这就需要努力地去创作那些印象。

乔治·格里宾的这一创作理念成功体现在其为箭牌衬衫所写的一则文案中。为了做好这个广告，他与美术编辑安东尼一起进行了反复研究，最后确定应该用一个普普通通的人作为广告画面的主角，而不要通常的服装广告上那种动人的模特。因为，这种衬衫的消费者就应该是这样的人，时时刻刻都能碰得到。格里宾由此感觉到，如果能够在广告中传达这一信息，就可能做出一个好广告来。根据这一设想，乔治·格里宾想出了一个标题：“即使是我，穿着箭牌衬衫也好看。”同时，他考虑一定要用一个外表真实的普通人来显示这一主题，哪怕有一点夸张也不怕，可以采用类似漫画的手段。广告一炮打红，箭牌衬衫很快变成了普通民众争相选购的产品。

3. 避免陈词滥调

优秀的文案人员不仅应在表现形式上避免出现陈词滥调，在语言上也要力求出新。格里宾非常注意广告语言的作用，将它置于广告各项工作的首位。他说，就广告业而言，调查研究、市场运营计划、媒体分配等工作是不可缺少的，它们能为所宣传的商品草拟出光辉灿烂的未来。但是，只有文字——标题和文案才能决定商品是否会活力十足、精神百倍地迈向成功之路。所以，动笔之前，文案人员要对所表现的事物进行彻底的思索，做得深刻而广泛，绝不可浅尝辄止。

(三)经典文案作品

图1-2 保险公司广告

1. 美国旅行者保险公司广告——"寡妇"篇

当我28岁时，我以为今生今世再也不会结婚了。

格里宾认为他写的最好的广告作品就是"寡妇"，这是他为旅行者保险公司所创作的。起初，他将文案命名为"寡妇"，客户看过之后，觉得十分压抑，就将标题删去，以文案的第一句话"当我28岁时，我以为今生今世再也不会结婚了"用粗体字标出代替原来的标题。后来，甚至连粗体字也取消了，这便是广告史上极其罕见的无标题广告：

"当我28岁时，我以为今生今世再也不会结婚了。我的个子太高，双手及两条腿的不对称常常妨碍了我。衣服穿在我身上也从来没有像穿在其他女孩子身上那样好看。似乎绝不可能有一位护花使者会骑着他的白马来把我带去。

可是，终于有一个男人陪伴我了。爱维莱特(Everett)并不是你在16岁时所梦想的那种练达世故的情人，而是一位羞怯笨拙的人，有时也会手足无措。

他看上了我不自知的优点。我才开始感觉到并不虚此生。事实上我俩当时都是如此。很快地，我们相互融洽无间，我们如不在一起就有怅然若失的感觉。所以我们认为这可能就是小说中所描绘的那种爱情故事，以后我们就结婚了。

那是在四月中的一天，苹果树的花盛开着，大地一片芬芳。那是近30年前的事情了，自从那一天之后，几乎每天都如此不变。

我不能相信已经度过了这许多岁月，岁月载着爱维和我安静地度过，就像驾着独木舟行驶在平静的河中，你感觉不到舟之移动。我们从未去过欧洲，我们甚至还没去过加州。我认为我们并不需要去，因为家对我们来说已经足够大了。

我希望我们能生几个孩子，但是我们未能达成愿望。我很像圣经中的撒拉，只是上帝并未赏赐我以奇迹。也许上帝想我拥有爱维就已经够了。

唉！爱维在两年前的四月里故去。安静地，含着微笑，就和他生前一样，苹果树的花仍在盛开，大地仍然充满了甜蜜的气息。而我则怅然若失，欲哭无泪。当我弟弟来帮助我料理爱维后事时，我发觉爱维是那么体贴关心我，就和他往常的所作所为一样。虽然在银行里并没有给我留下很多钱，但有一张照顾我余生全部生活费用的保险单。

就一个女人所诚心相爱的男人过世之后而言，我实在是和其他女人一样心满意足了。"

【评析】 整个文案以第一人称进行叙述，由一位老妇人娓娓道来。其中并没有曲折离奇的情节，但却引人入胜。这是一个普通而又完美的婚姻故事。整个故事在诉说一个女人对自己婚姻与生活的满足，一个女人对已故丈夫的感激与眷恋之情，以及一个丈夫对妻子的体贴与关爱。这份体贴表现在平时的温存与爱意上，更体现在一张照顾妻子余生全部生活费用的保单上。这种穿透浮华岁月的心灵独白，让人感动。

2. 箭牌衬衫(图1-3)

标题：我的朋友乔·霍姆斯，他现在是一匹马了

正文：乔常常说，他死后愿意变成一匹马。

有一天，乔果然死了。

5月初我看到一匹拉牛奶车的马，看起来很像乔。

图1-3 箭牌衬衫广告

我悄悄地凑上去对他耳语：

“你是乔吗?”

他说：“是的，但现在我很快乐!”

我问：“为什么呢?”

他说：“我现在穿着一件舒服的衣领，这是我有生以来的第一次。我衬衫的领子经常收缩，简直在谋杀我。事实上有一件把我窒息了。那就是我致死的原因!”

“天啊，乔!”我惊讶失声。

“你为什么不把衬衫的事早点告诉我？我就会告诉你关于‘箭牌’衬衫(Arrow Shirt)的事。它们永远合身而不收缩，甚至织得最紧的深灰色棉布做的也不收缩。”

乔无力地说：“唉！深灰色棉布是最会收缩的了!”

我回答说：“可能是，但我知道‘戈登标’的箭牌衬衫是不收缩的。我正穿着一件。它经过机械防缩处理。收缩率连1%都不到！此外，还有箭牌所独有的‘迷淘戛’特适领!”

"'戈登标'每件只卖两美元!"我说得达到高潮。

乔说:"真棒,我的老板正需要一件那种样子的衬衫。我来告诉他'戈登标'的事,也许他会多给我一夸脱燕麦。天哪,我真爱吃燕麦呀!"

【评析】 这则广告文案是一篇故事性与谐趣性兼备的广告文案。标题充满想象力和吸引力,突破了现实的束缚。内容部分大量使用短句和对话,结构紧凑,语言通俗。在对话中,不失时机地将箭牌衬衫的优点一一道出,文学味十足又极具广告实效,留给读者深刻的印象。是建立在富有个性且新颖的创意以及精雕细刻的文字表现手法之上的佳作。

二、大卫·奥格威

(一)人物生平

图1-4 大卫·奥格威

奥格威(David Ogilvy)是著名的奥美国际广告公司创始人。1911年生于英国苏格兰,早期曾做过厨师、厨具推销员、市场调查员、农夫及英国情报局职员。于1948年在美国创立奥美广告公司。随后以创作许多富有创意的广告而赢得盛誉。奥美公司在其经营管理下,发展迅速,现今已经成为在世界53个国家或地区设有278个分公司的国际性跨国广告公司。奥格威把广告当作"推销技术",不是抚慰,不是纯粹美术,不是文学,不要自我陶醉,不要热衷于奖赏,推销是真刀真枪的工作。作为科学派鼻祖奥格威最大的特点是直观明了,少卖弄,尽量少做修饰和点缀。

(二)创作原则

1. 广告文案创作方法

在阐述这一问题时,大卫·奥格威用了一个很形象的比喻当做开头:你坐下来写广告正文的时候,不妨假设你是晚宴上和坐在你右手边的那位妇女交谈。她问你:"我考虑买一辆新车,您推荐那种牌子?"你呢,就好像在回答这个问题那样写出你的广告文案。

(1)不要旁敲侧击,要直截了当。避免"差不多、也可以"等含糊其辞的语言。盖洛普博士已经证明这种模棱两可的说法通常会被误解。

(2)不要用最高级形容词、一般字眼儿和陈词滥调。要有所指,而且要实事求是，要热忱、友善，并且使人难以忘怀，别惹人烦厌，讲事实，但是要把事实讲得引人入胜。文案该有多长？这取决于产品。若是你在为口香糖做广告，那没有多少可说的，当然就写短文。你是在为一种各种各样特征的需要加以介绍的产品做广告，那就写长文，你介绍得越详细，产品也就销售得越多。调查表明，广告文字增加到50个字，读者数量会随着字数的增加而急剧下降，但是从50字增加到500字，读者数量却下降得很少。每则广告都应该是一件推销你的产品的完整的作品。设想消费者一个有一个地读同一种产品的广告不现实的。应该把每一则广告写得很完整，设想这是把产品推销给读者的唯一机会——机不可失，时不再来。

（3）应该常在文案中使用用户的经验之谈。比起不知名的稿人的话，读者更易于相信消费者的现实说法。在世的最好撰稿人吉姆·杨说："各种各样的广告主都会碰到同一个问题，就是如何被人信服。邮购广告主知道，最能达到使人信服这个目的的，莫过于消费者现身说法了。然而，一般广告主很少使用这种方法。

（4）另外一种很有用的窍门是向读者提供有用的咨询或服务，以这种办法写成的文案，可以比单纯说明产品本身的文案多招揽75%的读者。

（5）奥格威从来没有欣赏过文学派的广告，40年前广告界好像很受几则名噪一时却华而不实的散文所影响，而奥格威却一直觉得这类广告很无聊，一点事实都没有提供给读者。他很同意克劳德霍普金斯的观点："高雅的文字对于广告是明显的不利因素，精雕细刻的笔法也如此。他们喧宾夺主地把对广告主题的注意力攫走了。

2. 广告文本原则

（1）不要期待消费者会阅读令人心烦的散文。

（2）要直截了当地讲述要点，不要有迂回的表现。

（3）避免"好像"、"例如"的比喻。

（4）"最高级"的词句、概括性的说法、重复的表现，都是不妥当的，因为消费者会打折扣，也会忘记。

（5）不要叙述产品范围外的事情，事实即事实。

（6）要写得像私人谈话，而且是热心的并容易记忆的，就像宴会时对着邻座人讲话似的。

（7）不要写令人心烦的文句。

（8）要写得真实，而且要使这个真实加上魅力的色彩。

（9）利用名人推荐，名人的推荐比普通人的推荐更具效果。

(10)讽刺的笔调不会推销东西，卓越的撰文家不会利用这种笔调。

(11)不要怕写长的文本。

(12)照片底下必须附加说明。

3. 广告标题原则

(1)平均而论，标题比文本多5倍的阅读力，如果在标题里不能畅所欲言，就等于浪费了80%的广告费。

(2)标题向消费者承诺其所获得的利益，这个利益就是商品所具备的基本效果。

(3)要把最大的信息量"灌注"于标题当中。

(4)标题里最好包括商品名称。

(5)唯有富有魅力的标题，才能引导读者阅读副标题及本文。

(6)从推销而言，较长的标题比词不达意的短标题更有说服力。

(7)不要写消费者必须研读文本后才能了解整个广告内容的标题。

(8)不要写迷阵式的标题。

(9)使用适合商品诉求对象的语调。

(10)使用情绪上、气氛上具有冲击力的语调，如心肝、幸福的、爱、金钱、结婚、家庭、婴儿等。

4. 广告插图原则

(1)据统计，普通人看一本杂志时，只阅读4幅广告。引起读者注目越来越困难。所以，为了创作出最快被人发现的优秀插图，我们必须埋头苦干。

(2)把故事性的诉求(story appeal)放进插图中。

(3)插图必须表现消费者的利益。

(4)要引起女性的注目，就要使用婴儿与女性插图。

(5)要引起男性的注目，就要使用男性的插图。

(6)避免历史性的插图，旧的东西并不能替你卖东西。

(7)与其用绘画，不如用照片。使用照片的广告，更能替你卖东西。

(8)不要弄脏插图。

(9)不要去掉或切断插图的重要性。

(三)经典文案作品

1. 哈撒威衬衫广告文案(图1-5)

标题：穿"哈撒威"衬衫的男人

正文：美国人最后终于体会到，买一套好的西装，却因为配上一批量生

图 1－5 “哈撒威”衬衫广告

产的廉价衬衫而毁坏了整体效果，这实在是一件愚蠢的事。因此在这个阶层的人群中，哈撒威衬衫就日渐流行了。

哈撒威衬衫当然更耐穿，穿几年都没问题。穿上它，您会显得更年轻、更潇洒，这源自哈撒威衣领的精心裁剪。整件衬衫裁剪得更熨帖，因此穿着也更舒适。下摆更长，紧贴西裤。扣子是珍珠母的，针脚保留了一种南北战争前的优雅气质。

最重要的是，哈撒威衬衫用最好的面料缝制衬衫，面料来自地球的四面八方——维耶勒法兰绒和爱尔特克斯网眼布产自英格兰，羊毛平纹皱丝产自苏格兰，海岛棉布产自西印度群岛，手纺马德拉斯薄棉布产自印度，精细人造丝产自曼彻斯特，尼龙薄织麻布产自巴黎，手工丝织品出自美国最好的纺织工之手。穿着品位如此出色的衬衫，您当然会从容自若。

哈撒威衬衫由缅因州渥特维尔小城一家小工厂里敬业的员工们精心制

造。先生们，他们的手艺已经流传了120年。

各地正规商店有售，或致信缅因州渥特维尔哈撒威公司索要离您最近的商店店址。在纽约，请致电 OX7－5566，售价5.95～20美元不等。

【评析】 在这则广告中，奥格威遵循了他自己的文案写作原则——标题要能引起联想，正文要直截了当而非旁敲侧击。在具体写作中，他尽可能全面地从使用者的角度介绍产品：为顾客“精心裁剪”的衣领，可深入裤腰的下摆。珍珠母做成的扣子，以及从世界各地进口的最有名的布匹。如此平实的语言，详细的介绍，没有一丝的矫揉造作。可以说，这是用自己的真心、诚心来促成消费者购买的决心、使用的信心。

2. 劳斯莱斯汽车广告文案（图1－6）

图1－6 劳斯莱斯汽车广告文案

标题：“这辆新型‘劳斯莱斯’在时速60英里时，最大闹声是来自电子钟”

副标题：“什么原因使‘劳斯莱斯’成为世界上最好的车子？”

正文：(1)行车技术主管报告：在时速60英里时，最大闹声是来自电子钟，引擎是出奇的寂静。三个消音装置把声音的频率在听觉上拔掉。

(2)每台“劳斯莱斯”的引擎在安装前都先以最大气门开足7小时，而每辆车子都在各种不同路面试车数百英里。

(3)“劳斯莱斯”是为车主自己驾驶而设计的，它比国内制造的最大型车小18英寸；

(4)本车有机动方向盘，机动刹车及自动排挡，极易驾驶与停车，不需司机；

(5)除驾驶速度计外，在车身与车盘之间，互相无金属衔接。整个车身都加以封闭绝缘；

(6)组装的车子要在最后测试室经过一个星期的精密调整。在这里分别受到98种严酷的考验。例如：工程师们使用听诊器来注意听轮轴所发出的低微声音；

(7)“劳斯莱斯”保用3年，已有了从东岸到西岸的经销网及零件站，在服务上不再有任何麻烦了；

(8)著名的“劳斯莱斯”引擎冷却器，除了亨利·莱斯在1993年去世时，把红色的姓名的第一个字母R改为黑色外，从来没有更改过；

(9)汽车车身之设计制造，在全部14层油漆完成之前，先涂5层底漆，然后每层都用人工磨光；

(10)移动在方向盘柱上的开关，你就能够调整减震器以适应道路状况（驾驶不觉得疲劳是本车显著特点）；

(11)另外有后车窗除霜开关，控制着由1360条看不见的在玻璃中的热线网。备有两套通风系统，因而你坐在车内也可随意关闭全部车窗而调节空气以求舒适；

(12)座位垫面是由8头英国牛的皮所制——足够制作28双软皮鞋；

(13)镶贴胡桃木的野餐桌可从仪器板下拉出，另外有两个在前座后面旋转出来；

(14)你也能有下列各种额外随意的选择：做浓咖啡的机械、电话自动记录器、床、盥洗用冷热水、一支电刮胡刀等；

(15)你只要压一下驾驶者座下的橡板，就能使整个车盘加上润滑油。在仪器板上的计量器，指示出曲轴箱中汽油的存量；

(16)汽油消耗量极低，因而不需要买特价汽油，是一种使人喜悦的经济车；

(17)具有两种不同传统的机动刹车，水力制动器与机械制动也是非常灵活的车子，可在时速85英里时宁静地行驶，最高时速超过100英里；

(18)“劳斯莱斯”的工程师们定期访问车主，检修汽车，并在服务时提出忠告；

(19)“班特利”是“劳斯莱斯”所制造。除了引擎冷却器之外，两车完全一样，是同一工厂中同一群工程师所制造。“班特利”因为其引擎冷却器制造较为简单，所以便宜300美元。对驾驶“劳斯莱斯”感觉没有信心的人士可买一辆“班特利”。价格：本广告画面的车子——在主要港口岸边交货——13550美元。

假如你想得到驾驶“劳斯莱斯”或“班特利”的愉快经验，请与我们的经销商接洽。他的名字写于本页的底端。

【评析】 标题“这辆新型‘劳斯莱斯’在时速60英里时，最大闹声是来自电子钟“，相当准确地概括出了商品的独特特征与魅力，并深深地激发起消费者的兴趣与欲望。在正文中，奥格威用了许多数据来科学地、实证地说服消费者。以序号标出，依次排列，这样既突出了重点，使受众有深刻的印象，又比较全面地展示了商品的特征。

三、威廉·伯恩巴克

(一)人物生平

威廉·伯恩巴克(William Bernbach)是国际广告界公认的一流广告大师，被誉为20世纪60年代美国广告“创意革命时期”的3位代表人物和旗手之一(另两位是大卫·奥格威和李奥·贝纳)。伯恩巴克毕业于纽约大学英国文学系，曾专为社会名流起草讲演稿，其优美的文笔颇受好评。后进入广告公司，曾在格雷广告公司任创意总监。1949年，他与道尔及戴恩创办DDB广告公司，即恒美广告公司，任总经理。DDB广告公司是世界10

图1-7 威廉·伯恩巴克

大广告公司之一。

伯恩巴克以追求纯粹和新奇为目标，有众多令企业起死回生的案例，“艾维斯出租汽车公司”的“第二哲学”，“甲壳虫”“小有小的好处”等，可以说是广告文学派的代表。

（二）创作原则

1. 切勿相信广告是科学

伯恩巴克倡导精美巧妙，具有说服力和创意的广告文案，主张：“在创意的表现上光是求新求变、与众不同并不够。杰出的广告既不是夸大，也不是虚饰，而是要竭尽你的智慧使广告信息单纯化、清晰化、戏剧化，使它在消费者脑海里留下深刻而难以磨灭的记忆，广告最难的就是排除众多纷杂的事务将广告信息提交给消费者认知感受。确认你的广告必须制造足够的噪音才会被注意，但这些噪音绝非无的放矢，毫无意义。”

2. 广告是“说服的艺术”

伯恩巴克认为“规则正是艺术家所突破的东西；值得记忆的事物从不是从方程式中来的”；“并不是你的广告说什么感动了观众，而是用什么方法去说”；“忘却与永存的区别是艺术技巧”。

3. 广告上最重要的东西就是要有独创性和新奇性

伯恩巴克一贯认为，广告最重要的就是要有独创性和新奇性。因为世界上形形色色的广告中，有85%根本没有人注意，真正能够进入人们心中的只有区区15%。正是根据这一无情的数字比例，伯恩巴克才坚持把具有独创性和新奇性作为广告公司生存发展的首要条件，只有这样，广告才有力量和世界上一切惊天动地的新闻事件以及一切暴乱相竞争。也正是在这一信念的指导下，伯恩巴克在美国同时代的广告大师中，能够独辟蹊径，自成一家，常常拿出令人拍案叫绝的作品。

（三）经典文案作品

1. 奥尔巴赫商场

(1)**标题**：慷慨的以旧换新

副标题：带来你的太太

只要几块钱

……我们将给你一个新的女人

文案：

为什么你硬要欺骗自己，认为你买不起最新的和好的东西？在奥尔巴赫百货公司，你不必为买美丽的东西而付高价。有无数种衣物供你选择——一切全新，一切使你兴奋。

现在就把你的太太带给我们，我们会把她换成可爱的新女人——仅仅花几块钱而已。这将是你有生以来最轻松愉快的付款。

奥尔巴赫 纽约·纽渥克·洛杉矶

口号：做千百万的生意·赚几分钱的利润

(2)**标题**：我发现了琼的秘密

文案：

以她谈吐的方式，你会以为她是被列入名人大辞典中的一位。好了，我可以找出她的身世来了。她的丈夫拥有一个银行吗？Honey，他连银行账户都没有！那或许就是为什么他们住的华厦家徒四壁、典当一空的原因？那么，那辆汽车呢？亲爱的，那只说明“马力”而不代表赚钱的力量。他们是用五角美金抽奖得来的！你能想象得到吗？

而那些服装！当然，她对服装非常讲究。但是说真的……貂皮的长围巾、巴黎的套装，以及全部那些服装……是靠她的收入吗？好！我亲爱的，我也查出来了。我刚刚在路上碰见她，我看到琼从奥尔巴赫百货公司走出来！

1958 年奥尔巴赫公司

奥尔巴赫纽渥克海尔赛市场，第三十四街帝国大厦对面

口号：做千百万的生意·赚几分钱的利润

(3)**标题**：如果你超过 30 岁……你需要

文案：

西东的售廉(倒念一下)

你是否感到枯燥了无生趣？你是否经过人群甚至连一声口哨都没听到？你是否失落了焕发的容光和轻盈的步伐？不要烦恼！你的年纪不应如此。你所需要的就是从奥尔巴赫百货公司那里得到“西东的售廉”。

奥尔巴赫百货公司所廉售的最新式服装正是“医生所定制”、给你萎靡的精神以生命。它真是一个完美无瑕的处方，其中混合了最新流行的式样和震惊的低廉价格。你越早去买，你就越快一点感觉舒服。

如果你正好 35 岁……就生日快乐！

奥尔巴赫 纽约·纽渥克·洛杉矶

口号：做千百万的生意·赚几分钱的利润

纽约：第十四街联合广场对面

纽渥克：海尔赛市场

【评析】　这一系列中的一则广告展示了一个男人腋下夹着一个女人的画面，标题是：“慷慨的以旧换新：带来你的太太，只要几块钱……我们将给你一个新的女人。”也许最著名的标题见于1958年推出的一则广告：“我发现了琼的秘密。”画面上的“猫女士”道出它的朋友琼是如何使自己的衣着入时的——到奥尔巴赫商场购买低价高品位的时装。为奥尔巴赫百货公司所做的广告运用了双关语及文字游戏，而照片、提示及标志等朦胧迷惑的效果，为双关语等语言运用增添了魅力。这些大胆新奇的创意也为奥尔巴赫商场打开了通向成功的大门。

2. 大众甲壳虫[图1-8(A)，图1-8(B)]

图1-8　大众甲壳虫广告(A)

(1)**标题**：想想小的好处

我们的小车不再是个新奇事物了。不会再有一大群人试图挤进里边。不会再有加油工问汽油往哪里加。不会再有人感到其形状古怪了。事实上，很多驾驶我们的“廉价小汽车”的人已经认识到它的许多优点并非笑话，如1加仑汽油可跑32英里，可以节省一半汽油；用不着防冻装置；一副轮胎可跑4万英里。也许一旦你习惯了金龟车的节省，就不再认为小是缺点了。尤其当你挤进狭小的停车场时，当你支付那笔少量的保险金时，当你支付修理账单时，或者当你用旧大众换新大众时，请想想小的好处。

(2)**标题：**柠檬

图1-9 大众甲壳虫广告(B)

正文：这辆甲壳虫没赶上装船启运，因为仪器板上放置杂物处的镀铬有些损伤，这是一定要更换的，你或许难以注意到，但是检查员克朗诺注意到了。

在我们设在沃尔夫斯堡的工厂中有3389名工作人员，其唯一的任务就是：在生产过程中的每一阶段都去检查甲壳虫(每天生产3000辆甲壳虫，而检查员比生产的车还要多)。

每辆车的避震器都要测验(绝不做抽查)，每辆车的挡风玻璃也经过详细的检查，大众汽车经常会因肉眼看不出的表面擦痕而无法通过。

最后的检查实在了不起！大众的检查员们把每辆车像流水一样送上车辆检查台，通过总计189处的查验点，再飞快地直开自动刹车台，在这个过程中，50辆车总有一辆被卡下“不予通过”。

对一切细节如此全神贯注的结果是，大体讲大众车比其他车子耐用而不需要维护（其结果也使大众车的折旧率较其他车子要少）。

我们剔除了柠檬，而你们得到了李子。

【评析】 想想小的好处此篇，广告正文列举事实，具体诉求车的主要特点及消费利益。以理性诉求的方式让目标消费者明白这是一部诚实的好车。柠檬篇，柠檬在美国俚语中有不合格、次品、冒牌货之意，这样的标题引起读者好奇心，不由得想看下文。通观全文，原来这辆车之所以不合格是因为安全质检人员发现了该车某处肉眼不易察觉的微小损伤。这个创意使金龟车给美国人留下质量可靠的良好印象。全文使用了大量数据，客观无修饰，简单不简陋，值得我们借鉴。

四、李奥·贝纳

（一）人物生平

图1－10 李奥·贝纳

他为美国广告“开辟了任何人都不能想象的那么多的可能性”，对美国广告业的发展产生过重要影响，被形象地誉为“广告界的戏剧大师”。李奥·贝纳的热情、激情和经验使他所做的文案充满了“内在的戏剧效果”。1935年，他开办了自己的公司，并通过多年经营形成了极具影响的“芝加哥学派”，还塑造了许多很有影响力的著名品牌形象，如“绿色巨人乔利”、“炸面包人皮尔斯伯里”、“金枪鱼查理”和“老虎托尼”等。李奥·贝纳为万宝路香烟推出的系列广告宣传，成为以广告的力量创建全球品牌的传奇范例。他所创办的李奥·贝纳广告公司如今是美国排名第一的广告公司，遍布全球80多个国家。李奥·贝纳1964年入选“纽约广告文案名人堂”，与大卫·奥格威、威廉·伯恩巴克并称为20世纪60年代美国广告“创意革命”的三大旗手。

（二）创作原则

1. 挖掘商品与生俱来的戏剧性，使用作品具有独创性

“每一样产品本身都具有它与生俱来的带有戏剧性意味的故事，我们的第一件工作是去发掘它。”

“一直以来，我们一遍又一遍地强调事物内部存在着某些可以被称为戏

剧性的东西，因为一件产品能在市场上出售，就必然有些特质在里面。那些特质使得厂家把这件商品放在首要位置，一直吸引消费者来购买……搞清楚这一点，抓住它——不管它是什么——然后把它表现得引人入胜……我们一直努力追求最自然状态下的内在戏剧性，却又需要时时注意不要显得太怪异、太聪明、太幽默，或者别的什么—— 一切只要自然。

李奥·贝纳在强调他所领导的“芝加哥广告学派”的特点时，总是最先提出这一点。他相信每件商品都有其“与生俱来的戏剧性”的东西，关键在于广告人是否能把它挖掘出来。

2. 创造作品的关联性艺术

李奥·贝纳认为，好的广告创意应该“能把已知的、可信的东西重新组合，并以一种全新的关系表现出来”。“在意料之外，又在情理之中”是“芝加哥广告学派”的又一显著特色。这一观点包含两个方面的内容：

(1)将图案与文字紧密关联。对混乱而又无条理的广告出现在昂贵的杂志及电视广告片中，李奥·贝纳一向深恶痛绝。他认为广告中的文字与图片在传递某一印象或思想时，如果不能有机地结合在一起发挥加强的作用，就是非常糟糕的广告创意。他强调说，只有成功地把表达图画的文字和表现文字的图画放在一起，使它们传达一致的理念，才可以得到好的广告效果。

(2)在看似无关的事物之间建立关联。李奥·贝纳提出，所谓“创造力”的真正关键是如何用相关的、可信的、高品位的方式在看似无关的事物之间建立一种新的有意义的关系，而这种新的关系可以把商品的特性用某种清新独到的见解表现出来。

3. 广告要坚持真实性

与同期时期的其他几位广告巨擘一样，李奥·贝纳也认为广告的“真实性”至关重要。他常对他的员工说：“在广告这行的36年当中，我很单纯地遵守这个原则，如果我们不能相信这个商品而使用它，我们做广告时，就不能完全诚实。”

而在他对员工强调的“没有好客户就不可能有好广告产生，而没有好广告我们就留不住好客户”的警句中，反映出他坚持只为真正的有好产品的客户做广告的原则。这也是他能够一次又一次制造出让企业起死回生的神话的基础条件。如果企业的产品质量不过关，李奥·贝纳的广告创意本领再大，企业也还是会在消费者心中失去信任。

4. 好广告要产生销售力

诚如李奥·贝纳所讲的：“有趣却毫无销售力的广告，只是在原地踏步，但是有销售力却无趣的广告，却令人憎恶。”在李奥・贝纳的认知中，广告应完成本来所应完成的使命，广告应该有能够产生实际作用的方面，而不仅仅是一些吸引目光、灿烂非凡的文案设计。

5. 广告创作应以消费者为导向

从消费者的角度出发进行广告创作，是李奥・贝纳一直坚持的原则。他指出，在广告创意中最基本的目标是让观众或读者去接受而不是排斥。不虚伪、不堆砌、不自以为是，才可能成为一个好广告。吸引人、平易近人、易于接受、使人印象深刻不易忘怀、新颖、富于生命力等，只有具备这些条件，才能称之为“好广告”。

6. 重视亲身调查和多方面的实践

李奥・贝纳在广告创作中，深信亲身调查以及广告各个环节的工作实践的优点。在李奥・贝纳看来，文案创意人员不能仅局限在做文章的狭窄领域，必须参与多方面的工作实践，才能获得源源不断的创作灵感和源泉。

7. 一丝不苟、精益求精——摘星精神

李奥・贝纳在形容他的广告创作的过程时，曾说：“将你自己埋入那个主题，工作起来像个疯子，喜欢、尊重并服从你的灵感。”他在工作中不断鼓励自己和员工要一丝不苟，精益求精。这也是他一直坚持的“摘星”理念的精髓。

（三）经典文案作品

1. “绿巨人公司”广告《月光下的收成》

画面：背景是宽广无垠的田野，联合收割机在月光下工作，近景是打开的绿豌豆和罐头盒的外观。

标题：月光下的收成

正文：无论日间或夜晚，绿巨人豌豆都在转瞬间选妥，风味绝佳……从产地至装罐不超过3小时。

【评析】　这则短小的平面广告从美的角度来刺激人的联想和想象，并对文案的表象进行感知，进而达到理解、认同，并逐步产生欲求，最后达成在此欲求影响下的行动。在此过程中，人的情感始终交融其间，与表象、感知、理解等交互作用。理解越充分，情感越活跃；而情感越活跃，理解也就越深入，从而产生更强烈的欲求，更坚定的行为。“月光下的收成”这一标题本身就具有诗一般的艺术意境和浪漫气氛，能使人在审美的愉悦中得到情感的满足，并产生理解、记忆，最终达到广告传播的最佳效果。正文部分则以理性的述说介绍了绿巨人豌豆的最大卖点——从产地至装罐不超过3小时，这是画面难以表达出来的，文字在这里起到了对深层信息的说明功能。画面则向人们直观地展现了产品外观，以月光下工人们劳作的场面为背景，与文字相呼应，加深了人们对文字的理解和记忆(图1－11)。

图1－11　广告《月光下的收成》

2. 美国肉类研究所

标题：肉

副标题：使得你所需要的蛋白质成为一种乐趣

正文：你能不能听到它在锅里咝咝地响？它是那么好吃！那么丰富的B_1，那么适宜的蛋白质。这类蛋白质对正在发育中的孩子很有好处，对成年人亦能再造你的健康。像其他肉类蛋白质一样，它们都合乎标准。

美国肉类研究所芝加哥总部，其会员遍及美国各地。

广告语：美国最高级的牛排

附文：本图章保证该广告所做的一切承诺均经过美国医药协会食品营养委员会的认可。

请收看每星期日晚间在蓝色联播网播出的“亮丽的生活”节目，该节目的主持人是威廉班狄克。敬请留意报纸上刊登的各地方台的播出时间。

【评析】 该作品以红色为背景映衬红色的肉，利用强烈的视觉效果来打动消费者，在当时是一个十分大胆的决策，红色制造了欲望，红色背景把红色的肉衬托得更加鲜嫩，它增加了红色的内涵，如活力以及他们想要努力表现的有关肉的其他一切东西(图 1 - 12)。

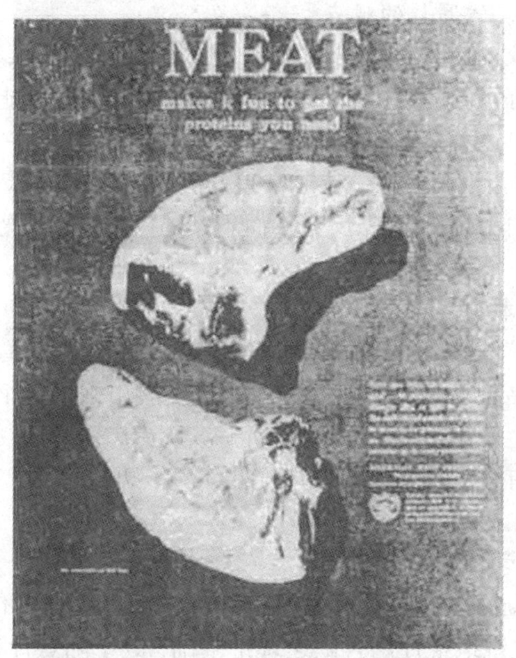

图 1 - 12　美国肉类广告

五、罗瑟·瑞夫斯

图 1 - 13　罗瑟·瑞夫斯

(一)人物生平

罗瑟·瑞夫斯(Rosser Reeves, 1910—1984)(图 1 - 13)是近代广告界公认的广告大师，曾任达彼思广告公司(Ted Bates & Company)董事长。他提出的“USP 理论”(Unique Selling Proposition，独特销售主张)

对广告界产生了经久不衰的影响。正是运用这种独特的理论，瑞夫斯策划了经典案例 M&M 巧克力豆、总督牌香烟等。1961 年，罗瑟·瑞夫斯写了一本书《实效的广告》(Reality in Advertising)作为公司的培训教材，随即成为畅销书。瑞夫斯是最早获得“纽约广告文案名人堂”荣誉的五位广告人之一(其他四人是威廉·伯恩巴克、李奥·贝纳、乔治·格里宾、大卫 奥格威)。同时他也是广告科学派的忠实卫道士，是大卫·奥格威相交数十年的挚友。

(二)创作原则

1. 对于广告文案写作的观点

瑞夫斯认为文学创作和广告文案创作有很多相似之处，可他们毕竟是两种不同的工作，有不同的标准。广告文案创作就是用尽可能少的费用把产品的性能宣传出去，让大多数人深深记住它。好的作家并不一定是一个好的广告人。他说：“莎士比亚会是一位非常差劲的文案写作人员，海明威也一样。所有的著名作家都是。”他向来反对华而不实的广告，并且把这一条作为公司的规定。

2. 注重产品本身

发展和确立广告产品的“独特销售主题”，必须建立在产品自身的基础上，必须是由产品自身所具有的好处和功效发展出来的，而不是广告或广告人的主观反映、主管制造(物)。瑞夫斯一直认为广告的成功与否取决于产品是否过硬，是否有自己的特点，如果产品不行，再高明的广告人也无力将其成功地推向市场。

3. 广告的科学性

罗瑟·瑞夫斯一直宣称自己是科学派鼻祖霍普金斯的信徒。他在《实效的广告》一书中尖锐地批评广告缺乏理论基础，处于随意性很大的经验状态，他力主广告必须像伽利略那样去“创造世界”。瑞夫斯呼吁，广告界必须以此为楷模并亮出了“实效”的创意哲学旗帜，用观察实验的实证科学方法去解决问题。

(三)经典文案作品

(1)广告画面的三分之一是大字标题：总督牌能而别的过滤不能给你的是什么?

插图中间部分是一副巨大的香烟过滤嘴的照片。

插图文字：只有总督牌在每一支过滤嘴中给你两万颗过滤凝汽瓣。当丰富的香烟味道透过时，它就过滤！过滤！再过滤。

下端画面：一对男女在亲切交谈。

男人：有那两万颗过滤凝汽瓣，实在比我过去吸没有过滤嘴香烟时的味道要好。

女人：对，有过滤嘴的总督牌吸起来是好得多……并且也不会在我嘴里留下任何烟丝渣。

烟盒旁说明：只比没过滤嘴的香烟贵一两分钱而已。

图 1－14 香烟广告

【评析】 针对当时香烟市场过滤嘴香烟还是新兴的东西，把过滤嘴中的凝汽瓣的优点强调出来，其凝汽瓣是其他香烟的两倍。而且，在图片中把过滤嘴放大，通过两个人对话的方式给人们一种亲切感，贴近生活，从而达到广告诉求。这个广告引起了消费者的浓厚兴趣，发表后产品销量直线上升，六七年之后，该产品的广告费用已经升至每年 1800 万美元，其销售额更是高达数亿美元(图 1－14)。

(2)M&M 巧克力豆。

画面：一只黑手，和一只干净的手。

画外音：哪只手里有 M&M 巧克力豆？不是这只脏手，而是这只手。因为 M&M 巧克力豆只溶在口，不溶在手。

【评析】 “只溶在口，不溶在手”这八个字使产品特点一下跳了出来，非常具体有用。既和同类产品产生了差异，又事关消费者的利益——不黏手，言外之意是其他巧克力拿在手里是黏糊糊的。M&M 巧克力豆的“只溶在口，不溶在手”广告语完整体现了产品的口感特征。

以上广告大师的创作理论是在各自的广告实践中总结积累而成的。他们实际接触到的消费者都是以本国的消费者和市场为主，其理论都是在本国的客观条件下建立的，因而具有一定的民族性和地域性，不能完全的适合中国市场和中国消费者。我们在学习这些理论时应根据中国的实际情况有所取舍地去学习，没有必要事事时时遵从和模仿。虽然科学无国界，但作为广告学这门科学来说，根据本国的各种实际特点创立有中国特色的广告理论是完全有必要和必需的。

第三节　广告文案的未来展望

中国的广告事业在20世纪80年代复苏，20年来飞速前进。这得益于市场经济对经济生活的推动，得益于传统媒介的发展完善、新兴媒介的不断涌现，得益于广告人的倾情投入，得益于对国际广告发展的借鉴，更得益于广告受众的支持与理解。广告文案一直带着深刻的时代烙印，它不仅介绍商品服务，传达企业理念，也反映着社会的变迁，人们的喜好。很多人试图找到写出好文案的金科玉律，以不变应万变。最终发现这不过是一种美好的愿望。文无定式，文案的形式内容是不断变化的，既有发展，又有回归。世界正是按照这样的轨迹发展的，广告同样如此。所以，广告文案的发展是变换无穷的，但又不是变幻无常的，自有其变化的规律，这就是对传统的挑战，它建立在对世界的了解与把握之上。新产品层出不穷，消费者口味善变，看多了，听多了，总想改变。作为广告人仅有激情是不够的，因为广告是“戴着镣铐的舞蹈”，广告人是那“戴着镣铐的舞者”，广告文案是抹不去功利第一的本质的。我们应该多多思考，在满足大众求变心理的地方多投入精力，“当别人的创意都显得很聪明很巧妙时，是否该试试笨笨傻傻的风格？当别人每张照片都修得超级完美时，是否该试试自然、质朴一点的照片？当别人的设计都做得简洁时，是否该试试浪漫一点的方向？当别人的文案都写得很口语化时，是否考虑用回押韵、对偶的技巧？当别人偏重概念时，是否该在执行上做一些突破……”

回顾20世纪广告文案的发展，“广告即销售”这一观点贯穿始终。自从20世纪初肯尼迪提出“广告是印在纸上的推销术”这一见解后，以推销商品为特性的广告观念逐渐流行。1923年霍普金斯在《科学的广告》一书中强调：“广告是推销术的一种，它的基本原则就是推销术的基本原则。”奥格威对此高度评价，称其“扫除了我在美国做撰文员所患的假文学病，使我专注于广告的责任在于销售，它改变了我的一生”。奥格威晚年依然强调：“我们的目的是销售，否则便不是做广告。”奥格威同时代的其他广告大师虽然形成不同的广告流派，但他们的核心理论仍属销售观。从伯恩巴克的“广告即说服”观点，李奥·贝纳的“与生俱来的戏剧性”理论，罗瑟·瑞夫斯的USP理论，到里斯和屈特的定位理论，再到20世纪90年代由舒尔兹等提出的整合营销传播，尽管都从不同角度强调消费者的重要性，但广告的根本目的仍是如何推销产品，体现销售观的广告形成20世纪主流广告的显著特征。广告大师们的历史功绩应充分肯定，20世纪广告对社会的巨大贡献不容忽略：但它在充分调动人的生产积极性、促进生产发展的同时，也刺激了人的物欲膨胀。销售广告以侵犯、说服、诱导等诸多方法和手段推销产品，大多表现出片面宣传物质利益和追求物质享受的导向。如果说，销售广告在工业社会利大于弊，那么，21世纪“以人为本”的新广告正是对销售观广告的改革和超越。伴随着经济全球化进程的加快和信息社会的来临，新广告在20年代后期已初露端倪，显示出突破广告旧观念的强大生命力，也代表着新世纪广告生存发展的大趋向。所谓新广告，即是摆脱“广告即销售”这种已成定论的观念，体现以人为本观念的广告。如果说销售观是商业广告本质属性和迅猛发展的命脉，那么，人本观则是新广告的基本特征和生命源泉。

一、以人为本是新广告的灵魂和核心

在人类文明从工业文明向信息文明大转变的历史进程中，人的主体价值和精神需求逐渐强化，广告创作在重视人的合理物质需求的同时，高度重视人的精神需求和人的价值，反对用物化的价值、异化的价值遮蔽和压抑人的价值，用物欲的膨胀挤压人的精神空间；在广告传播及其他方面与消费者以心相交、真诚沟通、谋取共同利益的企业，才能在市场中持续发展。以人为本的广告观，即是广告以人为主体和目的，广告宗旨有利于人的全面发展的观念。

新广告以真诚为生命，力求让人们相信企业的产品或服务会让人更快乐、更成功。我们每天看到的广告似乎在显示：我们遇到的每一个问题都可以通过购买某种产品迎刃而解。例如，中国移动通信的系列广告“我能”，彰显着现代人的自信与执著。在商业广告中，从特定角度体现人本观的广告亦逐渐增多。淡化商业色彩、加强人文精神，人与人、人与社会、人与自然的关系日益受到重视。这是新世纪广告的一大趋势。

二、广告中的信息成分减少，文本更多地依赖于感性诉求

今天的广告试图使物的消费变成感觉的消费，即生活方式与生活态度的消费。商业广告的审美维度不再追求深度解释，而转向了感觉体验。刻意理想化或简单的背景，表现化的用光方式，戏剧化的人物姿态行为，异乎寻常的节奏感，加之别出心裁的摄制手段，使广告所表现的事物具有超现实感，从而突现商品。广告文本无可置疑地引领着消费文化，树立了无数的“消费偶像”，这些形象寄托着人们各种各样的梦想和追求：永恒的青春、健康、自

由、幸福、高大、精力充沛、魅力十足、更高格调的生活、成功的感觉……各种名牌产品的象征意义与符号价值往往超过了实物的使用价值。人们在虚幻的形象中，为欲望找到了依托和归宿，并将之置换到无穷尽的消费行为中去。

在这样的内在需求转化过程中，广告表现的根本任务，就是把广告的构思策划转化为可知可感的广告形象。作为视觉传播的三大主要媒介，文字传播的主要功能是意向的语义指标，图形传播的主要功能是形象感染，色彩传播的主要功能是氛围的心理冲击。广告表现的创新，首先就要别出心裁地整体组合以文字、图形、色彩为主，音响、音乐、人声为辅的各种传播媒介，形象地表现广告定位及其构思策划的创新思路。在读图时代，文亦是图，图亦是文，二者的界限日趋模糊。现代文案人员决不能囿于文字表现，而要在日益丰富的表现元素中设计最佳组合，相互映衬，相得益彰。

三、受众群体的多元化决定广告表现手段多元化

所谓广告受众，是指广告信息传播的对象，包括广告的听众、观众、读者。他们是广告诉求的对象。今天的广告人面对的是一个极为复杂的受众群体。年龄、职业、性别与经历的差异使他们的购买选择千差万别。例如，“我的地盘我做主”（动感地带）、“我选择我喜欢”（安踏）、“我就喜欢”（麦当劳）、“不走寻常路”（美特斯邦威）等广告语无不彰显着解构传统、反叛权威的群体特征。另一方面，表现传统伦理与习俗的“有多少亲朋好友，送多少黄金搭档”（黄金搭档）、“献给母亲的爱”（威力洗衣机）以及带有浓厚怀旧色彩的“一缕浓香，一缕温情”（南方黑芝麻糊）等广告文本，仍然体现出对传统的回归。此外，随着科技的日新月异，中国的广告从宣扬“质优价廉”走向新的概念崇拜，诸如“保湿因子”、“维他命原”、“强力纤维”、“等离子”等术语大量在广告中出现，商品似乎也因为技术含量的提高而身价倍增。这里体现的不仅是观念的变迁与修辞策略趋于成熟，也折射出现代人对科技的膜拜。在本土广告不断在传统与现代的两极奔走的背后，大多数国际品牌则更多地试图用本土策略来诠释品牌文化，以便于广告效果的最大化。各种各样的表现符号漂浮在我们周围，广告呈现出多元的表现形式。

在广告事业发展过程中，我们不能回避这样的问题：广告文案人员队伍激增，但广告公司仍然求贤若渴。原因主要有三：一是缺乏创造性，不善于运用求异思维展开大胆想象。求异思维，又叫发散思维，它是根据已有信息，从不同角度，不同方向思考，从多方面寻求多样性答案的一种展开性思

维方式。与此相对的是求同思维，又叫聚合思维，是一种有方向、有范围、有条理的收敛性思维方式。它在发散思维的基础上，把思考出的许许多多项目加以集中、聚合，在那许多项目的相互作用中“发展”出一个新的思考。传统的教育模式强化了求同思维，文案创意人员提出的想法往往沿袭或复制已有模式。写分类广告，常常局限于单一介绍特点；写地产广告就是效果图加抒情文字；写洗发水就是明星甩头，复制的现象严重。二是缺乏知识积累，包括理论积累和实践积累。我们常说“读书破万卷，下笔如有神”，“熟读唐诗三百首，不会做诗也会吟”，文案人员终究是与文字打交道的，平时有意识地培养自己的文学修养是十分必要的，否则现用现查，难免有拼凑生硬之感。前文提到的几位广告大师在入行之前做过不少销售工作，积累了丰富的销售经验和服务经验，他们能够将这些社会经验运用到后来的文案创作中去，为消费者设身处地地着想，他们了解消费者如同了解自己，能够成功地与他们进行富有成效的交谈。而目前同时具备这两方面知识的广告人才并不多见。三是不善于与受众进行交流。广告说到底，是一种沟通，是一种人与人之间的交流。不同受众对同一则广告的理解不尽相同，这是正常的。我们强调明确的受众意识，因为它能提示我们要重视广告受众的期待视野，重视受众的审美趣味和接受心理。只有重视调查研究，了解了广告受众的困惑与需求，特别是潜在的需求，才会有人看我们的广告，也才会有广告创意的产生，才会有广告文案的写作目的，广告文案的写作才会有的放矢。

广告术语

AE——Account Executive——客户代表，或客户执行。代表广告公司接受广告主各种业务，并负责整体执行的人。

Account Group——业务小组。广告公司内负责某特定客户的工作小组。以 AE 为中心，成员包括行销企划、创意、媒体等工作人员，替客户执行广告企划设定、广告表现制作、媒体安排等业务。

Appeal Point——诉求点。广告信息中，最能打动消费者心理，并引起行动的重点。

Brain Storming——动脑会议。可自由发想，不受限制的讨论会议。

Brand Image——品牌形象。消费者对商品品牌的印象。

CF——Commercial Film——广告影片。

Commercial Script——电视广告脚本。

Competitive Presentation——比稿。有的广告主不会将广告计划立即委托一家广告公司，而是让多家广告公司彼此竞争，再从中选择最优秀、最满意的广告公司。

Copywriter——文案(撰文人员)。负责广告文案的专门写作。

CI——Corporate Identity——企业识别。以统一性的标志表示企业的理念、文化以及经营的任务。

Creative Boutique——创意工作室。“Boutique”为法语中商店的意思，指专门零售店特别是指贩卖流行物品、装饰品的商店。以这种语意为背景，由少数人组成、专门制作广告的公司，便称为小型制作专业广告公司。

Direct Response Advertising——直效广告。需要从潜在客户处得到简单回应的广告。如邮购、直接信函、电信行销，及有线电视购物频道。直效广告必须是双向沟通的。

Director——指导。在整个广告作业中，担任指导之专业职务。依照其经验不同，指导可分为资深指导、指导和助理指导。指导有以下各专业职位：

Account Director(业务指导)

Creative Director(创意指导)

Director(美术指导)

Copy Director(文案指导)

Media Director(媒体指导)

Planning Director(企划指导)

Finisher——完稿员。从事完成广告平面工作的人员。

Layout——构图。版面设计之技巧。对美术设计而言，版面编排是一种基本技术。Presentation——提案。对客户做正式的广告战略及创意企划案的提出。

Public Service Advertising——公益广告。企业及各社会团体诉求公共服务内容的广告。公益广告的范围相当广泛，举凡社会、福祉、教育，甚至谋求国际间相互了解的活动都囊括在内。

Supervisor——总监。广告专业中的最高职位，其工作为带领一整个专业单位。有以下各种专业总监：

Account Supervisor(业务总监)

Creative Supervisor(创意总监)

Media Supervisor(媒体总监)

Planning Supervisor(企划总监)

Research Supervisor(调查总监)

Target Market——目标市场。最主要的消费群。

Traffic Control Specialist(一般简称 Traffic)——制管人员。广告制作的流程及时间上的控制是非常重要的一件事,制管人员即是负责推进及监督广告作业中各部门是否按照计划进行的专员。

复习思考题

1. 广告文案如何界定?

2. 简述乔治·格里宾、大卫·奥格威、威廉·伯恩巴克、李奥·贝纳、罗瑟·瑞夫斯的创作原则。

3. 谈谈你对于广告文案的未来发展畅想。

第二章　广告文案主题的谋划

知识要点

1. 了解广告主题的含义、作用、构成要素以及类型；
2. 掌握主题形成与产生的途径；
3. 掌握提炼主题的基本要求：准确、鲜明、深刻、新颖、集中；
4. 在操作层面要求能够根据产品描述确定广告文案的主题；
5. 能够制作广告文案策略单。

案例：三毫米的旅程，一颗好葡萄要走十年

产品：长城红葡萄酒三毫米，

瓶壁外面到里面的距离，

一颗葡萄到一瓶好酒之间的距离。

不是每颗葡萄，

都有资格踏上这三毫米的旅程。

它必是葡园中的贵族；

占据区区几平方公里的沙砾土地；

坡地的方位像为它精心计量过，

刚好能迎上远道而来的季风。

它小时候，没遇到一场霜冻和冷雨；

旺盛的青春期，碰上了十几年最好的太阳；

临近成熟，没有雨水冲淡它酝酿已久的糖分；

甚至山雀也从未打它的主意。

摘了35年葡萄的老工人，

耐心地等到糖分和酸度完全平衡的一刻才把它摘下；

酒庄里最德高望重的酿酒师，

每个环节都要亲手控制，小心翼翼。

而现在，一切光环都被隔绝在外。

黑暗、潮湿的地窖里，
葡萄要完成最后三毫米的推进。

天堂并非遥不可及，
再走10年而已。

广告主题是广告所要表达的中心思想，也就是广告为达到某项目的所要说明和所要传播的基本观念。谋划广告和做文章一样，必须先有一个主题思想，或称为“中心思想”。广告主题贯穿于广告之中，使组成广告的各种要素有机地组成一部完整的广告作品。因此，主题的谋划是广告写作的重要内容，也是广告是否成功的关键之一。广告主题要因不同性质的商品、服务、市场需求的态势变化，以及广告对象和广告媒体的差异而精心策划，有所侧重。

第一节 广告文案的主题

一、主题的含义

所谓主题，是作者在说明事物、阐述道理，反映生活时通过全部文章内容所表现出来的基本思想，是作者经过对客观事物的观察、体验、分析、研究，并通过对具体材料的提炼而得出的思想结晶，体现着作者的写作意图。

主题原是音乐中的一个专用术语，意思是主旋律。后来引用到文学艺术中，含有立意、主旨、题旨、中心思想、中心论点之意。现代广告借用“主题”来表达广告的中心思想，它与文学艺术主题的相同之处都是表达事物的本质和中心思想。不同之处是文学艺术中的主题是通过塑造艺术形象来反映现实生活，而广告主题则是通过广告信息的传播，清楚明白地表示广告意图，使人们接触广告之后容易理解广告主的意图，并采取行动。

主题来源于文章所写的对象、范围，即文章的内容，但并不就是文章内容的简单归纳、组合，而是贯穿文章各方面内容的一种观点，一种理念；主题不仅仅是文章所提出的问题，它是作者对问题作出的中肯回答；主题也不是文章的标题，虽然有的文章标题能够直接揭示主题。

广告文案主题是广告为达到某种目的而通过具体材料表达的核心思想信息，是对创意概念的通俗性表达。它是广告宣传的重点，诉求的核心。它是对创意概念中用户利益的描述，能够引起消费者的购买欲望；它是对创意概念的生动形象的描绘；凝聚成受众关注的焦点；它是对广告运动的统揽，既有可持续发展空间，又有延伸的领域；它又是对企业形象和品牌形象的延伸，能够增强企业产品的信誉度和美誉度。广告主题具有极强的目的性，更多依赖对商品、市场、消费者等要素的整合。

广告主题的确定必须符合广告产品的整体营销目标，为此，广告创意人员就必须充分掌握产品、市场竞争对手以及目标消费者的消费心理等各类信息，以期从中发现或开发出能够有效地达成营销目标的创意主题。例如 P&G 推出“尿不湿”儿童用品，创意人员想当然地以“方便”为主题，以为会受到年轻母亲们的欢迎，然而事实却大大出人意料，后经调查发现：用纸尿布在年轻母亲们潜意识里产生了一种由于太方便而没有恪尽母爱的愧疚心理，这直接影响了年轻母亲们的购买行为，于是，广告主题由原先的“方便”转换为“保护婴儿皮肤干爽，防止尿布湿疹”，“尿不湿”20 年的低迷销售状况得到了大大改变。

二、主题的重要性

主题是文案的灵魂和统帅。

（一）主题是文案的灵魂

主题是文案的灵魂，在于主题是作者写作意图在文案中的具体体现。任何文案都由内容和形式两方面构成。内容决定形式，形式为内容服务。虽然为了表现好的内容必须寻求一个好的形式，但形式本身只是表现内容的手段，是不能代替作者写作意图的。大多数广告都试图通过各种各样的艺术表达方式来劝服潜在目标消费对象选用、继续使用或改用某种产品，这说明广告绝不仅仅是将某种产品的信息告知给目标受众就算完事那么简单。作者要把自己的感受和认知，告诉给受众，让他们信服、记忆并最终采取购买行动，这必须依靠生动、有力的主题。

（二）主题是文章的统帅

主题是文章的统帅，是就主题在文章中所起的作用而言。主题统领文章的一切。它使材料、结构、表达、语言等因素和谐地统一在一起，组成有机的整体。

（1）主题是构思的思想基础和出发点。动笔写作时，主题未形成或尚不明确，构思就无从下手。依据主题来构思，恰如百川归海，百鸟入林，可以把许多思想汇集到一个中心，避免文案杂乱无序。

（2）主题对材料具有统摄作用。材料的取舍，次序的安排，详略的处理，都必须受主题支配。好的主题能够使散在的、彼此无紧密联系的材料浑然一体，又使看似平凡的材料赋予新意。

（3）结构的形式、表现方法的采用和语言的运用，都必须根据主题表现的需要来决定，通篇晓畅明达。

三、主题的构成要素

（一）广告目标要素

广告目标的实现，要通过广告作品来完成。尽管广告的目标多种多样，但广告目标中表现的主题不外三种：

（1）提供信息。在企业初创或产品处于市场开拓阶段，广告目标是传播企业及商品信息，使消费者对产品性能、品质、特点有所知晓，从而产生需求。

（2）说服购买。产品处于成长期，市场上同类产品增多，竞争日趋激烈，广告者多采用说服性广告，劝导消费者购买自己的产品。这时广告主题是显示品牌特征，激发购买欲望，或者采用与其他品牌的特定比较方式来突出自己的优越性。

（3）提醒购买。对于成熟期的产品，广告主题应突出提醒购买，以维持或扩大产品销量，延缓产品衰退。同时也起到强化作用，使现有的购买者确信他们购买这类产品是作了正确的选择，从而加强重复购买与使用的信心。

（二）信息个性要素

广告信息是广告的内容。一则广告所传递的主要内容是有关商品、劳务或商誉的信息。从信息本身看，主要表现为消息、情报等形式，不论哪一种形式的信息，都应表达一个主题。广告信息的主题从信息个性看，主要有以下几种：

（1）性能。广告突出商品或劳务的性能，着重宣传其效用，其佐证资料主要是性能特征，使广告受众明确其优越性。例如，VCD产品强调超强纠错、洗发水推介去屑功效、食品广告强调独特口味等都是以性能为主题的。

（2）质量。质量是产品与服务的保证，也是消费者追求的核心。广告突出质量主题，大多是提供产品或服务的标准，使广告受众认清其质量水准，为其购买决策提供依据。例如，产品广告宣称产品为免检产品、指定产品、认证产品、中国驰名商标等；服务行业介绍其星级达标等都是以质量为主题的。

(3)价格。购买质优价廉的产品是消费者的普遍心理，优惠的价格极易打动消费者。降价、让利、赠送等举措都会促使销量的短期增长。

(4)服务。服务作为产品整体概念的重要组成部分，既是消费者关心的重要内容，也是企业竞争的一大砝码，是许多企业广告的核心主题之一。优质可靠的服务是现代消费者越来越关注的问题，例如，房产广告称房屋十年免费维修，既充满企业对质量的自信，也消除了购房者的后顾之忧。

(5)购买时间和地点。购买时间的合理安排与购买地点的方便快捷是消费者的客观要求，以此为广告主题，如送货上门、限期优惠等也是众多商家的选择。

(6)观念与意识。广告倡导某种观念与意识，有利于使顾客树立一种新的消费观念，从而刺激需求。例如，旅游业的广告以“见多识广”为主题，民航以“节省时间、提高效率”为广告主题，中国移动通信“动感地带”M-ZONE的主题“年轻人的通信自治区”，意味着一种新的通信文化的出现，不仅是一种新的服务或者运动，还创造了一种独特的生活方式，麦当劳的“我就喜欢”等都是在倡导新的消费观念(图2-1)。

图2-1 麦当劳广告

（三）消费心理要素

1. AIDMA 法则

成功的广告，往往是先作用于消费者的视觉和听觉，继而激发其心理感应，促进一系列的心理活动，最后导致消费者的购买行为。因此，广告主题必须顺应消费心理，遵循消费者的心理活动规律，以增加广告的表现力、吸引力与诱导力。广告主题的心理要素主要有以下几种：

（1）注意。国际著名广告大师，“艺术派”旗手威廉·伯恩巴克说“如果你没有吸引力使人来看你的这页广告，那么你在广告中说什么都是浪费金钱”，他所强调的是要用艺术的磁性来使广告产生以一当十的吸引力。广告应致力于诉诸感觉，吸引消费者注意，一条广告能否在各种广告竞争中被消费者注意到，是影响广告效果的一个关键性因素。人的注意可以分为有意注意和无意注意两种。有意注意是人在意志的努力下，知觉对某一刺激的集中；无意注意则是由刺激的特点引起的，而不是在人的意志努力下做出的。好的广告，应能引起消费者的无意注意。这要求广告主题能突出商品或服务的名称、内容，表达新颖、独特，富有刺激性。

（2）兴趣。人的注意不会长时间集中于一个目标，必然会不断变化。广告能否吸引消费者继续看下去，关键在于它是否能唤起消费者的兴趣。为此，要求广告有针对性地进行诉求。广告主题应突出商品给消费者带来的利益，恰当地运用感性诉求和理性诉求。日用品的广告主题应强调其解决现实生活问题的作用，化妆品、时装等商品可强调其使用后的心理满足。

（3）欲望。消费者对某一商品可能感兴趣，但并不一定购买。广告的重要作用之一是劝说消费者，使其从喜爱发展为产生购买欲望，最终采取行动。通常要求广告主题以保证、突出商品质量、表现流行等来达到刺激购买欲望的目的。

（4）记忆。记忆是一个所见过的事物或经历在头脑中的反映，是人脑积累经验的功能表现。记忆的基本过程包括识记、保持、回忆和再认。其中，识记和保持是前提，回忆和再认是结果。由于消费者从获得广告信息到采取购买行动，一般要经过一段时间，因此，记忆是广告发挥作用的重要因素。为此，要求广告主题简练、易懂，利于联想，能加深消费者的印象。以上四点可以归结为美国人 E·S·路易斯 1898 年提出的 AIDMA 广告法则。AIDMA 法则认为一个广告要引人注目并取得预期效果，在广告程序中必须达到引起注意（attention）、产生兴趣（interest）、培养欲望（desire）、记忆 M（memory）、促成行动（action）这样一个目的。

2．网络时代的消费者行为模式——AISAS

一个上网的女孩子注意(attention)到了一款看上去不错的化妆品，她一定会带着兴趣(interest)在搜索引擎或自己常逛的消费类网上社区搜一搜(search)，如果她觉得化妆品详细介绍以及社区内网友评价都不错的话，一般就会建立信心选择购买(action)，一段时间之后，她也可能会在社区上写出她的感受(share)。

这就是世界最大单体广告公司日本电通所提出的AISAS(attention——注意，interest——兴趣，search——搜索，action——行动，share——分享)理论。这一理论重构了网络时代的消费者行为模式，很好描述了互动行销，线上线下的关系。

AISAS模式是由电通公司针对互联网与无线应用时代消费者生活形态的变化，而提出的一种全新的消费者行为分析模型。在此，我们就AISAS模式产生的背景，AISAS模式的概念内涵及AISAS模式的延展应用，作进一步的阐述。

(1)传播环境的变化催生了AISAS模式。从传统时代到网络时代，互联网(Web)与移动应用(Mobile)得到了爆发性的普及。截至2006年7月，我国互联网使用人数已达到1.23亿，手机的应用则更为普及。从应用的绝对人口数和接触时长来说，这些后起之秀达到甚至超越了电视、报纸等传统媒介。

如果说第一代互联网同电视、报纸一样承担了信息发布者的角色，网络搜索引擎则提供了与传统媒介完全不同的、主动、精准获取信息的可能性。Web2.0带来了传统媒体无可取代的全新传播理念——以生活者为主体的传播——消费者不仅可以通过网络主动获取信息，还可以作为发布信息的主体，与更多的消费者分享信息。由于将生活者也吸引进来的网络工具(如Blog/Wiki/BBS)的崛起，生活者的行为模式和媒体市场也随之变化。个人Blog通过像“Google AdSense”这样的广告定向发布与利益共享机制，不断提高其作为广告媒体的功能，而且各种搜索网站的精度也在不断的得到改进，从而，媒体市场由之前的扁平式发展，逐渐呈现深度、精准发展的趋势。

针对这种趋势，电通提出的CGM(consumer generated media)消费者发布型媒体概念：以Blog、Wiki、BBS、SNS等为主要形式的个人媒体，不仅停留在个人信息发布和群体信息共享，还涉及将新闻和企业信息(也包括广告)进行比较讨论等各种各样的传播形式；信息发布由从前的B2C——由商家向消费者发布的模式，转化为“B2C2C”——由商家向消费者发布之后，消费者向消费者发布与共享的模式。

（2）AISAS 模式适应生活者（消费者）的变化。生活者的变化首先表现在媒体接触时间的变化。互联网与移动应用改变了人们的生活、工作、娱乐、学习的方式，在消费者的生活时钟里，除了看电视、看报纸、行车、逛街、差旅等等传统行为，收邮件、搜索信息、上论坛、写 Blog、收发短信/彩信、在线交易等借由互联网与手机创造的生活方式，亦已成为消费者的生活环节。

其次表现在消费者主动性消费的增加。由于互联网为消费者主动获取信息提供了极大的便利，消费者在购买决策过程中，可以在互联网上搜索、收集商品/服务的信息作为依据，再决定其购买行为，进行较之以前更为理性的消费。CNNIC 历次调查数据显示，对商品/服务等的信息检索始终是网民对互联网的主要用途之一。

互联网还引起了消费者心理的改变，行业频道、行业垂直网站、专业评论网站、专业博客的出现，使消费者有机会从多种渠道获得详尽的专业信息，从而确保其尽可能进行“正确的”购买决策。

传播环境与消费者是营销过程中的一体两面。依据电通的接触点管理理论（contact point management），生活者（消费者）因使用互联网及手机而产生的生活接触点，都将成为整合营销过程中不容忽视的传播媒介。

（3）从 AIDMA 到 AISAS，重构消费者行为模式。由于传播环境与生活方式的改变，生活者的购买探讨过程也随之变化。营销者需要重新考虑这样的问题，在消费者的购买探讨过程中，商品认知阶段，消费者的信息来源是什么？适合的媒体是什么？理解商品和比较探讨的阶段，消费者的信息来源是什么？适合的媒体是什么？购买商品的阶段，消费者的信息来源是什么？适合的媒体是什么？

根据电通公司的调查数据，在商品认知阶段，消费者的信息来源以电视、报纸、杂志、户外、互联网等媒体广告为主；在理解商品及比较探讨和决定购买的阶段，除了亲临店头之外，互联网及口碑相传是其主要信息来源与决策依据。

基于以上一系列的研究与探讨，电通公司对作为营销基础的消费者行为模式进行了重构。

传统的 AIDMA 模式。消费者由注意商品，产生兴趣，产生购买愿望，留下记忆，做出购买行动，整个过程都可以由传统营销手段所左右。

基于网络时代市场特征而重构的 AISAS（attention 注意，interest 兴趣，search 搜索，action 行动，share 分享）模式，则将消费者在注意商品并产生兴趣之后的信息搜集（search），以及产生购买行动之后的信息分享（share），作为两个重要环节来考量，这两个环节都离不开消费者对互联网（包括无线互联网）的应用。

(4)从 AISAS 到 Contact Point Management，跨媒体全传播体系的进化。新的消费者行为模式（AISAS）决定了新的消费者接触点（Contact Point）。依据电通的 Contact Point Management（接触点管理），媒体将不再限于固定的形式，不同的媒体类型不再各自为政，对于媒体形式、投放时间、投放方法的考量，首先源于对消费者与产品或品牌的可行接触点的识别，在所有的接触点上与消费者进行信息沟通。

同时，在这个信息沟通圆周的中央，详细解释产品特征的消费者网站，成为在各个接触点上与消费者进行信息沟通的深层归宿。消费者网站不仅提供详细信息，使消费者对产品的了解更深入并影响其购买决策；对消费者之间的人际传播也提供了便利；同时，营销者通过对网站访问者数据进行分析，可以制定出更有效的营销计划。

由于互联网无可替代的信息整合与人际传播功能，所有的信息将在互联网聚合，以产生成倍的传播效果，以网络为聚合中心的跨媒体全传播体系随之诞生。

四、主题的策划

广告主题策划是一项复杂工程，影响因素多种多样，应在明确广告目标和广告战略的基础上，认真分析主题的构成因素，精心设计最恰当的广告主题。

(一)广告主题的设计要求

1. 诉求明确

广告主题设计首先要考虑的就是“说什么”的问题，也就是说，广告的主题设计一定要反映出较明确、较直观的广告诉求，通过明确的诉求激发消费者购买动机，或为消费者的购买行为寻找恰当的理由，否则，难以达到广告的目的。例如，有一种营养品的广告说：“看中华美景，喝××补品。”这个广告就没有明确的诉求主题，因为这种营养品尽管在名字上有“中华”二字，但并不适合作为一种旅游食品，这和游览中华美景并没有实质联系。作为营养品应该考虑它的健身效用以及孝敬老人、馈赠亲友等情感功能，把它和“看中华美景”联系在一起，有牵强之感。

2. 重点突出

企业与商品的信息有很多，广告的主题不可能把所有的信息都包括进去，而应该传达最重要、最关键、最吸引人的信息。因此，广告主题设计重点必须突出。要突出重点信息，就必须全面地了解市场、产品、企业以及消费者的情况，有针对性地突出自己的优势，宣传自己的长处，否则随意落笔，离题太远就不可能引起人们关注，更不会在消费者心中留下深刻印象。

3. 信息丰富

在宣传重点突出的前提下，广告主题还要尽可能地使信息丰富，特别是广告的目的、对消费者的好处以及对消费者的承诺应该在广告中体现出来。例如，广告目的是促使消费者购买，还是同竞争者开展市场竞争？目的不同在广告主题的选择上是有差别的。另外，企业或广告能为消费者提供什么利益，广告向消费者的承诺是什么，这是消费者对广告内容感兴趣，并对广告宣传表示信服的重要条件。只有在广告主题中使这些要素得到全面的体现，尽可能地消除消费者在接受广告信息过程中可能产生的疑问，广告设计才会成功。

(二)广告主题的类型

从广告主题设计所侧重的不同角度，可以将广告主题分为如下几种类型：

1. 以产品和服务特点为主题

广告的中心内容是讲产品、服务的优势、特点。

2. 以企业理念、产品的历史、现状、规模为主题

其中的内容是以企业的悠久历史来提高产品的声望。例如：诺基亚的“科技以人为本”。

3. 以技术或实力为主题

广告主题体现出企业所采用的高新技术以及企业雄厚的经济实力，在消费者中树立起一种质量可靠、品质优良的形象。例如，松下“影视厅”系列，主题为“家中观赏，犹如亲临现场”。

4. 以消费者的利益点为主题

消费者积极的反馈可以增添可信度。如哈药六厂的一系列补血、补锌、补钙的药品广告。

5. 以生活方式、新概念、新观念等价值主张为主题

广告中不对产品本身做介绍，只注意对消费者进行情感诉求，以唤起消费者的共鸣，大多是情感诉求策略，如：中国移动、可口可乐等。

五、选择主题的方向

（一）根据产品的不同性质确定主题

不同性质的产品都有其特定的销售对象，必须把不同产品的目标市场同多种多样的买主利益结合起来考虑。生产资料和高档耐用品的广告，其广告主题应突出产品的可靠性，重点宣传产品的性能、质量、商标的权威性以及企业向消费者提供售后服务的能力，如服务网点的多少、服务队伍的大小、服务技术的高低等。日用消费品，如服饰、化妆品等时尚产品，应突出宣传产品的独特价值，产品能够满足使用者什么样的心理期待，凸显什么样的社会价值，引起消费者产生丰富多彩的联想，促进购买。

（二）针对消费心理确定主题

要注意研究目标消费者的消费心理，运用广告宣传去激发并满足这种心理。美国著名心理学家马斯洛的人的需求层次理论告诉我们：人的需要层次是逐级上升的，在下一级得到满足后，人们会向往高一层级需要的实现。由低到高依次是：生存需要、安全的需要、爱与归属的需要、自尊的需要和自我实现的需要。广告主题定位往往根据目标消费者所处的需要层级进行确定。要想唤起消费者兴趣，就必须着重说明企业的产品有什么与众不同的地方，跟消费者或使用者有什么关系，对他们有什么益处，与竞争企业的同类产品相比又有什么长处等。人们常常要买的不是商品本身，而是商品带给他们的希望、信念和价值标准。如耐克的“想做就做”，李宁的“我存在，我喜欢”，不仅是运动的必需品，也是彰显个性的载体。

（三）突出宣传企业形象

现代企业注重不断提升自身在社会公众心中的公信度和美誉度。以提升企业形象为主题的广告。商标作为企业的无形资产，是一个企业或一种产品质量、特点的重要标志。每当有众多的同类商品同时涌现在消费者面前任其选择的时候，消费者在一时还弄不清每种商品的质量时，往往会凭着对商标的信任来选购，即认牌购物。这时，商标就对产品的销售起了很重要的作用。因此，企业必须用自己的高质量去创名牌，同时也要利用广告形式突出对本企业商标的宣传。消费者对某种商品的商标信得过了，就会形成购买习惯，并得到心理上的满足。

（四）每个广告只突出一种卖点

一个广告的主题最好强调一种利益，这样针对性强，易于吸引潜在买主的注意力。如果某一种商品特点很多，就不妨做成系列广告，每一阶段的广告主题只围绕某一特点，这样使广告主题明确。从这一角度讲，广告的主题应重视整体策划，而不是一次设计，一成不变。

广告文案写作从根本上讲，是为了表达思想，进行宣传。一篇文案要较好地宣传一种商品(服务)或主张，就必须有一个鲜明而深刻的主题。这个主题往往是整个广告最重要的信息。广告作品中的各个组成要素都是为了突显主题，广告文案则是巧妙地强化这一主题的最主要的部分。

第二节　主题的形成与提炼

一、主题的产生与形成的途径

广告主题是广告文案的灵魂，是广告写作的第一环节。主题的确立是一个充满创造性、科学性的思维过程。它建立在科学的调查分析基础上，是在广告人员对市场、产品和目标消费者进行调查分析的前提下，根据客户的营销目标，以广告策略为基础，对抽象的产品诉求概念予以具象而艺术的表现的创造性思维过程。

主题的好坏，诉求力的强弱，均决定于广告主题思想的正确与否，鲜明的广告主题，能以其独特的诉求重点，使消费者产生共鸣，并留下深刻的印象。先立主题后动笔，是写作应遵循的一个重要原则。“古人意在笔先，故得举止闲暇；后人意在笔后，故至于手忙脚乱。”可见，是“意在笔先”还是“意在笔后”，是关乎文章能否写出来，写得成功的大问题。从写作的过程来看，作者在实践中产生某种写作意图，然后按着这种意图再回到实践中索取必要的东西，最终，形成一个明确的写作目的，然后才能动起笔来。这种逐渐明晰的写作目的，实际上就是主题的雏形。有了主题的雏形，才能进行组织材料，考虑谋篇，确定章法句法。

任何思想、观念都是在生活实践的基础上产生的。主题既然是一种思想，一种观念，也必然来自于生活的源泉。广告文案写作作为一种特殊的写作形式，具有自身提炼主题的特点。

广告文案主题产生于广告策划与创意之后，即广告文案依赖于广告策划与广告创意的宗旨。也就是说，广告文案的写作是有依据的，它要依据广告的策划和创意来完成。没有策划和创意不可能有广告文案的写作。因此，广告文案的作者必须首先认清策划与创意的精神，并在此基础上创造性地构建文案的写作思路和表达风格。简言之，程序就是先后的顺序，文案不可能产生了策划和创意之前，它只能在策划和创意之后来完成。

二、提炼主题的基本要求

主题源于生活实践，具有客观性，是对全部材料的高度概括。同时，主题又具有明确的主观性，它是作者思想感情、审美意识、理性情趣的集中反映。因此，从生活中获取和形成主题的初级形态，还必须不断地上升为更高一级的阶段。这就必须对主题进行提炼。所谓提炼主题，就是作者对事物经过深入探索，审慎分析，由感性认识上升为理性认识，寻求和抓住事物本质的过程。

（一）准确

准确，是对主题的思想性、科学性或审美价值的要求。主题要符合商品、服务的真实情况，符合科学规律，实事求是地帮助消费者准确认识广告商品及服务。正确且具有积极意义的主题，才能引起受众信任，能够为企业商品打下良好的烙印。广告文案写作的准确是信息内容的真实，《广告法》对广告信息内容的真实性问题有明确的规定。如果违反了《广告法》中对有关信息的真实性要求，就是违法广告作品。但《广告法》对表现形式和表现风格上的真实性要求只是艺术真实尺度。在表现方法上，并不要求体现现实的、完全的真实，允许虚构。例如奥格威《这辆新型‘劳斯莱斯’在时速60英里时，最大闹声是来自电子钟》的主题以及德国金龟车的主题："该车外型一直维持不变，所以在外观上很丑陋，但其性能一直在改进，所以性能就是优良的……"如实地说明产品的优缺点，有时会获得意想不到的收获。摆事实，讲道理可以通过消费者证言或列举具体数据来获得实现。如果某些数据非常有说服力，可以将其作为主题，例如："乐百氏"纯净水的主题就是"经过27层过滤"强化了产品的高品质。"经过27层净化"，其实每一种合格的纯净水出厂前都要经过复杂的消毒和过滤，但消费者对此并不了解。其他生产商也没有想到要把一个司空见惯的工序拿到广告里来大加宣传。乐百氏水则偏偏抓住了这个数字大做文章，而且得到了消费者的认可。

（二）鲜明

鲜明，指一则广告所阐明的观点，态度明朗，是非分明。主题的鲜明特别体现在强烈的针对性上。例如，耐克针对的是这样一群人，他们相信天空才是他们的极限，没有尽力的话，永远不知道自己有多强。耐克的广告主题"Just do it"，鲜明地道出"解放自我"的生存需要，唤醒了那些渴望打破传统方式束缚，展现自我个性的年轻人的内心欲望。下面这则平面广告文案是中华汽车以“家的概念”为出发点的广告，旗帜鲜明地从对人、家的关怀，延伸至对车的信赖感，彰显了车是家庭的一分子，与大家一同成长。

【案例】　中华汽车在母亲节期间的广告

“如果你问我，
这世上哪一条路最长？
那绝对不是在地图上能找到的。
十月，妈妈怀我的那个十月，
时间不长，却是我生命的第一步。
在我长大的过程中，
跌倒了，
总有人扶。
如今，我有了孩子，
我才知道，
这世上，最长的路写在妈妈的脸上。

口号：中华汽车，陪您走人生的每一条路。

（三）深刻

深刻，就是尽量透彻揭示出事物的本质，使文案表现出深刻的思想性、鲜明的时代感和创作激情，引发受众最大共鸣。例如，“雕牌”洗衣粉电视广告截取了一个这样的生活场景：年轻的妈妈下岗了，为找工作而四处奔波，懂事的小女儿心疼妈妈，帮妈妈洗衣服，天真可爱的童音说出：“妈妈说，‘雕牌’洗衣粉只要一点点就能洗好多好多的衣服，可省钱了！”门帘轻动，妈妈疲惫而回，正想亲吻热睡中的爱女，看见女儿的留言……“妈妈，我能帮你干活了！”年轻的妈妈的眼泪不禁随之滚落。这份母女相依为命的亲情与产品融合，成就了一个感人至深的产品故事，声声童音萦绕心头，挥之不去，“雕牌”形象则深入人心。该广告围绕“爱”的主题，紧紧抓住了当前因国企人员分流等造成的“下岗”现象，用简单朴实的故事触动消费者的心弦，让许多深有此感的观众为其感动而落泪，细腻而不落俗套，平实中见精彩，过目不忘。

又如，雕牌牙膏的电视广告“新妈妈篇”通过一个小女孩对后妈看法的转变，间接地联系到自己的品牌。

女孩独白：“我有新妈妈了，可我一点都不喜欢她……她好像也没那么讨厌，她笑起来就像我妈妈……”

画外音：真情付出，心灵交汇。浙江纳爱斯。

（四）新颖

新颖，是所提出的见解，所抒发的感受，在常规之外，有自己的独特性，能给人以新鲜醒目之感。见得深，才能写得新，创作人员的才情气质、思想趣味和美学修养是使主题新颖的先决条件。新颖的主题常常得力于选择主题的角度，同样的商品和服务，只要善于变换角度说明，就可以翻出新意。选择的角度不同，所表现的意境就各呈妙趣。下面这则《艾维斯出租车公司的广告》，以“做好老二”为主题，新颖独到，言之有理，令人信服。

【案例】 艾维斯出租车公司广告

正文：我们经营的是出租车业，面对世界强人只能做个老二。最重要的，我们必须学会如何生存。

在挣扎中，我们也体会到在这个世界里做老大和老二的基本区别。做老大的态度是：别做错事，不要犯错，就没事。

做老二的态度却是：做对事情，找寻新方法，我们要更努力。老二主义是艾维斯的信条，它很管用。艾维斯的顾客租到的车子都是干净而崭新的，雨刷完好，烟盒干净，油箱加满，而且艾维斯各处的服务小姐个个笑容可掬。

结果，艾维斯由亏转赢了。艾维斯并没有发明老二主义，任何人都可以随意采用它。

全世界的老二们，奋起吧！

（五）集中

主题要集中，有两个方面含义：一是主题要单一，说明的问题要集中；二是不论长短，每一部分的材料内涵意义都必须围绕中心，紧扣主题，突现主题。商品的特点往往不是单一的，但受众的关注点往往是专著的。抓住一点，着力宣传是广告主题集中的要求，否则，分散了受众注意力，面面俱到，却毫无印象。

【案例】 华硕 W5

标题：180°视讯互动笔记本电脑

正文：我的 Life，随时 Live，华硕 W5

【评析】 笔记本产品的特性五花八门，华硕 W5 在众多性能中紧紧抓住 180°视讯互动这一独特卖点，传达了“随时支持拍照、录像与网络视讯，打开镜头对着自己，世界每一个角落就看得见你”这样的信息，从而在众多笔记本电脑中脱颖而出，留给广告受众深刻的印象。

三、主题的表现方法

好的广告主题需要用一定的方法与技巧将其完美地表现出来。表现主题的基本要求是鲜明、生动、巧妙。广告文案主题的表达与其他文章主题的表达所不同的是，它有时以文章的形式表达，有时是与广告图案（形象、色彩、非文字符号）综合的形式表达，有时是用广告标题或广告语点明的形式表达。

一般来讲，广告文案的主题表现可以划分为两种：一是采用直接的、明显的方式；二是采用含蓄的，自然流露的方式。二者都需要讲究方法与技巧，都需要依托于一定的艺术外壳，才会使主题真正成为文案的内涵，而不至于变成"标语口号"。

【案例】　美国卡米克尔·林奇广告公司做斯特云钓鱼线广告

斯特云钓鱼线的主题概念只有两个字"结实"。

三幅平面广告的文字部分只有一句话："The most dependable fishing line in the world"（世上最值得信赖的钓鱼线），这是主题的直接表现，同时配合三幅画面彰显主题：一根鱼线吊起重达千斤的铁砧，铁砧下面一只可爱的小鸡在悠闲地散步；一根鱼线拔起一颗大牙；一根鱼线作为裤带拴在一个胖子的腰上。还有什么线能够承受如此大的力呢？

这样，创新的主题会使乏味的诉求脱胎换骨，变成有趣的、耐人寻味的广告。

第三节　制定广告文案策略单

广告文案策略就是要确定广告基础，让消费者来购买我们的产品而非竞争品牌。而广告文安策略涉及的面很广，但最重要的有三点，即消费者、产品、竞争者。而这三点被称为策略"三要素"或策略"金三角"。

在这个"金三角"中，我们确定消费者为第一要素。

以前的老板总是"先开工厂，再找市场"，而现在是"先找市场，再开工厂"，也就是根据消费者的需求，而去研发产品。

在产品高度同质化的今天，消费者会不会选择你的商品或品牌，重要的不在于你的商品或品牌实际上怎么样，而在于消费者认为你怎么样。换言之，消费者认为你好，即使不好也好；消费者认为你不好，即使好也不好。

在对产品的研究更多的也是以消费者为导向的，而不过多的停留在专业技术人员的角度去思维，而是去考虑消费者对产品的评价。

面对竞争者，也是为了比竞争者争取更多的现实或潜在的消费者。

所以就要求我们广告文案撰写人员，如果想撰写具有销售力的文案，就必须把自己当成消费者，从他们的角度而不是从客户角度看问题。

一、准确描述目标受众

可以从不同角度进行描述，如从人口统计数据、心理特点、生活方式、价值观等不同角度对目标受众进行准确描述，从中确定最能反映目标受众核心特征的描述句子。观察得越细致，思考得越周密，描述的越精练越好（见图 2－2 所示）。

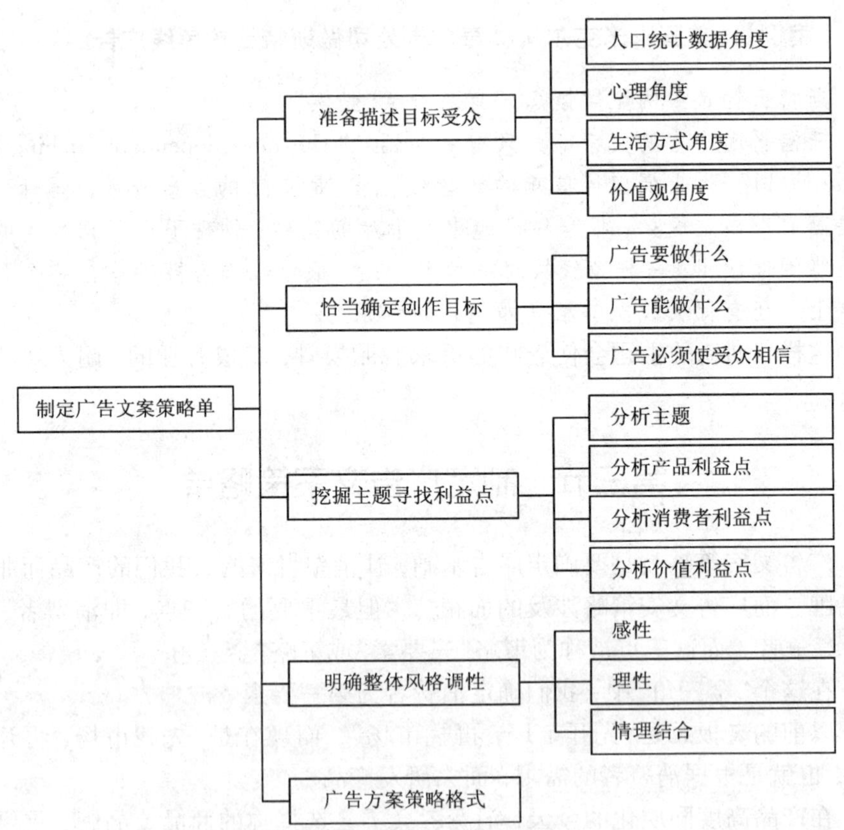

图 2－2　广告文案策略单制定流程

(1)人口统计数据角度：年龄、性别、文化程度、经济收入等。

如：25～40岁的男性消费者。

(2)心理角度：性格特征、偏执喜好等。

(3)生活方式角度：传统的、循规蹈矩的、时尚前卫的、热爱户外运动的等等。

(4)价值观角度：人生态度、愿望、憧憬等。

如：万宝路——阳刚气息的男人世界。

想想消费者，想得越具体越好，因为这是“策略”的支柱；想得越多越好，但写得要越简明清楚越好，“吹尽黄沙始见金”。

切忌：这样描述——“30～50岁的男人”，看似说出一个特征(年龄、性别)，但没有具体化，不是对你判定策略有利的描述，力争从生活方式、生活态度、价值理想等角度去界定。

如：30～50岁的嗜烟如命的男人；

30～50岁嗜烟又担心身体健康的男人；

30～50岁想戒除烟瘾以保证家庭和睦的男人。

如：美国癌症协会(ACS)推广防晒系数15的防晒油(SPF15)，其广告的目标视听众描述为：崇尚日光浴的少男少女(12～18岁)。这一描述，其观察角度是目标对象的生活形态和价值观。

二、恰当确定创作目标

要清楚地知道广告要做什么、能做什么，以“广告必须使目标受众相信……”的句式表达出来。关键在于你对广告策略、广告创意、广告目标受众的理解把握程度。

例如：广告必须使崇尚日光浴的少男少女们相信，经常使用SPF15，能有效的预防皮肤癌的发生。

要找准并清晰的陈述广告的基本创作目标并非一件容易的事。广告的基本目标说到底是影响你的顾客及潜在顾客，让他们行动起来，指明购买你的产品或服务。若要影响他们，单凭一组冷冰冰的市场调查数据是难于奏效的。更为重要的是你要有洞察力，深刻地洞察你的目标对象的动机、价值观、生活形态及生活方式。

例如：

(1)广告要使家庭主妇们相信，碧浪能真正去除蛋白质污渍、油渍。

(2)广告要使因有头皮屑而不自信的人相信，用了海飞丝能有效去除头皮屑，给你自信。

三、挖掘主题寻找利点

分析广告主题，明确广告文案主题，为你的创作目标寻找最好的支持理由。可以利用“爬楼梯”等思考方法，从产品利益点、消费者利益点、价值利益点上分析归纳（见图 2－3 所示）。

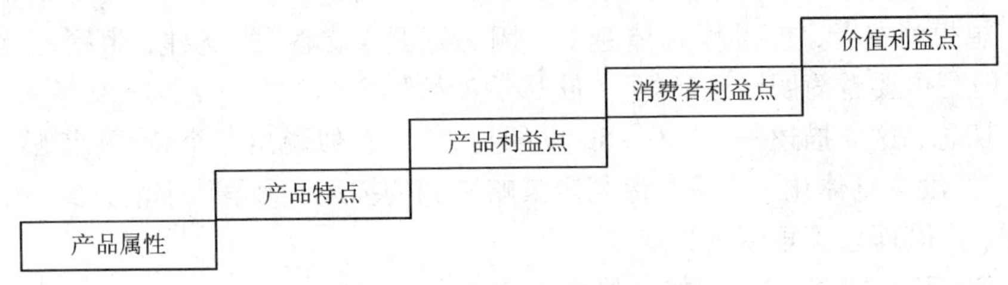

图 2－3 “爬楼梯”思考方法

（1）产品属性：通常是产品本身的——广告玻璃瓶苹果酱。

（2）产品特点：通常根据设计制造的特点——能使汤匙更容易取出瓶口的苹果酱。

（3）产品利益点：即产品对消费者的好处，通常是从产品特点而来——容易。

（4）消费者利益点：产品利益点对消费者产生的正面影响——我省时，而我的孩子能摄取到更多的营养。（味道好，所以他们会吃）

（5）价值利益点：被消费者利益点强化的人性面——我是一个好妈妈，因为给孩子喂苹果酱，使孩子健康成长。

一般的方法就是问人为什么某项特点重要。答案会带着你爬上阶梯。

紧接着下来就要决定着眼于哪一点。如果是在梯子的越下方，就有越明确的产品信息，也越来越表现产品的差异性。

如果爬得愈高，就愈能表现消费者生活面的重要价值，产品利益点就较笼统了。这是策略抉择时的重要部分。

四、明确整体风格调性

一个好的调性描述能够将策略和战术瞄准目标消费者。

要确定整篇广告文案采用什么风格调性，是感性的，如活泼、甜蜜、恐惧等，以情感人；还是理性的，摆事实、讲道理，以理服人；还是情理结合，既有情感的交流，又有理性的思考。风格调性的确定，需要对广告创意的分析，更需要对目标受众的好恶有敏锐的洞察力。

如：ACS 推广 SPF15 时，诸多专家想出了个自认为极具震撼力的口号："救你一命！"（恐惧诉求）而少男少女根本不知道死是啥味儿。

是什么吸引他们那么起劲儿的去晒太阳呢？他们说：对异性更有吸引力。（甜蜜诉求）

五、广告文案策略单格式

广告文案策略单

1. 商品/品牌名称
2. 日期
3. AE：（AE 的姓名）
4. 目标受众
5. 基本创作目标：广告必须使目标受众相信
6. 支持理由
7. 风格特性
8. 广告主题
9. 注释：（本策略是讨论稿还是立即执行稿）
10. AE：（签字）同意
11. 创意总监：（签字）同意

实境创作题

1. 选择一款你熟悉的手机，分别以产品特点、消费者利益点和价值主张为出发点拟定广告主题。

2. 某面霜产品可提供如下诉求点：

⊙洁净力可深入毛孔

⊙最完美的美容剂

⊙皮肤科医生推荐

⊙使皮肤变嫩

⊙防止面部粉层块裂

⊙含有雌性荷尔蒙

⊙不含任何杂质

⊙防止皮肤衰老

⊙除皱

请甄选最主要的诉求点，以此定位，拟订一则平面广告主题。

复习思考题

1. 广告文案的主题为什么尤为重要？
2. 如何提炼主题？

第三章　文案的创意与表现

知识要点

1. 了解创意的概念、过程、思维方式以及创意的原则；

2. 明确创意是广告主题意念的意象化；

3. 掌握广告创意的基本理论：USP理论、品牌形象论、定位理论、ROI理论、共鸣理论，明确各个理论的内涵、差异、意义、局限以及现实应用；

4. 掌握创意的多种表现技巧，能够熟练运用到广告文案创作当中。

案例：来一份昨天的晚报

一场深秋的雨，
从昨天午后一直下到今天。
雨过天晴，
我第一个愿望就是跑到街上，
尽情享受清新的空气，
看一看北京的天空中，
有没有久违的彩虹。
细细的风吹着暖暖的阳光，
我走向那个熟悉的报摊。
阿姨刚刚摆好摊位，对我笑笑。
“来一份昨天的晚报！”我说。
阿姨愣了一下，
然后伸手在报纸下翻了翻，
拿出一叠皱皱的北京晚报，说：
“昨天下雨，没来吧……”
我点点头。
我喜欢收集老电影，
却从没有买到过昨天的晚报。
广告口号：晚报，不晚报。

假如你是一个应届毕业生，正要到一个自己向往的广告公司去应聘，主考人只给你10分钟的陈述时间，而这次面试将决定你是否会被录用。在此之前，你会做哪些准备？也许每个人都会仔细的考虑，与竞争这个职位的其他人相比，自己具有什么独特的优势？你可能会把自己的特长进行归纳和整理，然后找出最能打动用人单位的一点(或几点)。

商业社会中，广告充斥着每个角落。这些广告有的平庸无奇，有的却新鲜独特，新意宜人。产生如此差别的原因，除了设计、制作方面的因素外，创意的高低是一个极其重要的因素。广告创意是把广告主题的抽象思想和观念，构思成一种景真、情浓、意切的艺术境界。它的功能在于全力表现广告主题。广告文案写作中主题的确定，仅仅解决了广告“说什么”的问题，而“怎么说”，即如何把主题准确、生动地表现出来，则是广告创意的宗旨。有了好的主题，但没有表现主题的好的创意，广告就会大为失色。主题只有通过创意创造出引人入胜的艺术境界，才能在作品中更为鲜明地表现出来。强调创意，就是强调广告文案写作一定要有创造性，超越平庸，运用创造性思维，创造性的表现，取得创造性广告效果。

第一节　广告创意的内涵

一、何谓广告创意

“创意”是一个广告术语，兼有名词和动词两种属性。作为名词，有创造性的构思、设计之含义；作为动词，是指想出好点子，进行富有创造性的构思和超越平庸的设计，拿出最好的创作方案。创意的核心是“创造”。从字面上理解，创意是“创造意象之意”，从这一层面进行挖掘，则广告创意是介于广告策划与广告表现制作之间的艺术构思活动，即根据广告主题，经过精心思考和策划，运用艺术手段，把所掌握的材料进行创造性的组合，以塑造一个意象的过程。简而言之，创意是广告主题意念的意象化。

为了更好地理解“广告创意”，我们首先对意念、意象、表象、意境做一下解释。

“意念”指念头和想法，在艺术创作中，意念是作品所要表达的思想和观点，是作品内容的核心。在广告创意和设计中，意念即广告主题，它是指广告为了达到某种特定目的而要说明的观念。它是无形的、观念性的东西，必须借助某种有形的东西才能表达出来。任何艺术活动必须具备两个方面的要素：一是客观事物本身，是艺术表现的对象；二是用以表现客观事物的形象，它是艺术表现的手段。而将这两者有机地联系在一起的构思活动，就是创意。在艺术表现过程中，形象的选择是很重要的，因为它是传递客观事物信息的符号。一方面必须要比较确切地反映被表现事物的本质特征，另一方面又必须能为公众理解和接受。同时形象的新颖性也很重要。广告创意活动中，创作者也要力图寻找适当的艺术形象来表达广告主题意念，如果艺术形象选择不成功，就无法通过意念的传达去刺激、感染和说服消费者。

符合广告创作者思想的可用以表现商品和劳务特征的客观形象，在其未用作特定表现形式时称其为表象。表象一般应当是广告受众比较熟悉的，而且最好是已经在现实生活中被普遍定义的，能激起某种共同联想的客观形象。

在人们头脑中形成的表象经过创作者的感受、情感体验和理解作用，渗透进主观情感、情绪的一定的意味，经过一定的联想、夸大、浓缩、扭曲和变形，便转化为意象。表象一旦转化为意象便具有了特定的含义和主观色彩，意象对客观事物及创作者意念的反映程度是不同的，其所能引发的受众的感觉也会有差别。用意象反映客观事物的格调和程度即为意境，也就是意象所能达到的境界。意境是衡量艺术作品质量的重要指挥。

所以，广告创意是一种艺术构思。艺术构思的基本特征是具有创造性和艺术美。广告创意要创造出一种意境，使广告内容与广告形式达到完美的统一。一般化、简单化的构思也能够表现广告主题，但却称不上是广告创意。创意的实质即“旧元素，新组合”。

二、广告创意的过程及其思维方式

（一）广告创意过程

广告创意过程可分下列五个阶段：

（1）准备期——研究所搜集资料，根据旧经验，启发新创意，资料分为一般资料和特殊资料，所谓特殊资料，指专为某一广告活动而搜集的有关资料。

（2）孵化期——把所搜集的资料加以咀嚼消化，使意识自由发展，并使其结合。因为一切创意的产生都是在偶然的机会突然发现的。

（3）启示期——大多数心理学家认为：印象是产生启示的源泉，所以本阶段是在意识发展与结合中，产生各种创意。

（4）验证期——把所产生的创意予以检讨修正，使之更臻完美。

（5）形成期——以文字或图形将创意具体化。

（二）广告创意的思维方式（见图 3 - 1 所示）

广告创意思维是指广告人员以新颖独特的方法解决问题的思维方式。思维则是人脑的机能和产物，是人类在劳动协作和语言交往的社会实践中产生、发展起来的。它是以语言、符号与形象作为载体间接、概括地反映事物本质和规律性的复杂的生理与心理活动。

图 3 - 1　广告思维创意

思维具有针对性、广阔性、深刻性、敏捷性、逻辑性、批判性以及创造性。在广告创意的思维活动中，根据思维进行的方向可以将思维活动划分成垂直思维方式、水平思维方式，聚合思维和发散思维。

1. 垂直思维

垂直思维，是在一种结构范围中，按照有顺序的、可预测的、程式化的方向进行思维。这是一种符合事物发展方向和人类习惯的思维方式，遵循由高到低、由浅到深、由始到终等线索，因而思维脉络清晰明了，合乎逻辑。由于垂直思维按照一定的思考路线进行，向上或向下进行垂直思考，是头脑的自我扩大方法，一向被评价为最理想的思考法。其优点是比较稳妥，有一个较为明确的思考方向。缺陷则是偏重于以往的经验、模式，只是对旧意识进行重版或改良。

2. 水平思维

水平思维，指条件接近的情况下，对相似事物的发展情况进行比较，从中找出差距，发现问题，然后提出解决问题的办法的一种思维活动。这种思维方式不一定是有顺序的，同时也是不能预测的。运用水平思维方式在思考问题时向着多方位方向发展，此方法有益于产生新的创意却无法取代垂直思考法，只能弥补后者不足。同时，水平思考法又可提醒创意者在思考时不故步自封，两方法相互配合，加以灵活运用，可以收到事半功倍的效果。

3. 发散思维

发散思维，是由一个原点向四面八方呈放射状进行思考的一种更加不受束缚的思维方式。广告创意往往就是要将一个抽象的概念演绎为一个生动的形象，发散思维方式最容易从各个不同的角度对一个概念进行演绎。

发散思维的过程如下：

(1)设定一个适合于个人思考的主题概念，充分调动起个人对生活的感知，利用导图的方式对主题概念展开全方位的联想。

(2)在操作上必须突破习惯性的横向、纵向思维模式，努力在各种不同元素之间找到关联，继而发展成若干能回应主题概念的思考路线和创意构思。

(3)用文字表述为基本构架，在创意闪光处加入图形，在多个图形的关联上加入语言，发展成一个创意雏形，继而提炼创意文字及广告语言。

4. 聚合思维

聚合思维，是一种有方向、有范围、有条理的收敛性思维方式。它在发散思维的基础上，把思考出的许许多多项目加以集中、聚合，在那许多项目的相互作用中“发展”出一个新的思考。

三、广告创意的原则

(一)独创性原则

伯恩巴克说：“我认为广告上最重要的东西就是独创性与新奇性。”奥格威也说过：“要吸引消费者的注意力，同时让他们来买你的产品，非要有很好的点子不可，除非你的广告有很好的点子，不然它就像快被黑夜吞噬的船只。”所谓独创性原则是指广告创意中不能因循守旧、墨守成规，而要善于标新立异、独辟蹊径。独创性的广告创意具有最大强度的心理突破效果，这种与众不同的新奇感及其鲜明的魅力会触发人们强烈的兴趣，能够在受众脑海中留下深刻的印象，达到广告宣传的目的。

广告贵在独创、新颖，最忌平庸、雷同。通过创新可以让消费者从一个全新的角度去看待我们的产品或服务，给消费者一个新的思维方式、一个新的视角、一个新的认知层面去看待某个功能，某个特征，某个优点。通过对材料创造性的运用化平淡为神奇，赋予作品新的形式新的价值。广告的创意同时也符合受众一种普遍的求新求奇的心理倾向，在一定程度上能够满足这种审美心理，使他们在欣赏广告时得到审美的愉悦。爱迪生说过："凡是新的不平常的东西都能在想象中引起一种乐趣，因为这种东西使心灵感到一种愉快的惊奇，满足它的好奇心，使它得到原来不曾有过的一种观念。……就是这个因素使一个怪物也显得有迷人的魔力，使自然的缺陷也能引起我们的快感。也就是这个因素要求事物应变化多彩。"①

在遵循创意的独创性原则的同时，我们要注意两点问题：

(1)独创性虽然是广告创意的首要原则，但独创并不是广告的目的。广告创意的独创性要建立在可理解性和关联性上。理解性即易为广大受众所接受。在进行广告创意时，就要善于将各种信息符号元素进行最佳组合，使其具有适度的新颖性和独创性，并且在"新颖性"与"可理解性"之间寻找到最佳结合点。而关联性是指广告创意中的意象组合和广告主题内容的联系。关联性体现在两个方面：一是广告创意必须与产品或服务内容相关联；二是广告创意必须与目标消费者利益、兴趣相关联。广告如果没有关联性，就失去了目的。关联可以是内在的关联，也可以是外在的关联。创意必须与主题具有高度的关联性，诉求主题可能是产品、服务、企业等，创意在二者建立的联系越明显越好，越多越好。只有这样消费者才可以充分领会到自己的利益所在。优秀的广告创意就是找到产品特性与消费者需求之间的结合点，产品特性与消费者需求的相交点，使之放大，让消费者明晰地感受到自己的需要得到了满足。

(2)创意在追求独创性的过程中，所要发掘的是产品、服务或品牌共性中的个性，这种个性应是在主题思想的统率下具有延展的个性，这样既有继承又有发展，既有共性又有差异性，便于后续的广告创意表现可以采用丰富的题材来表达同一个相对固定的主题思想，从而确保广告的累积效应。例如，奥格威为 Hathaway 衬衣设计主题人物形象——一个左眼戴黑眼罩的男士作为创意的主题画面，据此进行演绎，如击剑、驾驶游艇、指挥乐团等，这一系列广告持续了五年之久，是对 Hathaway 衬衣品牌价值的积累和提升。

(二)简明性原则

简明包含有简洁、单纯、明确、直接的含义。广告创意不是为理解设置障碍，而是为理解搭建桥梁。在一些广告主看来，似乎什么都是重要的，期

---

① 阿恩海姆，《艺术与视知觉》，中国社会科学出版社，1984 年版。

望一次广告投入，就将企业或产品、服务的众多信息都传递出去。但事实上，多个信息可能产生相互干扰，从而把第一信息削弱或淹没。创意的简明性原则就是将信息进行收缩、聚集和提纯。因此，创意必须简明，使消费者能够在极短的时间内，清晰地了解是什么品牌的什么商品或服务能带来哪种利益。对玩文字游戏，故弄玄虚的广告，消费者是毫无兴趣的。

广告创意的诉求要尽可能单一，因为消费者所能接触到的每个广告的时间、注意力和耐心都是十分有限的。好的广告创意往往很简单，它最大限度地利用受众的接受机会，传达最能给消费者留下深刻印象并为其所接受的信息。我们知道，消费者在接触广告信息时常常是漫不经心的匆匆一瞥，消费者关心的是能满足其某种需求的广告信息，如果在创意中忽视这一点，传达的信息多而杂，那么广告效果将大打折扣。

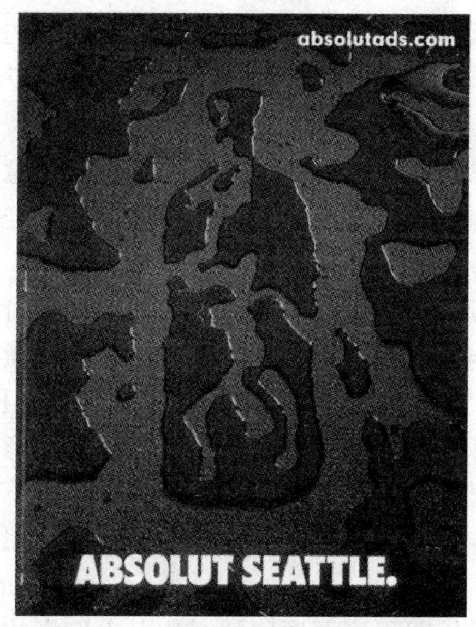

图 3-2(a) 广告创意(一)

图 3-2(b) 广告创意(二)

广告创意要做到简洁，首先要确定什么是最重要的，即确定主体信息或第一信息。正确的广告创意是抓住产品的第一信息，把它通过简洁、单纯的方式更为强烈地表达出来。SONY 的一条微型随身听广告得到了消费者的交口称赞，充分印证了广告创意“少即是多”的原则。这条广告简单到几乎没有任何情节，也没有一个字、一句画外音，只有两个年轻人在动感音乐声中不停地奔跑，时而飞跃障碍，时而趟过河流，经历着一次次险情，直到画面最终出现 SONY 的产品。广告表达的只是一个简单的“动感”的信息，而消费者也马上收到了这个信息。多位年轻受众表示，他们喜欢这条广告是因为“非常吸引人”，“令人兴奋”和“节奏富于动感，好像 MTV”。这令在每天平淡的生活中的人们，特别是年轻人，感到更多的兴奋，更多的刺激。

曾经获得广告金奖的作品“必扑”害虫杀手的广告，就大胆地运用了空白，从而取得了成功。画面的最右边有竖写的一行字：“必扑一声，蚊虫扫清。”字中嵌着两只必扑药罐，整个广告一片空白，只有中间一行小黑体字：“找找看，这上面哪儿有蚊虫。”整幅广告醒目、独特。

（三）通俗性原则

通俗可以方便消费者理解，节省沟通成本。广告创意是为了更好的沟通。人们用广告的易读性、易听性来分析广告创意的难度，如句子的长短、词的难度、读者的认知背景以及广告创意组织与结构上可以帮助受众理解的因素如目录、图表、插图、颜色、背景等。通俗性的创意原则就是要求创意人员把复杂的问题简单化、通俗化。

创意要达到通俗化并非易事，要考虑到目标对象的文化程度背景。创意通俗与否的衡量标准是是否符合目标群体的教育程度、文化差异以及生活经验，能够使其普遍理解的创意就是通俗易懂的。

某市候车亭一则公益广告，文字为“斑白者不负戴于道路”，这句话出自于《孟子》，意为头发花白的人不用自己身背和头顶着东西走在道路上。用孟子这句话做广告语，是要人们发扬中华民族的优良传统，尊老爱老助老，但毕竟是古文，文化水平不高的人很难理解其意。在创作中往往由于追求创意而忽略了受众的接受能力，使作品失去了该有的平易性。但平易的作品并不一定直白、肤浅。就像陶渊明归隐后的诗作，语言浅近通俗，表达质朴自然，但意蕴丰富，意境优美，有平易之美。

每个区域都有自己的文化，这些经过长期积淀而形成的文化对人们影响至深。人们置身于一定的文化圈层，其思维方式、生活方式、价值取向、审美意识乃至话语、行为、风俗、习惯无不受到所在圈层的文化的影响，人们对信息的理解、接受也常常受到这种文化的制约。我们常提到的广告的本土化就含有这层意义。

此外，一个人的生活经验也会影响其对创意的解读。经验包括目标受众社会经验、文化特征、社会环境、生活阅历等。这些都是目标受众接受认知的经验性背景。广告创意所建立的经验与目标消费者所具有的经验的重叠越多，消费者认知的通俗性就越高。

通俗的表现可以增强产品或服务的魅力与附加值，使产品、服务或卖点生动起来，令消费者容易理解和知晓。乔恩·斯蒂尔为索尼公司一个新产品——摄像机制作广告。在做案头工作时，他花了三四个小时听取索尼技术人员介绍该产品的特色。其中该产品具有一个威力强大的可变焦距镜头和一个新型的能容纳数以千计像素 CCD 图像显示器，这种显示器比市场上销售的任何一种非专业摄像机所容纳的像素都多。技术人员用了两个小时解释像素的概念。对于一般消费者而言，像素就是构成电视图画的点，特定空间内的点越多，图画就越清楚。如何将这一抽象的概念表现得通俗易懂是这则广告成功的关键，乔恩·斯蒂尔将这一概念巧妙地解释为："在十步之内，你可以看到蜜蜂身上的某个部位，甚至可以数一数上面的绒毛。"这一创意令人拍案叫绝。

第二节　广告创意的基本理论

在广告的发展过程中，有关广告创意的理论与时俱进，层出不穷。以下介绍几种具有历史价值的广告创意理论。

一、USP 理论

USP（Unique Selling Proposition 独特的销售主张）理论是特德·贝茨公司的 R. 瑞夫斯在 20 世纪 50 年代提出的影响深远的广告创意理论。R·瑞夫斯认为 USP 是广告最初也是唯一的实效，并且是广告的价值所在。明确的概念、独特的主张、实效的销售是 USP 的理论核心。所谓明确的概念，是指在广告创意过程中，努力寻找出产品本身可以给购买者带来的特定的益处。而独特的主张，则是指其他竞争者无法提供或不提供的方法主张。USP 理论由分析产品以及能为其使用者提供何种功能而产生。M&M 巧克力的"只溶在口不溶在手"的广告创意就是 USP 理论运用的典范。又如世界最大的日用消费品公司之一的宝洁公司。在它的广告策划中，每个品牌都被赋予一个概念：海飞丝的去屑，潘婷的健康，飘柔的柔顺。海飞丝"头屑去无踪，秀发更干净"的广告语进一步确立了"海飞丝"的去屑主题；"瑞士维他命研究院认可，含丰富的维他命原 B5，能由发根渗透至发梢，补充养分。使头发更健康、亮泽"突出了"潘婷"的营养型主题；"含丝质润发素，洗发护发一次完成，令头发飘逸柔顺"深化了"飘柔"飘逸柔顺的广告主题。此外，在联合利华的力士香皂将“美容护肤”定为USP的情况下，宝洁通过市场调查，将“美容杀菌”作为舒肤佳香皂的USP，奠定了舒肤佳成为中国香皂第一品牌的地位。

（一）USP策略特点

USP策略强调，只有当广告能指出产品的独特之处时才能行之有效，即应在传达内容时发现和发展自己的独特销售主题。USP具有三部分特点：

(1)必须包含特定的商品效用。即每一广告都要对消费者提出一个说辞，给予消费者一个明确的利益承诺。

(2)必须是独特的，唯一的，是其他同类竞争商品不具有或没有宣传过的说辞。例如，农夫山泉的“农夫山泉，有点甜!”在竞争激烈的纯净水市场，产品高度同质化，难以有明显的区分。即使农夫山泉的水源是采自千岛湖深水区，极为纯净，这样的同类产品也不在少数。于是有了“有点甜”的广告创意。一个“甜”字既形象地向消费者描述了其水源纯净的特点，又是其他品牌的产品没有宣传过的，使农夫山泉有了自己的个性。

(3)必须有利于促进销售，即这一说辞一定要强有力到能招来数百万计的大众。

由于科学技术急速发展，人类社会不断向前推动，单靠一般化，模式化的广告创意和表现已不能引起大众的注意和兴趣，必须在产品中寻找并在广告中陈述产品的独特之处，即实施独特的销售主题。这一新的广告创意策略一经问世便立即在广告界引起热烈响应，并在20世纪五六十年代得到普遍推广。

（二）USP策略的理论基础和心理基础

1. USP策略的理论基础

随着经济的发展和生产力的提高，市场商品日益丰富，竞争也趋于激烈，依据标准化的同质产品或同质信息诉求很难再赢得消费者，因此差异化营销成为企业主要的营销战略选择。差异化营销充分考虑到了消费者需求的多样性和异质性。USP策略适应了营销战略的要求，因为，差异性的信息诉求是建立在差异的产品基础之上的，包括产品的核心差异，产品形体的差异以及产品附加的差异。

2. USP策略的心理基础

消费者的购买动机和行为要受到认知过程的影响。所谓认知是指消费者通过感官对外部刺激物所获得的直观形象的反映。心理学认为，认知过程是一个选择的心理过程。有三个主要认知阶段：选择性注意、选择性理解和选择性记忆。

USP策略正是利用人们选择性认知的心理特点，在广告中宣传产品独具的特征及利益，使消费者注意、记住并对提供的利益产生兴趣，从而促成其购买决策。

二、品牌形象论与品牌资产五星模型

品牌形象论是20世纪60年代中期由大卫·奥格威提出来的广告策略理论。其基本观点是：第一，塑造品牌是广告活动最为主要的目标。第二，任何一个广告活动都是对品牌的长程投资。第三，随着同类产品的差异性减小、品牌间的同质性增大，消费者在选择品牌时所运用的理性因素相对减少，而感性因素则相对增加。因此，描绘品牌形象要比强调品牌的具体功能特征重要得多。第四，由于有些消费者在购买产品时追求的是"实质利益+心理利益"，所以广告创意就应该重视运用品牌形象来满足消费者的心理需求。

（一）品牌的含义

著名营销学者菲利浦·科特勒（Philipkotter）这样定义，所谓品牌，就是一个名字、称谓、符号或设计，或是上述的总和，其目的是要使自己的产品或服务有别于竞争者。这是从市场营销一般意义上定义，而在广告中所涉及的品牌以及品牌形象其内涵与之稍有区别：广告策略中的品牌，体现为消费者对品牌所蕴涵的诸多信息，如名称、标记、符号、发音、利益的提供、产品的特色，市场的评价、发展的历史等的认知和接受的程度，它建立在消费者的心中，更多地体现为一种主观的认识。例如，作为世界十大品牌之一的麦当劳将温情注入了"M"中，通过大量的广告宣传和促销活动，把温情送给了顾客，使顾客一看到黄色的"M"和麦当劳叔叔，就想到家，想到温情。麦当劳的品牌识别来自两方面力量，一是标志识别，二是理念识别。一个标志的历史除了它形式中视觉上的因素，如简洁、明快、美观外，还要看它是否抓住公众心理，体现企业的个性和文化，包装是一种沉默的诱惑，我们看到的决不仅仅是一个容器或标签，还是一种品格，一种态度，甚至一套信念。理念识别则依照"Q+S+C+V"原则：Q、S、C、V分别是Quality、Service、Cleanness、Value的首写字母，意为"品质上乘、服务周到、环境清洁、物有所值"。"更多选择，更多欢笑，就在麦当劳"，它已成为亲切、欢乐、值得信赖的代名词，这是消费者对麦当劳品牌形象的印象，也是麦当劳维护与消费者忠诚关系的纽带。

（二）品牌价值的含义

品牌价值是有效竞争的一大要素。在市场经济中，凡能给行为人带来或增加收益的东西，都可以看成是行为人的一项资产，进而可以把它货币化。品牌也不例外，对厂商来说，品牌是一项能带来利润的资产。

品牌价值可以认为就是品牌资产的价值。常在如下两种意义上使用：

(1)从效用意义上将品牌资产的价值分成为消费者提供价值和为厂商提供价值两类。

(2)从资产评估意义上，即采用某种方法将品牌资产价值进行量化，赋予其一定的货币额，这个货币额即是品牌价值。一个企业品牌资产价值，主要借助于品牌形象的强化而提高。

对厂商而言，消费者对某一品牌所持有的品牌形象即为其品牌力。品牌力包含品牌知觉优势和品牌活力。品牌知觉优势是由消费者认知并熟悉品牌所产生的亲近感以及由好感而来的尊重所决定的，而品牌活力则是由品牌对消费者生活的意义所带来的适宜度及该品牌所拥有的特征。因此最好的品牌即具有强势品牌力的品牌是指在消费者知觉中具有优势地位(品牌形象好)，而且有活力的品牌。而强势品牌对于企业增强竞争优势，扩大市场占有率有着重要作用，强势品牌通常享有较高的利润空间，强势品牌没有生命周期。

（三）品牌形象的形成

每一品牌在市场中都存在着品牌形象。品牌形象意味着人们从一个品牌所联想到的一切情感与美学品质。品牌形象给产品附加了虚幻的形象、个性和象征，使人们对同样的东西产生不同的感觉和情感，这正是品牌形象发生作用的心理基础。树立品牌形象，必须为品牌选择和创造合适的广告意象，能够表现品牌特质和个性，并能为消费者接受。从广告实践来看，广告意象的选择和创造可以有以下几种：

1. 合适的模特儿

如将“西部牛仔”形象深深印在脑海中的“万宝路”香烟广告。

2. 商标人物

李奥·贝纳于1935年为绿色巨人公司的豌豆虚构的“绿色巨人”人物形象也是一个非常成功的品牌形象。

3. 拟人化的动物卡通形象

英国Hofmeister啤酒在以年轻啤酒饮用者为目标市场的广告策划中，为满足年轻人自我认同的需求，反映年轻饮用者的特性和向往，在其创意中着力塑造了一个潇洒、聪明的乔治熊形象。

4. 名人形象

力士香皂的印刷品广告中插印影星照片，从而树立起“力士香皂，国际影星所使用的香皂”这一形象。

5. 普通人形象

法国一家广告公司曾请了一位80岁高龄的洗衣老妇充当洗衣机广告主角，播出不久，这位老太太便成了大明星，这个品牌洗衣机的销售额，也从全国第四位升至第二位。

(四)大卫·艾克的品牌资产五星模型

大卫·艾克(Aaker)在1991年综合前人的基础上，提炼出品牌资产的“五星”概念模型，即认为品牌资产是由品牌知名度(Brand Awareness)、品牌认知度(Perceived Brand Quality)、品牌联想度(Brand Association)、品牌忠诚度(Brand Loyalty)和其他品牌专有资产5部分所组成。

1. 品牌资产五星模型内容分析

品牌知名度是消费者对一个品牌的记忆程度，品牌知名度可分为无知名度、提示知名度、第一未提示知名度和第一提示知名度4个阶段。

一个新产品在上市之初，在消费者心中处于没有知名度的状态；如果经过一段时间的广告等传播沟通，品牌在部分消费者心中有了模糊的印象，在提示之下能记忆起该品牌，即得到了提示知名阶段；下一个阶段，在无提示的情况下，能主动记起该品牌；当品牌成长为强势品牌，在市场上处于“领头羊”位置时，消费者会第一个脱口而出或购买时第一个提及该品牌，这时已达到品牌知名度的最佳状态。

品牌认知度是指消费者对某一品牌在品质上的整体印象。它的内涵包括：功能、特点、可信赖度、耐用度、服务度、效用评价、商品品质的外观。它是品牌差异定位、高价位和品牌延伸的基础。研究表明，消费者对品牌的品质的肯定，会给品牌带来相当高的市场占有率和良好的发展机会。

品牌联想度是指透过品牌而产生的所有联想，是对产品特征、消费者利益、使用场合、产地、人物、个性等等的人格化描述。这些联想往往能组合出一些意义，形成品牌形象。它是经过独特销售点(USP)传播和品牌定位沟通的结果。它提供了购买的理由和品牌延伸的依据。

品牌忠诚度是在购买决策中多次表现出来的对某个品牌有偏向性的(而非随意的)行为反应，也是消费者对某种品牌的心理决策和评估过程。它由五级构成：无品牌忠诚者、习惯购买者、满意购买者、情感 购买者和承诺购买者。

品牌忠诚度是品牌资产的核心，如果没有品牌消费者的忠诚，品牌不过是一个几乎没有价值的商标或用于区别的符号。从品牌忠诚营销观点看，销售并不是最终目标，它只是消费者建立持久有益的品牌关系的开始，也是建立品牌忠诚，把品牌购买者转化为品牌忠诚者的机会。

品牌其他资产是指品牌有何商标、专利等知识产权，如何保护这些知识产权，如何防止假冒产品，品牌制造者拥有哪些能带来经济利益的资源比如客户资源、管理制度、企业文化、企业形象等。

Aaker认为品牌权益的五项内涵中，品牌认知度、品牌知名度、品牌联想度、品牌其他资产有助于品牌忠诚度的建立，其中知名度、品牌认知度、品牌联想是代表顾客对于品牌的知觉和反应，而忠诚度则是以顾客为基础的忠诚度。Aaker指出品牌权益的核心是品牌认知度和品牌联想度。

2. 品牌资产五星模型的应用意义

品牌资产五星模型告诉我们：品牌是代表企业或产品的一种视觉的感性和文化的形象，它是存在于消费者心目之中代表全部企业的东西，它不仅是商品标志，而且是信誉标志，是对消费者的一种承诺。品牌资产评估就是对消费者如何看待品牌进行评估和确认，由此可以说，消费者才是品牌资产的真正审定者和最终评估者。

三、定位理论

广告定位理论是继USP理论、品牌形象论之后，对广告创意理论具有划时代意义的理论。该理论是20世纪70年代特劳特和里斯广告公司的艾·里斯和杰·特劳特提出的。其核心是主张在广告策略中运用一种新的沟通方法，创造更有效的传播效果。定位不是一个简单的卖点，而是广告心理学研究。

(一)定位理论的提出及其要点

我们现在所处的社会是信息爆炸的社会，过多传播的信息一方面使我们可能更多地了解周围环境，但另一方面，却使我们身心疲惫。过多的产品广告、品牌信息与受众容量形成了尖锐的矛盾。在众多的产品和品牌中，受众购买决策所面临的问题不仅是买什么，更主要的是接受和选择哪一种品牌。为了解决这一矛盾，定位理论应运而生，主张在广告策略中运用定位这一新的沟通方法，创造更有效的传播效果。“定位”即是为广告和品牌信息在受众的心中找到一个位置。定位理论具有以下要点：

1. 定位基于消费者心理研究

定位是一种攻心战略，定位观念使得广告创意的出发点从商品转向了消费者，要求更细致地研究消费心理。广告活动的目标是使某一品牌在目标受众的心目中占据一席之地。所谓“定位”并非是要创作某种新奇或与众不同的事情，而是去明确那些已经存在于人们心中的对某种品牌早已有之的对应关系。

2. 定位基于品牌之间的差别

广告创意没有必要去刻意表现出产品的功能差异，而是必须表现出品牌之间的区别。定位理论认为，随着科技发展，现代产品同质化趋势日趋显著，这使得区分产品功能差异的广告效果明显下降。努力在创意上表现品牌与同类品牌在类别上的差别。例如，七喜汽水的“非可乐”概念，将自己从可口可乐、百事可乐竞争的尴尬境地中解脱出来，开创了自己的产品领域。

3. 建立第一位置

通过广告创造出有关品牌资讯的“第一说法、第一事件、第一位置”，能够为产品建立第一的位置将带来巨大的市场优势。人们大多对第一的事物投以更多关注，易于记忆。如果产品能够以第一的位置进入消费者心中，消费者往往会将其等同于第一品牌，所以，广告创意最为理想的传播目标是使广告产品在消费者心中占据第一的位置。例如，第一的啤酒——百威啤酒，就是运用定位理论的成功案例。“第一的啤酒”是百威在第一阶段里打出的广告主题，标题是“我们爱第一”；到了第二阶段，主题改为“百威是全世界最大，最有名的美国啤酒”，广告标题则变为“这是最出名的百威”；到了第三阶段：广告主题是“我们爱第一——百威啤酒”，广告标题变成“第一啤酒在此”。在所有阶段，百威的广告都突出了“第一”。

（二）定位策略

广告定位策略包括以下几种：

（1）领导者定位——建立领导地位。这是一种旨在占据某一产品类别中第一或领导位置的定位策略。“第一”是最容易进入心智的途径；“最大”也有同样的效用，所以，争取“第一”、“最先”、“最大”，就可以成为领导者。

（2）比附定位——紧跟行业领导者。这是在竞争品牌领先位置相当稳固，原有位序难以打破重组的情况下，或自己品牌缺乏成为领导品牌的实力和可能的情况下可采取的一种定位策略，这种定位策略使自己的品牌与领先品牌发生一定的比附性关系，在承认竞争品牌领先地位的基础上占据紧随其后的位置。如艾维斯出租车公司将自己定位为租车行业的“老二”。

（3）细分定位——寻找市场空隙，细分定位是在原有的位序序列中，分解出更细更小的类别，在大阶梯中分解出小阶梯，然后将自己的品牌定位于小类别或小阶梯上的领导位置。在广告创意中，寻找空隙的策略很多，例：价格空隙、性别空隙、年龄空隙等。通过这一手段我们可以寻找到其他品牌没有涉及的市场空隙作为广告创意和进行广告诉求的立足点。

(4)重组定位——重新为竞争定位，在市场上自给自足产品类别成百上千，想寻找一个尚虚位以待的空隙，机会很少，而领导者和"第一"的位置更是唯一。面对上述困难，最不幸的选择是退出竞争，但企业可以利用重组定位策略，为自己创造机会。重组定位策略的要点是根除一个既存的观念，产品，然后再把一个新的观念或产品搬进人们的心智中。例如健力宝的"第五季"，这一名称是说给喜欢猎奇、张扬个性的年轻人听的。广告的意图就是强调这种饮料能够带给人新鲜感受，切合了目标消费者对新观念、新词汇的喜爱心理。为自己在饮料行业重新定位。

(5)"高级俱乐部"策略——公司在不能取得第一名或某种有利的位置，而市场空隙又不存在时，便可以采取这种策略。通过这一概念的提出，将本处劣势的公司纳入"高级俱乐部"中，而俱乐部成员在受众看来，才是最佳的。这无疑提升了公司在受众心目中的位置。

(三)广告定位与产品定位的区别

产品定位强调为谁和怎样生产；广告定位强调向谁和怎样述说。

(1)操作目的和操作对象不同：产品定位的操作目的是使自己的产品概念最有吸引力；广告定位的操作目的是使产品概念对目标消费者有吸引力。产品定位的对象是商品本身；广告定位的操作对象是精神层面的消费者心理。

(2)目标不同：产品定位的目标是卖出商品，赢得客户，争取最大利润；广告定位目标还兼有提高企业形象、知名度等。

(3)稳定性不同：产品定位相对稳定；广告定位是一个动态过程。

四、ROI 理论

ROI 理论是 20 世纪 60 年代由广告大师威廉·伯恩巴克总结自身创作经验而提出的。该理论基本主张是：优秀广告必须具备三个基本特征，即关联性(relevance)、原创性(originality)和震撼性(impact)。

所谓关联性是指广告创意的主题必须与商品、消费者、竞争者密切相关，在实践中要求创意人员必须首先了解所要宣传的商品或服务，在此基础上找到产品与创意的关联点。

原创性指广告创意应与众不同。其创意思维的特征是要刻意"求异"，用独到的目光发掘新意，运用求异思维进行分析思考，发人所未发。

震撼性指广告作品在瞬间引起受众注意并在心灵深处产生震动的能力。震撼主要是通过广告作品在视觉和听觉以至心理上对受众产生强大的刺激或共鸣而产生的，由此产生令人难忘的记忆效果。

ROI 理论认为创意如果与商品本身之间缺乏关联性，就失去了广告的意义；创意缺乏原创性则缺少吸引力和生命力；创意缺乏震撼力，广告效果将大打折扣。

五、共鸣理论

该理论是20 世纪 80 年代在美国广告界出现的，核心主张广告创意通过难以忘怀的生活经历及人生的美好温馨体验和情感诉求内容唤起目标受众内心深处的情感共鸣，并以此赋予品牌特定的内涵和象征意义，建立起目标对象的移情联想，从而产生互动沟通的传播效果。

怀旧是人们体验情感的方式，是引发人们产生共鸣的工具和过程。怀旧还成为一种沟通和促销的手段。南方黑芝麻糊的电视广告便是怀旧经典，该广告制作者蔡晓明在总结该广告时说："人类借助科技进步以越来越快的步伐告别过去，远离自然。脚步急匆匆地追随现代文明，心灵又常常眷恋往日时光……本则广告便是在这种不平衡的心态中给予人们某种填补，某种满足，它刻意在美味的芝麻糊中投入了'戏剧性'和'人情味'，自然而无做作……"的确，每当我们看到这则广告时，不仅为其中的"戏剧性"所吸引，更为其"人情味"所深深打动；不仅如闻芝麻糊的"浓香"，而且因为爱所激起的"温暖"也在心头油然而生。"感人心者，莫先乎情"，广告打动人心的最好办法就是渲染温馨的情调，以激发广告受众的情绪、情感，缩小广告诉求对象与消费者之间的心理距离，受众在无意识状态下接受广告信息，为产品或服务的促销做好重要铺垫。

共鸣理论认为，随着人们生活水平的提高和生活节奏的加快，人们在生活中对情感付出、情感享受和情感幻想方面有着特殊的需求。一种积极的、温和的情感可以使人们直接体验与亲情、友情、爱情有关的情愫，并进而促进其在情感上的共鸣。例如获第五届全国优秀广告作品"百年润发，重庆奥妮"就是通过一系列悲欢离合的情节，讲述了一段感人至深的爱情故事。其成功之处就在于以情感人，并在"相爱永不渝"的意境中，升华了"百年润发"的品牌内涵。

共鸣理论在现代广告创意中应用广泛，它最适合大众化的产品或服务，如生活日用品、食品饮料等；同时要注意选择目标对象所推崇的生活方式加以渲染，侧重以爱情、亲情、童年回忆为主题，力求构造出一种能够与目标受众所珍藏的经历相匹配的氛围或环境，使之能与目标受众真实的或想象的经历连接起来。

第三节　广告创意的表现技巧

广告表现是把广告的“创意”写成方案，这是广告撰文人员的工作，把广告“创意”予以视觉化，则是美术指导人员或美工人员的职责。而用“语言”所表现的一个创意、一种观念，最后被视觉化，就是所谓的广告表现。

一、广告表现的法则

所谓广告表现就是根据广告媒体的传播特点，充分运用语言、文字、音乐、画面、图片等多种表现形式，将广告的主题、创意，直观、生动地加以体现的过程。

（一）注意

行为科学研究表明：一则广告要对消费者起作用，首先要能引起人们的注意。如果广告不能吸引人的视线，特别是不能引起目标消费者的注意，那么广告就等于是无效广告。因而，广告表现首先要能够努力抓住人们的眼睛和耳朵。好的广告能使消费者在无意识中被深深吸引。

广告表现要引起消费者注意，通常有这样几种做法：

(1)在广告标题中突出商品及服务的名称、内容；

(2)新颖、独特的广告形式；

(3)通过广告面积大小的对比、色彩的对比、编排的对比等，使该广告与其他广告显著差别。

（二）激发兴趣

吸引了消费者的注意力，还要唤起他们的兴趣，即让消费者能继续看下去，并对广告内容产生兴趣。

为了引起兴趣，广告往往要针对消费者的需求进行诉求，其方法有：

(1)突出商品带给消费者的利益；

(2)针对人体需要进行诉求，如商品与服务在满足消费者衣食住行需要上的作用；

(3)情感诉求，如化妆品、时装等方面的广告强调使用后对异性的吸引等；

(4)健康的诉求，如药品、卫生用品、体育器材的广告强调产品对人类健康的益处；

(5)社交的需要，如节日商品、礼物、饮食服务业等方面的广告往往强调对社交的促进作用；

(6)人情味，通过在广告中突出人情味，从而调动起消费者的情感；

(7)娱乐的诉求，一些日用品、家用电器产品，往往强调它们在提供娱乐上的作用；

(8)慈爱的诉求，为了投合父母喜爱子女的天性，在儿童用品的广告中，突出父爱、母爱，这样更能打动人心。

（三)刺激欲望

在消费者对广告商品产生浓厚兴趣时，要充分运用多种表现方法，进行劝服，不失时机地进行一步刺激其得到或拥有该产品或服务的欲望。

刺激消费者欲望一般有以下几种方法：

(1)提供保证，表明购买此商品可以给消费者带来的好处；

(2)突出商品的质量；

(3)宣传这种商品在顾客中受欢迎的情况；

(4)突出表现社会名流也使用此商品的信息；

(5)如果不购买此商品，可能会产生怎样的消极后果，一般是采用比较的方法。

（四)加强记忆

消费者从获得广告信息到采取购买行动，一般要经过一段时间。因此，使消费者记住广告的内容，就显得十分重要。在广告创作中，可以采用：

(1)简练、易懂、具有节奏感的广告文案，醒目、易记的广告标题、口号；

(2)突出企业名称及商品名称；

(3)在广告文案中加入促使消费者产生联想的内容，如标志、人物形象等；

(4)运用多种表现手段和方法，加深消费者的印象。

（五)导致购买行动

广告的最终目的，是劝说消费者购买广告所宣传的商品与服务。为了达到这一目的，广告表现常常劝说消费者迅速采取购买行动。如马上购买可以享受各种优惠，规定优惠购物的期限等。

二、广告表现的技巧

有效地表现创意涉及许多技巧，它可以使广告意境和品位得到延伸和升华，淡化浓重的商业气氛，巧妙地将广告与艺术糅合在一起，营造出不同的广告效果。下面介绍的是几种行之有效的广告创意表现技巧。

(一)荒诞

荒诞是现代主义广告最重要的特征之一。荒诞是不合道理和常规，不可调和的，不可理喻的，不合逻辑的。荒诞的表现手法对现代广告文案的创作产生了深刻影响。如20世纪80年代，日本本田小型摩托车为了打开美国市场，想尽办法，收效甚微。万般无奈之下，本田公司自己创作了一则电视广告：画面如下，黑色屏幕上雪花点闪耀，美国人还以为是电视台播放设备出了故障。突然间，电视荧光屏以闪电般的速度交替映出拙劣笔迹书写的问句：我是谁？狗能思想吗？我长得丑吗？同时传来各种稀奇古怪的声音，有玻璃砸碎的声音，炸弹爆破的声音，还有儿童窃窃私笑的声音。正在观众莫名其妙之际，画外音响起来了：“最新型的本田50型摩托车——即使尚未尽善尽美，但它也绝不会有什么问题。”广告抓住了年轻人的猎奇心理，给观众留下了难以磨灭的印象，使得本田摩托车当年在美国的销售量由1983年的几千辆猛增到1985年的12.5万辆，创下销售奇迹。

这则广告的荒诞主要表现在它的问句语无伦次，不合逻辑，是一种无序的混乱结构。但也正是因为广告文案的这种非逻辑性，才使受众对它的荒诞怪异产生了注意兴趣。“狗能思想吗?”“我是谁?”等问题是和摩托车没什么关系，但它们引发了一种感觉：神秘、前卫，夹杂着几分茫然，这些感觉正是广告主承诺美国青年们骑上本田摩托车就会得到的。说到底，广告创意仍然和产品特性息息相关。这些看似原始幼稚不合逻辑的问题，难道没有击中人们心中一块隐秘的地方吗？任何事物都有其内在、本质的东西。心理学对这种现象解释为：人们对那些一反常态的奇异事物或现象，往往会投以特别的关注与兴趣。这正是本田摩托广告文案的成功之处。在现实文案处理中，产生荒诞的效果主要可以通过让题材呈现出反常规的组合；使之具备非逻辑性的特征来达到。

荒诞是一种特别的艺术，但绝不能因为它具有异于常规的外表就随心所欲地诠释它。荒诞意味着离经叛道，却并非什么事都一定要反其道而行。荒诞不仅仅离奇、新鲜，更是人类把握世界的一种极具洞察力的方式。在这个谜一样的世界上及人的潜意识中，有太多无法触及的未知数，人们用荒诞这种方式，对非理性的世界进行感性的关照，唤起人的潜意识，在古怪中透出深沉与忧思。使用荒诞的表现技巧时，我们要考虑目标市场有没有适于荒诞扎根和生长的土壤。

（二）超现实

超现实也是现代主义文学常用的一种重要表现手段，主要是作品侧重于表现人物非理性梦幻和潜意识，以此挖掘不易流露出来的深层心理世界，包括个体无意识和集体无意识。这种创意表现手段由于展示出鲜为人知的隐藏的心理内容，因而开拓了比传统广告创意表现手段更广阔、更深刻的表现领域。以下这则广告文案运用了超现实的创意表现手段：

【案例】 某保险公司广告

画面：彼得梦见自己与上帝一起散步，天际缓缓推出一幅幅图景，再现了彼得一生的经历。他走过的每一段路，都有两双脚印。一双是他的，一双是上帝的。但当最后一幅图景展示在他的面前时，路面上只剩一双脚印。那正是他一生中最消沉、最悲哀的岁月。彼得问上帝："主啊，你答应过我，只要我跟随你，你永远扶持我，可是我在最艰难的时候，你却弃我而去了。"上帝答道："孩子，当时我正把你抱在怀里，所以只有一双脚印。"

画外音："当你走上坎坷的人生之路时，本公司陪伴着你。当你遇到不测时，本公司协助你渡过难关。"

【评析】 这是一个保险公司发布的广告，在社会上引起了强烈的反响和广泛的关注。广告详细地描述了彼得的梦境，指明正是上帝的亲切关怀才使彼得摆脱了逆境和坎坷，并向消费者暗示，本保险公司决心向广大消费者提供热情周到的服务，全心全意地帮助人们度过生命中的坎坷和不测。彼得的梦境实际上是潜意识的一种表现，触及人的深层心理，在非理性中展示出理性的诉求，其新颖独创对消费者产生了巨大的吸引力。

（三）恐惧

恐惧是人类失去安全感时存在的一种基本心理状态，是一种企图摆脱危险的逃避的情绪。恐惧引起逃避、摆脱和离开某种状态。在马斯洛的人类需求层次理论中，安全需求是处于第二层次的基础性本能要求，恐惧是安全需求的一种反面表达。人们对生活中经历的证明会危及安全的事常常存有戒心。运用以证明其会安全的事例来引发人们的注意，提示如何保护，会使广告注意力与说服力提升。

采用此技巧，必须选择公众已经认知，并具有直接或间接经验证明其会危及安全的事与物，通过视觉、听觉的强化，促使其恐慌心理的显现，而达到明理说服的目的。此技巧在商业性广告中一般较少使用，在公益广告中使用频繁。如，禁烟、禁赌、禁毒、交通安全等较多出现。使用该技巧也要适度，否则对于过度恐吓反而过犹不及，使人们产生逃避心理。

【案例】

伯恩巴克为约翰逊竞选美国总统时攻击对手戈德华特而制作的广告片

画面：一个天真可爱的小女孩哼着歌谣在野外采花。蓝天碧草令人神往。但是突兀而入的刺耳音乐把人们平和的心境搅得不安起来。接着出现男子深沉而倒数数的声音，似乎在准备发射什么。小女孩毫无察觉，仍在专心采花，她的顺数与男子的倒数一同进行。当男子数到“1”后，一声惊天动地的巨响，女孩、鲜花、蓝天、碧草被笼罩在巨大的蘑菇云下，不复存在。

【评析】 这则广告震动了美国，人们首次对核战争有了直观的认识，为其可怕的后果而震撼，而鼓吹和威慑的戈德华特也由此失去了许多选民。

（四）悬念

悬念是挡不住的诱惑。有时看似不合理的情节或片段，由于其反常，就会更令人注意。在运用此技巧时，应注意把握“情理之中，意料之外”，切忌为了追求离奇胡编乱造，偏离广告主题，形式独特却离题万里。

广告中设置悬念，使受众在视听时心理上处于紧张或探求的状态，欲求结果的判断。这种技巧在广告中运用，多是为了增加感知兴趣，使受众视听广告能持续兴奋，企业最后的揭晓，记住产品或服务。

悬念技巧应用时当以设悬念合理为上，念必须有悬，其结果必须与产品或服务有一定的内在联系，悬念的设置也要讲究度，不宜恐惧、惊吓过当，应注意受众的心理承受力。

20世纪30年代初，上海某报在头版刊登了一个整版广告，上面只有三个大字：梅兰芳。一连三天，都是如此。当时的上海人还不熟悉梅兰芳，不知所指，于是纷纷猜测，向报社询问，也无以作答。直到第四天，广告在“梅兰芳”三个大字下面，登出几行小字：京剧名旦，明日丹桂第一大戏院演出《彩楼配》、《玉堂春》、《武家坡》。第五天，又将“明日”改为“今日”，人们早已被广告吊足胃口，急不可耐，竞攀“丹桂”，争睹“芳容”。梅兰芳技惊四座，名震沪城。

人的好奇心是与生俱来的，一旦激起了心底的悬念，便非得追问到底找到答案。运用在广告上就更有威力(图 3-3)。

图 3-3 幽默汽车广告

(五)幽默

20 世纪 80 年代后期，美国广告中幽默广告所占比例高达 40%，可见幽默是一种极为有效且受人欢迎的广告表现技巧。

车尔尼雪夫斯基指出，一个幽默的人常常具有两重性，一方面看到了自己的内在价值，另一方面也看到了自己身上存在着琐屑、可厌、可笑、鄙陋的东西。幽默感是自尊、自嘲与自鄙之间的混合。所以，一种具有浓厚的理趣与潇洒的风趣并引人发出会心的微笑的形象，就是幽默。广告作品如果主要以某种有趣的、有悖常理的情节而引发出会心的微笑，就可以称之为幽默广告。幽默广告生动风趣地表达广告主题，以一种愉悦的方式缩短与受众的距离，有效地传达广告信息，提高人们对广告的记忆度。幽默的运用与当代广告注重娱乐、艺术和美的发展趋势是一致的。现代广告已经进入信息更简单、画面冲击力更强的阶段。具有销售力的广告趋向信息、娱乐、艺术成分的呈现，达到强烈戏剧化的效果。广告创作人员根据市场和消费要求确定了主题之后，将之戏剧化，最后以时尚的艺术手法，赋予娱乐成分，以有效地打动目标受众。而幽默则是运用生活中富有幽默的语言或情节，令受众看后嫣然一笑，在愉悦中传达信息，接受信息，使广告的记忆度高，印象深刻。

幽默技巧能提高对广告的关注与兴趣。广告中使用该技巧一般效果均好。使用该技巧时，应注意笑料的“包袱”要奇巧，出乎意料。避免低级趣味，否则会降低广告的公众形象。同时广告的刊播次数不宜过多，注意刊播策略。

现代广告创意表现中，幽默经常以一种姑且称之为“无厘头”的方式出现。所谓“无厘头”是广东佛山等地粤语俗话“没来由”，意思是一个人说话做事都没有明确目的、无中心、无逻辑，令人难以理解。这种幽默实际上是后现代文化的一种体现。本来看似没有任何理由的，不能成之为笑料甚至荒诞的情节，却因为它们的市井化和大众化，反而更容易被大多数受众所接受；当然还因为它本身的通俗易懂，不需要太多的酝酿和思考，使得大多数被日常紧张生活和工作困扰的人们对其情有独钟。

旭日升集团“高兴就好”饮料一改往日青春活力的形象，推出了一部《新大话西游》篇电视广告，广告中，唐僧、悟空师徒四人在沙漠里口渴难耐，唐僧从冰箱里拿出了“高兴就好”饮料，却不给徒弟喝，旧病复发般唱起“only you ”，啰里啰唆，没完没了。悟空难以忍受唐僧的啰唆，粗鲁地从唐僧手中抢过“高兴就好”饮料。最后，唐僧一句“想喝你就说嘛！”更强化了大话西游式的风格。

然而并非所有产品、消费者都能运用幽默广告。首先要考虑目标对象问题。一般而言，开放的社会容易接受幽默；文化程度高、理解力强、有幽默感的人容易接受幽默。这个问题还涉及广告对象的文化背景，如欧美幽默广告较多，我国较少，只有处于某种文化背景之下，具备一定文化基础的人，才能真正明白幽默广告的妙处。

（六）逆向

威廉·伯恩巴克曾说：“如果今天破坏了世界上的一切规律才能使传达值得记忆，那我就宁愿破坏一切规律。”心理学认为，不合流俗的、出类拔萃的、与众不同的东西最容易引起人们的注意。广告大多都是以自褒优点来说服受众，促销商品的。然而，在人类的天性中，逆反心理自古存在，虽然现代广告像空气一样包围着人们，但仍有很多人对广告持有排斥、抵触的态度与情绪。其中一个重要因素就是太多的广告都充斥溢美之辞，久而久之引发了人们的逆反心理。解决问题的唯一方法就是针对普遍存在的逆反心理，因势利导。表现在广告创作中就是正话反说，欲擒故纵，以退为进。如奥格威为劳斯莱斯汽车创作的文案《当时速60英里时，新型劳斯莱斯的最大闹声是来自电子钟》，伯恩巴克为大众甲壳虫创作的广告文案《柠檬》（废品），就是典型的正话反说。最大的闹声来自电子钟反衬出此车型各种配件的质量过硬，整车质量好；正是大众汽车厂在生产过程中不断严格剔除“柠檬”，才保证了消费者的利益。标题的“自我贬低”带来的是产品形象的提高和市场占有率的上升。艾维斯出租车公司的“老二主义”更是“以退为进”的典范。在某种程度上讲，自揭短处，主动退却，它们只是广告表现中的一种手段而非目的。艾飞斯出租车公司甘居第二，并不是自甘落后，而是要在第二的位置上比第一做得更好，为消费者提供更优质更周到的服务。有意识地使思维脱离广告只讲产品优点回避缺点的习惯轨道，大讲产品不足，实际上却是赞美广告主那种实事求是、不弄虚作假的诚实精神。

【案例】 日本美津浓运动衫广告笺

正文：本运动衫使用最佳染料和最佳工艺染色，
但遗憾的是，
酱紫颜色仍无法做到永不褪色。

【评析】 日本美津浓运动器具公司在出售的运动衫中都附有这张说明笺。这看似揭丑实则是很好地运用了以退为进的广告策略。因为顾客知道，任何商品都不可能是十全十美的。将自己商品的不足之处如实相告，不但不会吓跑消费者，反而因诚实、坦率，而吸引住他们。所谓诚实，就是不隐瞒事实真相、不弄虚作假。任何商品，不论多么好，都会有或大或小的不足之处。指出这些不足之处，反而比一味吹嘘质量如何好、如何驰名中外、享誉全球更容易博得顾客的好感。

实境创作题

1. 在你所在的城市里找到类似价格、卖类似商品的两家商店。然后找出使每家商店变得独一无二的因素，是他们的职员吗？是他们的地点吗？是他们的历史吗？一旦找到每家商店的特别之处，请说说他们创意在哪？

2. 下面是康柏电脑售后服务广告的画面表现，根据此创意拟定相应的文案内容：

画面一：飞奔的雪豹

画面二：母袋鼠袋中藏着小袋鼠

画面三：遍布山坡的兔洞

复习思考题

广告文案的创意如何表现？

第四章 广告文案的结构

知识要点

1. 了解完整的文案结构由标题、正文、广告语和附文四大构成要素组成；

2. 明确除了完整的文案结构之外，不完整的文案结构也是占有相当大的比重；

3. 掌握各构成要素的作用、类型、结构形式；

4. 掌握各构成要素的写作方法、技巧及注意事项，明确检验其优劣的标准；

5. 在操作层面上要能够根据主题、创意进行结构的合理安排，掌握长文案与短文案的适用对象与写作要求。

案例：伟嘉猫粮

标题：我不是“人”

正文：我是你的宝贝猫咪呀！为了自己的健康，我有些话真想对你一吐为快。

你知道猫为什么天生和老鼠是冤家吗？因为老鼠身体里有好多牛磺酸，吃了它，能让我眼睛更亮、更敏锐。你每天给我做饭，可家里饭菜的牛磺酸很少很少，老吃它，我的视力会慢慢变差，严重了还可能失明呢！

再比如，你常给我做我爱吃的鸡肝啦，鱼啦，还有肥肉，味道倒是不错，可肝里的维生素A太多了，它会让我的关节变形，还容易得肝病。而常吃脂肪多的鱼和肥肉，又会使我身体里缺乏维生素E，导致脂肪发炎，连让你抱一下都会疼得受不了。所以说，人是人，猫是猫，家里的饭菜很难保证我们猫咪的健康。

我听外国的猫咪说，在他们那些发达国家，60%以上的猫咪都吃专业配置的营养猫粮，而不是家里的饭菜。它们不仅很少生病，而且身体都特别健康，也特别活泼好动，平均寿命比我们高得多。哎，真羡慕它们，我多想和它们一样，天天都能吃专业配置的猫粮呀。

好的猫粮不但要营养全面，还必须兼顾均衡，并满足猫咪某些特殊需要。全球畅销的伟嘉是与有60多年宠物护理及营养经验的威豪中心共同研制，按世界公认的营养标准，以科学比例加入家中饭菜缺少的钙、磷、铁、维生素A，C，E，B12，牛磺酸等营养物质，能使猫咪眼睛更明亮，毛色更有光泽，骨骼和牙齿更坚固，味道也很合猫咪的喜好，只要每餐适量喂饱，就能完全满足猫咪每天健康所需。

真的，伟嘉猫粮能天天给我全面均衡的营养，让我更健康，更快活地和你在一起，骗你我不是猫。

附文：请拨打热线电话8008100101(8：30 – 17：30)了解具体信息。

如想了解伟嘉信息请上网查询 http://www.whiskashk.com。

如想了解威豪信息请上网查询 http://www.Waltham.com。

广告口号：伟嘉让猫咪与你更亲近。

文案的结构，是文案部分与部分、部分与整体之间的内在联系和外部形式的统一。通常，我们将安排文案结构称为谋篇布局，它的任务是根据一定的原则和要求，将材料、观点等内容要素，有步骤、有主次地加以组织和安排，使文案成为一个紧密、有机、统一的整体。

文案的结构实质上是创作人员主观思路和事物客观逻辑性结合的产物。结构一定要反映客观事物固有的联系和秩序，但决不是对其存在和发展的原始状态的照抄或简单复制。创作者总是要根据表达主题和接受的需要，经过严密的构思，对文案的内容作出创造性的组织安排。文案的结构不能不表现出创作者与众不同、独特的思路。所谓思路，就是作者思维行动的路线，它体现着作者观察、认识和表现主题的创造性。设计、安排结构是文案写作中一项十分重要的工作。如同工匠造屋，胸中先要有“蓝图”，才能“挥金运斧”，打地基，起构架；如果没有通篇的考虑，文案就不会有连贯自然。文案写作更要敢于创新、巧于构思，既要遵循一定的结构形式，又要不拘一格，达到“从心所欲，不逾矩”的境界。

广告发展到现代，广告文案的基本结构正在发生新变化。广告文案在自身的发展过程中，其基本结构得到了一步步的完善，从只有正文部分的初始阶段，到今天的具有完善的四个基本构成要素：标题、正文、广告语和附文的有机组合，广告人花费了相当的心血，也在一定的程度上使得广告文案的基本结构得到了一个较为稳定的结构形式。广告文案写作者需在这四个基本结构的基础上进行适应性、创意性的操作，才能使每则广告文案的结构体现出各种不同特点的、符合不同媒介特征的、对应不同受众受传心态的结构特色。结构的变化是多种多样的，只要能够有效承载和表现广告主题的结构，可以说就是合理的结构。结构的变化发展主要表现在结构是否具有完整性上。以平面广告文案结构为例，我们发现，不完整结构占有越来越大的比重，只有某一结构要素组成的广告比比皆是。例如，VOLVO 轿车的一则平面广告，画面是一个双层核桃，外面的一层破碎了，里面的一层仍旧完好无损，右下角是 VOLVO 的标志。整个广告只有标志与图案构成，却形象地说明了 VOLVO 超凡的安全性能，所以，文案的地位绝对不是以广告中文字的多少、有无来衡量的，更不是以结构是否完整来衡量的，而是这种文字或结构是否可以将创意传达得更好更恰当。关于结构的完整性，广告界一直争论不休，奥格威强调文案结构的完整性，特别是广告标题的作用。他认为，只有结构完整的广告文案才能完整地表现广告信息，每一则广告都应该是一个独自完整的结构。广告行业中，最大的错误莫过于推出一则没有标题的广告。他因此反对无标题广告文案，反对悬念广告文案。而伯恩巴克则认为，文案写作特别是在结构和形式上不应该有教条，广告文案无所谓稳定的结构，而是要看需要，看是否适合。对文案结构问题的不同看法，导致了他们不同的文案作品风格：大卫·奥格威写作的广告文案多为详尽的、理性的长文案，结构较完整严密。相对而言，威廉·伯恩巴克不拘泥于文案结构的完整和严谨，显出了灵活性和多样性。当然，这并不妨碍他们以其出色的文案写作成为著名广告文案大师。

第一节 标题的写作

克劳德·霍普金斯曾这样强调标题写作的重要性，“在任何行业里，好广告的差别都不是很大。它们必须完整，而完整就意味着相似。它们之间最大的区别就在于标题”。一个有创意的标题，可以在传达单一诉求的信息时，同时拥有多重意义而更为丰富。

标题(headline)是每一个广告作品为传达最重要或最能引起诉求对象兴趣的信息，而在最显著位置以特别字体或特别语气突出表现的语句。广告标题是整个广告文案乃至整个广告作品的总题目。它是整个广告的提纲挈领，将广告中最重要的、最吸引人的信息进行富于创意性的表现，以吸引受众对广告的注意力，从而关注正文。

人们在进行无目的的阅读和收看时，对标题的关注率相当高，特别是在报纸、杂志等选择性、主动性强的媒介上。“读标题的人平均为读正文的人的5倍”(大卫·奥格威)。这一测验报告表明，80%的读者都要先浏览广告标题再看广告正文中的信息。因此，广告文案人员在进行文案表现时，总是将标题的制作作为一个非常重要的甚至是首要的工作。

一、标题的作用

使用标题不是为了广告结构的完整，而是帮助广告在最短时间内吸引诉求对象的注意力，传递最重要的信息或者引导诉求对象继续接触广告内容。大卫·奥格威认为：标题是大多数平面广告最重要的部分。它更是决定读者读不读正文的关键所在。在我们这个行业中，最大的错误莫过于推出一则没有标题的广告。

(一)提供信息

“现在波多黎各对新工业提供百分之百免税”(波多黎各工业区)

让您的孩子肠胃健康，吸收更好！

——乐百氏健康快车，全速登场

(二)诱导阅读

从5角到1000元

(三)促使联想

没有联想，世界将会怎样

(四)唤起购买

“肉，使得你所需要的蛋白质成为一种乐趣”(美国肉类研究所)

二、标题的类型

按照诉求方式的不同，广告标题可分为直接性诉求标题、间接性诉求标题两种。

(一)直接性诉求标题

就是广告设计者，用简洁凝练的文字，开门见山地把广告的主题和销售重点传达给消费者，使消费者马上明白广告诉求的重点所在。

这种标题的优点是简明、直接，有信息性和针对性；缺点就是比较直白，如果没有诱人的利益点，难以引起读者的好奇心。例如新西兰奇异果Zespri系列广告标题：

A. 嘿！嘿！嘿！我的维他命C是苹果的17倍！

B. 嘻！嘻！嘻！我的钙质是香蕉的4倍！

C. 哈！哈！哈！我的纤维质是葡萄柚的2.6倍！

又如：投资万科就是投资中国的未来。

人间有冷暖，东宝最相知。

（二）间接性诉求标题

就是采用迂回曲折的方法，通过激起读者的好奇心，引诱读者为了寻找答案或解释而阅读广告正文。

这种标题的优点是在引起读者注意和兴趣方面更加有效，缺点就是容易失去那些只浏览标题的人。例如家护牙刷的广告标题：

日本人很会弯腰

家护牙刷独特的弹性按摩弯颈

比日本人更会弯腰

（图片左边是一个日本人弯腰向右鞠躬，右边是一只弯曲的家护牙刷。二者相对）

又如：十个妈妈八个爱 —— 孩子面大王

成就天地间 —— TCL 王牌彩电

三、标题的结构形式

（一）简式结构（单一式）

标题本身不是一个完整的句子，而只是由一个词组所构成的标题类型。这种结构类型的广告标题，大约有三种组词特征：用品牌的名称作标题、用成语或单个词组来描绘产品的特征，如：

单词式：SPECIAL——（瑞士航空公司）描述商品活服务的最主要特征；

词组式：我的生活 我的账户——（美国某银行）两个或两个以上词组构成；

系出名门 新潮品味。（丹麦司迪麦口香糖）

句子式：谁说我跑不过乌龟。（白兔奶糖）

世界杯热潮中，有一张时刻受人欢迎的黄牌。（立顿黄牌袋泡茶）

独领风骚一百年，黛安芬的一百年，是一百年的魅力史。（黛安芬）

不怕你跟着我，就怕你跟丢了。（VOLVO）

（二）复式结构

复式结构标题指由多个单标题形成的、相互之间具有某种内在的逻辑关系，在排列上呈先后次序排列的标题结构。

复式结构的标题形式能够对受众进行多重层次的、符合受众各种接受心态的诉求，它由引题、正标题、副标题构成。

引题，又称肩题或眉题，它的位置在正题之前，一般用于交代广告信息的背景或原因，引出主题，为其提供背景、悬念。

主标题，是复合标题的中心，在位置上也居于中心位置，它传达广告信息中最主要的或最关键的内容。

副标题，是附加的小标题，在位置上居于正题之后，是对主标题内容的补充或旨在进一步扩大主标题效果，起到标题与内文之间的过渡作用。

此外，还有醒题，即广告中特别需要提醒的内容。如："劲减至 2 折"、"前十位光临者送价值百元的金项链"、"时间截止至……，切莫错过良机"、"大奖等你拿"、"买一送一"等。

复合结构标题是以两种以上标题形式综合表达信息的标题，有引题、正题和副题三种具体形态。复合标题兼具直接标题和间接标题的双重作用。

1．正题 + 副题

正题：闻到酒香吗？

副题：若无开坛人，岂能醉三家

——某酿酒公司广告标题

正题：密丽疤痕灵

副题：不知不觉，攻克病源

——某制药公司广告标题

2．引题 + 正题

引题：电影化妆用于生活，自然漂亮更有神韵

正题：影星美容厅独树一帜

——影星美客厅广告标题

引题：经验告诉我，家人总有吃坏了肚子的时候

正题：香港保济丸随时用得着

——香港保济丸广告标题

引题：今年夏天最冷的热门新闻

正题：西冷冷气全面启动

——某空调广告标题

3．引题 + 正题 + 副题

引题：四川特产，口味一流

正题：天府花生

副题：越剥越开心

——天府花生广告标题

引题：用了抽油烟机，厨房还有油烟怎么办？

用了抽油烟机，拆卸清洗困难怎么办？

正题：科宝排烟柜，将油烟控制在柜内，一抽而净

科宝抽烟机带集油盆，确保三年免清洗

副题：三年保修，终身维修

——科宝抽油烟机广告标题

引题：考试的日子又到了！

妈妈天天好担心。

我多想能拿到好成绩，开开心心回家啊！

但……

正题：让孩子面露微笑地回家！

副题：太阳神口服液

与您共同帮助孩子渡过考试难关！

——太阳神口服液广告标题

引题：万科城市花园告诉您

主题：不要把所有的鸡蛋都放在同一个篮子里

副题：购买富有增值潜力的物业，您明智而深远的选择

——万科地产广告标题

四、标题的表现形式

通过字体、大小和编排，从形式上来突出广告标题，并不是一件难以做到的事。难度较大的地方是开动脑筋，全力制作更有冲击力的标题。

虽然广告标题在写作上并没有一个固定的模式可以套用，但是许多出类拔萃的标题还是有一定的规律可循的。

如果你绞尽脑汁也没有写出一个满意的标题，可以参考以下的表现形式：

（一）悬念式标题

设置某种悬念，引发诉求对象的好奇心理，引导读者寻求答案。例如：

先生，把你的脑袋留下来

——理发店广告

不是药，但比药更有效

——营养米广告

语言会成为凶器

——日本公益广告

(二)祈始、建议式标题

站在企业或产品的立场，针对诉求对象说话，也可以以诉求对象的口吻说出，具有一定敦促力量。例如：

“现在流行第五季”

“不要告诉我怎么做才是对的”

不坐林肯就坐“喜美”

——喜美牌轿车

别把耳朵当破锅修补，请用克立得耳药

——药品广告

(三)故事式标题

通常以一个引人入胜的开头吸引受众阅读，或多或少是一种想象类型的标题，旨在吸引读者去阅读故事性的广告正文。例如：

“我的朋友乔·霍姆斯，他现在是一匹马了”

——箭牌衬衫

又如：Discovery 电视频道的系列广告标题：

ⓐ 早期汽车避震系统的设计标准，是车上运载的蛋不能被震破。

ⓑ 老鼠身上丰富的维他命 C，曾帮助许多古代船员预防坏血病。

ⓒ 地球上有 8 万多人自称曾被外星人绑架，但人类要到哪一世纪才能破案？

(四)疑问式标题

以设问、反问方式引起诉求对象的好奇心，调动他们的参与感。

“鞋上有 342 个洞，为什么还能防水？”

——Timberland 野外休闲鞋

“35 岁以上的妇女如何才能显得更年轻？”

——某荷尔蒙霜广告标题

染了？没染？

——可丽柔染发剂广告

(五)新闻式标题

以发布新闻的姿态传递新的信息，有助于增强吸引力和销售力。

今年夏天最冷的热门新闻，西冷冷气全面启动。

花旗银行很荣幸邀请到前美国总统布什往亚洲巡回演讲。

（六）类比式标题

她就像个孩子，你还没有就不会理解拥有的感觉。

——保时捷

到欧洲旅游，去时花费不多，回来收获不少。

——旅游广告

两只鸡蛋，可换一袋。

——海鸥洗衣膏广告

（七）赞誉式标题

金华火腿，绝艺融古今。

600岁五粮液，万世流芳。

名牌冰箱香雪海，美观大方够气派。

（八）诗词式标题

千里之行，始于足下

——某旅游鞋广告

欲穷千里目，更上一层楼

——售楼广告标题

路漫漫其修远兮，吾将上下而求索

——IBM计算机广告

（九）借名式标题（典故式）

运用古代的典故作为素材，以成语、谚语、俗语或名言、警句作为标题。这种标题简洁凝练，有一种画龙点睛的效果。

宋朝技艺世代相传，宜兴均陶一家独秀

——宜兴均陶广告

我有一个梦

——马丁·路德·金名言

（十）比喻式标题

流利似飞箭

——美国派克笔广告

使毛孔收细了，肌肤就像剥壳鸡蛋般细腻光滑

——玉兰油广告

它就像孩子，你还没有就不会理解拥有的感觉

——保时捷汽车

图 4－1　保时捷汽车广告

（十一）公式式标题

博士伦 + 太阳镜 = 舒适的夏季

——博士伦眼镜广告

无霜 + 省电 = 上菱 = 金奖 + A 级

——上菱冰箱广告

五、标题写作的方法

广告标题的首要特性，就是引起注意。一般说来，人们在读广告时，最先接触到的就是广告标题，并且绝大部分人只注意标题而忽略广告正文。据奥格威的调查，读标题的人是读正文人数的 5 倍。这就意味着，广告信息的 80% 以上要靠标题来传达。我们知道，广告生存的价值就在于它是否能最大限度地引起人们的注意，这个职责的很大一部分由广告标题承担。从这个意义上来说，广告标题就是广告的“广告”。拟订广告标题就是最大限度地引起目标受众的注意。

（一）要提高广告标题的信息量

广告标题中应有对目标消费者的利益承诺。

【案例】　慷慨的旧货换新

带来你的太太
只要几块钱
……我们将给你一位新的女人

【评析】 这是威廉·伯恩巴克为奥尔巴克百货公司创作的一则广告文案的标题。这则广告在当时为奥尔巴克百货公司带来了可观的销售量，而广告的标题大胆地给予人们诱人的承诺，将购买行为带来的结果活生生地摆在人们的面前，不由得你不心向往之。新颖且引人遐思，它对整个广告的成功无疑是居功至伟。

所谓“承诺”，除了最直接的销售承诺以外，给予消费者一种概念上的承诺也是近年来所出现的一个新趋势。值得指出的是，现在有些广告标题并没有包含明显的承诺，而是一种概念式的语句。像“摩托罗拉”的“摩托罗拉，飞越无限”、“耐克”的“JUST DO IT”；“李宁”的“我运动，我存在”等。这些广告标题同时也是产品的广告口号。并非所有的商品都适合使用这种概念式的广告标题。首先，这种产品必须已经十分成熟，具有了很高的品牌知名度和只属于自己的品牌个性；其次，生产这种产品的企业已有了相对固定的企业文化并在消费者心目中有了相对固定的形象。例如可口可乐 1886 年刚刚上市时的广告标题为：“提神美味的新饮料。”1907 年有了初步的知名度后为“可口可乐，南方的圣水”，很明显地强化品牌文化；1944 年为“可口可乐，全球性的符号”、“如此感觉无与伦比”和“挡不住的感觉”。如果不是经过了漫长的发展和品牌巩固的过程，光看概念，可能人们连这是饮料的广告都看不出来。可见，广告标题的写作原则不是一成不变的，它走过了产品中心的推销时代，走过定位中心的促销时代，走到注重形象的整合营销时代，它给予消费者的承诺也有了变化，这是我们在不断探讨标题对消费者的影响的过程中所必须要注意到的。

（二）广告标题应该与主题和广告正文息息相关，向读者告知产品的主要信息或主要特点

伯恩巴克曾经说过：“当你言之有物时，你就会写得更好。”一般来说，一则广告标题就是这则广告的中心词，它最先为消费者注意，并能相对长久地被记忆。如果首先映入消费者眼帘的是一堆空洞而不知所云的语句，它能凭借什么让消费者去注意它的正文呢？

【案例】 从菲利浦·摩里斯那儿新来的万宝路滤嘴香烟

【评析】 这句广告标题取自于李奥·贝纳为万宝路烟草公司创作的一则广告文案。这则广告标题以写实的新闻性手法，简洁而无一遗漏地把广告传播给了消费者，具有相当高的诚实性和权威性，让消费者不费力气地知道了自己想知道的事并相信它，收到了很好的效果。

（三）广告标题要符合美学规范，给人美的享受

这条原则也是围绕着广告标题的基本任务“引起注意”而得来的。标题只有写得美，给了消费者近乎完美的审美体验，从而很好地掩饰了广告的功利色彩，才能在你看到它的第一眼就被牢牢地吸引住，成为一条成功的标题。广告标题应该由产品的性质来决定其写作风格，“量体裁衣”的确是我们拟定标题时所应遵循的。

【案例】 月光下的收成

画面：背景是宽广无垠的田野，联合收割机在月光下工作，近景是打开的绿豌豆和罐头盒的外观。

标题：月光下的收成

正文：无论日间或夜晚，绿巨人豌豆都在转瞬间选妥，风味绝佳……从产地至装罐不超过3小时。

【评析】 如果用“新鲜罐装”做标题是非常容易说的；但是用“月光下的收成”则兼具新闻价值与罗曼蒂克气氛，并包含特殊的关切。标题借助虚构造就了一个能以新闻价值来吸引人们的注意力，能以罗曼蒂克气氛来使消费者沉浸在一种宁静、诗意、天然的审美环境之中，能以收成的时间、环境的特殊性来表达一种“特别的关切”的形式。人们在获得“新鲜罐装”的产品利益概念的同时，在虚构的创意形式中获得更多审美享受。

（四）广告标题要与目标市场的文化特质相适应

任何信息的传播都不是单向的，广告也不例外。广告信息的传播并不是广告主的一相情愿，而要考虑到受众的接受能力和文化习惯。广告标题中所蕴涵的信息元素要和接收者的心理、性格产生共鸣。不同的目标和市场有着不同的文化性格，男人潇洒豪迈，女人纤细温柔，老人沉稳多思，青年标新立异；中国人注重亲友情感、传统理念，西方人崇尚人生价值的体现，个性的张扬等等，在写作广告标题的时候，这都是要予以考虑的问题。

另外，还有几个要注意的方面：心理实验证明，人的眼球转动是在移动视线，只有眼球停止转动方能看清文字。按照通常阅读距离计算，人的最佳视野是20多度。据统计，六七个字的标题可以在眼球不动的情况下，一目了然。因此，标题越长，眼球移动次数越多，阅读越不方便，标题中的主题应该力求简短，十个字以内最好，因此，标题又称“一瞥的艺术”。同时，标题中尽可能出现品牌名称；尽量与文案插图相关联；尽量减少识记材料以提高

记忆率；不宜出现否定词。

六、奥格威的标题写作原则

大卫·奥格威在《一个广告人的自白》的“怎样写有效力的广告文案”一章中谈到他所遵循的广告标题写作十大原则：

■ 用标题向潜在买主打招呼，若想要做母亲的人读你的广告，在标题中要用“母亲”字眼；

■ 标题应带出产品给潜在买主自身利益的承诺；

■ 注意在标题中加入新信息；

■ 引起读者好奇心；

■ 会产生良好效果的字眼：如何、突然、当今、宣布、引进、最新到货、重大发展、改进、惊人、轰动、划时代、魔力、奉献、快捷、简易、需求、挑战、廉价、从速、最后机会……

■ 读广告标题的人是读正文的人的5倍。标题应包含品牌；

■ 标题写进销售承诺，长标题更吸引人；

■ “在时速60英里时，新劳斯莱斯汽车的噪音发自车上的电子钟”

■ 以电报式文体，文字简洁、直截了当；

■ 在标题中避免使用否定词；

■ 避免使用读者不读正文就不明其意的标题。

——引自《一个广告人的自白》

十条广告标题写作原则中，奥格威就广告标题的写作内容、常用词汇、写作形式等方面进行了原则界定。文案人员可以将之作为一个重要的参照体系，对广告标题的写作进行规范。在广告标题的写作中，可参考他的十大原则但不能一味照搬。因为我们的广告文案写作基本上运用汉语，在汉语言的特殊传播体系和传播环境中，如何运用汉语语言风格进行适合性、针对性的写作，才是重要问题。奥格威所提出的十大原则是他自身在实际操作的基础上得出的结论，代表他的广告观念，但随着广告的发展，其中的有些原则还是值得斟酌的。如十大原则中的第1、5、9、10条，就有广告人在广告史上提出过不同的看法(如威廉·伯恩巴克)，而在具体的写作中，反其道而行之，居然大获成功的例子也比比皆是。因此，要以流动的、发展的、针对性的眼光来借鉴奥格威的广告标题写作原则。

七、标题写作检测参考表

标题完成后可以参照此表内容进行检测修改：

(1)是否体现广告主题?

(2)是否表现了商品的消费者利益和销售承诺?

(3)是否运用了诱发受众好奇的表现形式?

(4)有没有诱人继续往下阅读的因素在内?

(5)语言是否简洁易懂?

(6)形式是否简明而有趣味?

(7)如果是长句子，广告的目标对象等能轻松地明白句子的意思吗?

(8)如果运用了否定词，在体现你所想达到的风格和创新的同时，目标对象能产生相同理解吗?

(9)是否运用了品牌名称?运用它对广告的效果是否能产生正向的作用?

(10)是否使用了新颖的、有感召力的词汇?

八、广告标题写作的误区

即便广告标题有很多表现形式，但是也要把握好尺度，避免进入到以下误区：

(1)玩弄文字游戏。

(2)胡乱创造新词。

(3)故弄玄虚。

(4)乱套流行语。

(5)耸人听闻。

(6)乱用谐音。

第二节　正文的写作

在拟定好广告标题后，就进入到了正文的写作阶段。广告正文是指广告文案中处于主体地位的语言文字部分。正文讲述全部广告信息，包括产品、服务的特点、利益、用途等。由兴趣、信任、欲望、甚至行动几个环节组成，是标题的逻辑发展。其主要功能是展开解释或说明广告主题，将在广告标题中引出的广告信息进行较详细的介绍，对目标消费者展开细部诉求。广告正文的写作可以使受众了解到各种希望了解的信息，受众在正文的阅读中建立了对产品的了解和兴趣、信任，并产生购买欲望，促进购买行为的产生。

正文是广告文案的中心，可以详细地讲述品牌或企业的故事。正文是否有趣取决于文案写作人员对各种信息成分判断的准确程度以及写作技巧的高超程度。

一、正文的内容

广告正文的主要表现内容包括：

(1)对标题中提出或承诺的商品或商品利益点给予解释和证实。

(2)对广告中企业、商品、服务、观念等的特点、功能、个性等方面进行细部说明和介绍。

(3)表现广告中企业、商品、服务、观念等的背景情况。商品由什么企业生产，这企业在同类企业中的位置，商品的制造过程及其制造者的情况，甚至是商品制造过程中的有利于商品形象建立的趣闻轶事。表现商品的背景种种是为了形成品牌效应，或使消费者产生放心购买的心态。

(4)告知受众获得商品的途径、方法和特殊信息。这里的特殊信息，也可以是折扣、奖励等信息。在直接的销售促进的广告配合中，其折扣等特殊信息可以在标题、正文等各部分中给予表现。一则产品形象广告中，折扣等特殊信息就只能在广告正文中或广告附文中进行表现。

正文需要注意的三个方面：

1. 诉求重点

(1)在企业形象广告中，诉求重点是企业的优势、业绩。

(2)在品牌形象广告中，诉求重点是品牌的特性、内涵。

(3)在产品信息广告中，诉求重点是产品服务特性、消费者利益承诺。

(4)在促销信息广告中，诉求重点是具体优惠、赠品。

2. 诉求重点的支持理由和深入解释

需要提供更多、更重要的信息使诉求重点更容易理解，更令人信服。

3. 行动号召

这是促进购买的必要环节。

二、正文的结构

文案人员在撰写较长的广告文案时，采用三种基本格式元素：预备段落、内容段落、结尾段落。这是一个有机的整体，要精心构思每一段落和你在该段落中想表达的主题。

(一)预备段落(开头部分)

是连接标题和正文之间的桥梁。如同副标题，预备段落属于兴趣环节，必须吸引读者并将读者的阅读兴趣转向对产品的兴趣，起到承接标题或为标题释疑的功能。例如：

德国奔驰卡车标题："一个饥饿的18磅婴儿哭起来比一辆行驶着的18吨卡车还响。"

正文开头：在您的耳朵里，这听起来令人诧异，但却是事实：一个哭闹的婴儿声音能盖过一辆载重大货车。其前提是，它是梅赛德斯——奔驰公司生产的一辆LEV货车。

（二）内容段落（中间部分）

为许诺和保证提供证明，建立广告的可信度，通过语言启发读者的想象力，培养读者的欲望。应借助调查数据、证言和担保来支持自己的产品承诺，这类证明可以使消费者确信产品真实可靠，增强对产品的好感，最终刺激销售。它是广告文案的核心段落，信息含量最大，也是发挥广告文案说服力的关键因素。

另外，内容段落中最后一段可称为收尾。收尾交织在内容段落中，建议消费者尽快采取行动。好的文案会不止一次要求读者行动，力求消费者在没有看完全部正文时就具有购买欲望。例如上文提到的德国奔驰卡车的广告：

LEV是"Low Emission Vehicle"（低排放货车）的缩写，表示我们降低了（功率以外）所有消耗：首先是油耗及其废气排放，其次是噪音。至于我们怎样才如愿以偿，这里当然不打算三缄其口，即便现在得使用一些技术术语。首先我们从源头减少了噪音的产生：在发动机内，一种新式燃烧过程控制着气体膨胀的声音。其次是装有涡轮发动机制动器，它不仅提高了发动机制动器的效能，还明显减少了声音强度。此外我们把发动机和传动装置"包裹"起来，用我们工程师的话说，叫"噪音隔离"。所有这些措施导致一个结果：现在最大的噪音来自轮胎与地面的摩擦。

（三）结尾段落（结尾部分）

属于实际行动环节，好的结尾鼓励消费者采取一定的行动，并告之方法。一般带有总结性和建议性，以促使消费者购买这种商品或使用这种服务。例如："这将是您有生以来最轻松愉快的付款。"（奥巴克公司）又如上文提到的广告结尾：

在梅赛德斯——奔驰公司，我们不会坐等立法机关采取行动收紧排放标准，而宁愿做出表率先行一步。这一点可以用听觉感受到。

三、正文类型

(一)正文类型从销售方式划分可分为直销式和软销式

1. 直销式

以客观、直截了当的表现手法，直接说明或展开标题和图像。这种风格一般逻辑性较强。按照产品销售点的重要程度进行简明描述，所以适宜需要人们仔细斟酌或使用难度较大的产品，这是最常用的一种正文风格。

【案例】 VOLVO S40 的平面广告文案

标题：爱我吗？

副标：激情流线型，自由奔放——全新 VOLVO S40 热情登场

正文：我从不怀疑你第一眼就会爱上我！说不在乎外表是自欺欺人，完美无瑕的曲线，是你迷恋我的开始。然而，欲望总是一发不可收拾，0～100公里加速超前的野心，7.2 秒瞬间迸发，我越动感，你越渴望拥有。235 公里极速快感，追随者只能望风而叹，是我无比自豪的成就感。只有我能给你至高无上的安全感，让你拥有从容不迫的完美姿态。你爱你自己，所以更爱我，因为在我身上，永远炫耀着你驾驶所有梦想的追求。

■ 整车原装进口

■ 2.5 升涡轮增压发动机

■ 5 速 Geartronic 手自一体变速箱

■ 0～100 公里瞬间加速仅需 7.2 秒

■ 极速 235 公里

■ EBA 紧急刹车辅助系统，确保时速 100km 至 0km 仅为 38m

■ IDIS 智能驾驶信息系统

■ “自由悬浮”式超薄中央控制台

■ STC + EBD 完全乐趣操控系统

■ 4 种特殊钢材刚柔车身

■ WHIPS + SIPS + IC 全方位被动安全保护系统

广告语：VOLVO for life

【评析】 分体结构指的是广告信息在广告正文中得到并列表达的结构形式。其表现或是一些并列的句子，或是格式形式中的分列表现，或由并列的小标题所统领的多个小正文组成。主要表现形式是分列式、格式式以及运

用分体结构的长文案。这则文案的写作风格十分普遍。我们可以看到时下不少汽车广告沿用了此种简易、平直的写作方法，对产品性能进行一一介绍，具体而细致，这与产品本身属性有密切关系，消费者(主要为男性)在购买此类消费品时，更为注重的是产品性能、属性、性价比等具体、真实的数据。

这则文案将 VOLVO S40 比喻成一位漂亮高贵又充满野性的女人，暗示驾驶者一旦拥有，彰显不凡，同时，一系列具体数据证明此车不虚此名，不仅外观时尚，而且性能卓越，秉承了 VOLVO 一向的安全品质。其中，既有感性诉求又有理性诉求，相得益彰。

2. 软销式

软销式指的是正文的结尾部分虽然也是在促动受众发生行为，但促动方式是软性的，也并不明显期待受众马上就发生期望之中的消费行为。

【案例】“凯兹”童鞋

标题：像母亲的手一样柔软舒适的儿童鞋

正文：孩子的脚像富有生命的精致小桥，每一步都需要与地面十分吻合。

“凯兹”童鞋正是这种吻合的体现，它不像其他鞋那样，像把孩子的脚塞进了不舒服的鞋模里。“凯兹”鞋是特为孩子们设计的。前面留有适当空隙，使脚趾自如伸展。

那些狭小的鞋，不但挤压、摩擦双脚，还会形成拇指外翻引起疼痛、红肿。

不合适的鞋还会使脚形成多种疾病，例如鸡眼、毛囊炎等。

与僵硬的牛筋鞋底不同，“凯兹”鞋柔软和富有弹性，穿了它，孩子的双脚会得到像母亲手心般的舒适的呵护。

今日的“凯兹”童鞋，款式新颖，由多纹尼龙、加厚羊皮、印花皮等多种材料制成。加垫后跟、绚丽的花边、柔软的内底以及时髦的鞋面，穿在孩子们脚上，看起来就像一辆小小赛车，舒适而充满生机。

“凯兹”童鞋，犹如孩子跟随母亲一样，紧跟孩子的每一步，去畅游想象空间。

【评析】　正文文约事丰，将孩子的小脚与母爱联系在一起，列举了不合适的童鞋将会带给孩子的危害，虽然没有指明要求购买“凯兹”童鞋，但却已调动起年轻母亲们购买的欲望。正文部分逻辑严密，动之以情，晓之以礼，虽为软销方式，却有很强的销售力。

（二）从表述方式上可划分为陈述式、论说式和散文式

1. 叙述式

叙述式是一种富于创意的风格。首先设置一个情景，然后在最后时刻让产品或服务出现。往往以受众的情感诉求为出发点，平实、感人、耐人寻味。

【案例】 乔治·格里宾为美国旅行者保险公司所作的保险广告文案

当我28岁时，我认为今生今世我很可能不会结婚了。我的个子太高，双手及两腿的不对称常常妨碍了我。衣服穿在我身上，也从来没有像穿在别的女郎身上那样好看。似乎绝不可能有一位护花使者会骑着他的白马来把我带去。

可是，终于有一个男人陪伴我了。爱维莱特并不是你在16岁时所梦想的那种练达世故的情人，而是一位羞怯笨拙的人，有时也会手足无措。

他看上了我不自知的优点。我才开始感觉到不虚此生。事实上我俩当时都是如此。很快地，我们互相融洽无间。我们如不在一起就有怅然若失的感觉。所以我们认为这可能就是小说所写的那类爱情故事，以后我们就结婚了。

那是在4月中的一天，苹果树的花盛开着，大地一片芬芳。那是近30年前的事了，自从那一天以后，几乎每天都如此不变。

我不能相信已经过了这许多岁月，岁月载着爱维和我安静地度过，就像驾着独木舟行驶在平静的河中，你感觉不到舟之移动。我们从来未曾去过欧洲，我们甚至还没去过加州。我认为我们并不需要去，因为家对我们来说已经够大了。

我希望我们能生几个孩子，但是我们未能达成愿望。我很像圣经中的撒拉，只是上帝并未赏赐我以奇迹，也许上帝想我拥有了爱维莱特已经够了。

唉！爱维在两年前的4月里故去。安静地，含着微笑，就和他生前一样。苹果树的花仍在盛开，大地仍然充满了甜蜜的气息。而我则怅然若失，欲哭无泪。当我弟弟来帮助我料理爱维的后事时，我发觉他是那么体贴关心我，就和他往常的所作所为一样。在银行中并没有给我存很多钱，但有一张照顾我余生全部生活费用的保险单。

就一个女人所诚心相爱的男人过世之后而论，我实在是和别的女人一样心满意足了。

【评析】　故事体是通过讲述一个与广告信息内容息息相关的故事来表现广告信息的正文表述形式。它采用第三人称的写法，用叙述的方式将人物经历、故事情节运用语言文字表现出来，传达给受众。特点是以故事的发生、发展过程，引发受众的阅读和收听兴趣，又以故事中的事件的处理和产品介入所获得的结果来说服受众。这是乔治·格里宾自称"写过的最好的广告"。该文没有标题，没有离奇曲折的故事情节，但却通过一位老妇人的口吻讲述了一段平实、动人的故事。将三十余年的情感化作感激、眷恋、怀念凝结在一张保险单上，保险单成为爱的物语，充满温情，充满体贴，充满诚挚。全篇没有广告味，广告对象成为所述生活中的一个极为自然、真实的组成部分。这种水到渠成的叙述消除了受众对广告的抵触情绪，深入人心，历久不忘。

2. 论说式

论说体是以论辩说理为主的广告正文表现形式。兼具说理性、逻辑性。说理性，是指舍弃以情感人的诉求方式，以理性色彩见长，以理性的思考引发受众的思考和注意。逻辑性，是指其富于条理，具有相当的逻辑体系，以严密的逻辑思辨性和语言的严谨取胜。

这种形式一般在以下三种情况下运用较多：为某企业或某产品塑造一个相匹配的观念形象时；推出一种消费新观念以达到对某种商品的消费时；推出一种功效领先的新产品时。较适合报纸、杂志等以语言文字为主要诉求载体的媒介，不适合善于用画面说话的电视媒体。适合表现产品的文化韵味和附加价值。

【案例】　红牛广告文案

标题：还在用这种方法提神

正文：都新世纪了，还在用这一杯苦咖啡来提神；你知道吗；还有更好的方式来帮助你唤起精神：全新上市的强化型红牛功能饮料富含氨基酸，维生素等多种营养成分，更添加了 8 倍牛磺酸，能有效激活脑细胞，缓解视觉疲劳，不仅可以提神醒脑，更能加倍呵护你的身体，令你随时拥有敏锐的判断力。提高工作效率。

醒题：迅速抗疲劳 激活脑细胞

【案例】　美菱保鲜冰箱广告文案(见图 4－2 所示)

标题：留住营养与水分保鲜时间延长 50%

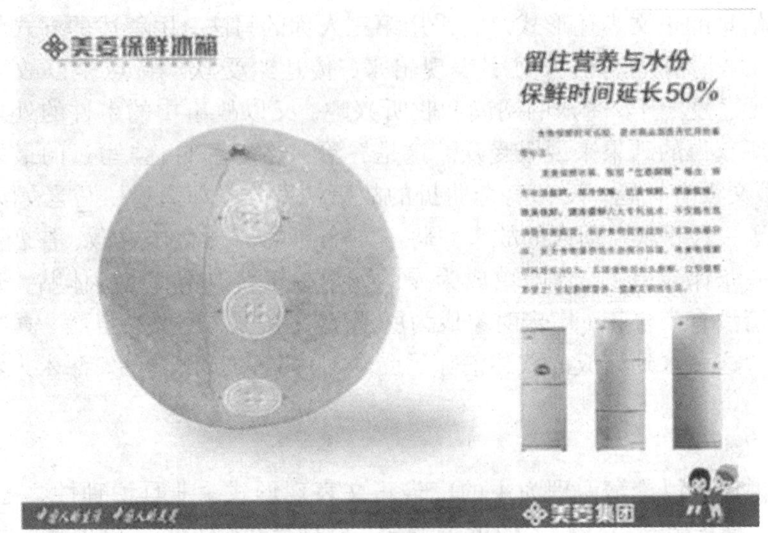

图4-2 冰箱广告文案

正文： 食物时间保持长短是冰箱品质是否优异的重要标志。美菱保鲜，独创“生态保鲜概念”，具有冰温保鲜、湿冷保鲜、抗菌保鲜、透湿保鲜、除臭保鲜、速冻保鲜六大专利技术。不仅能有效消除有害病菌，保护食物营养成分，去除异味，更为食物提供仿生态保存环境，将食物保鲜时间延长50%，实现食物的长久新鲜，让你享受21世纪新鲜营养、健康文明的生活。

3. 技巧式

运用诗歌体、散文体均有助于人们记忆品牌，产生有利联想。如果想在较短时间内产生较高记忆度或消除人们对产品的不良印象。或建立产品的独特个性，采用抒情的方法是很有效的。

【案例】 飞利浦自然色日光灯广告文案

标题： 留一盏灯，给不夜的星星

正文： 向所有的人道过晚安

灯火就沉沉入睡了，

独留落单的星星，

遍寻不着共游的灯火……

且点一盏灯，
点上无尽的诚挚和期待，
邀约不夜的星星聆赏。
黎明的早天，
飞利浦自然色日光灯，
为不夜的星星点上一盏知心的灯。

【评析】 飞利浦自然色日光灯广告文案采用自由体诗歌的体裁，分行押韵，采用现代白话文，精练、优美，潇洒自由，意境深邃、温馨亲切，具有音乐美感。

【案例】 广东太阳神集团广告文案

标题：孩子，妈妈能给你的真的不多……

正文：12 岁，我就离家读寄读中学了。那时正是春荒季节。每次返校前，妈妈总能变戏法似的弄出一小袋米来，再让我捎上一罐咸菜，这便是那时山里孩子一星期最奢侈的伙食了。送我上路时，妈妈那爱恋的眼神里总是盛满了愧疚与无奈。岁月荏苒。今天，我才读懂了妈妈的眼神，她仿佛喃喃地对我说："孩子，妈妈能给你的真的不多，但那可是我能给予的全部啊。"火柴很小，散发的光亮也很微弱。但它真的是在竭尽所能燃烧着——就像妈妈。

（背景图案：全黑底包围中，一根火柴头在黑暗中燃烧着，散发出微弱但绚丽无比的光焰）

四、正文写作基本原则及技巧

(1)迅速切入主题；直截了当，勿含蓄迂回、旁敲侧击；
(2)不用最高级形容词；多用动词、副词；
(3)不要尝试成为文学家；
(4)幽默通俗的语言比严肃庄重的字眼更讨人喜欢；
(5)尊重事实，不对产品过分夸耀；
(6)不单纯介绍产品性能特点，多提供有用的服务和咨询；
(7)避免出现含糊字眼，如：好像、例如；
(8)有话则长，无话则短；
(9)常在文案中引用户的经验之谈；

(10)多采用短句;

(11)避免使用过去时;

(12)使用主动句式;

(13)标点不要过多。

五、正文的写作注意

(一)注意如何由广告标题向广告正文的顺利转化

(1)运用副标题形式，将副标题作为广告主标题和广告正文之间的桥梁;

(2)开头采用有机的承接标题和解释标题悬疑的方式，使广告正文自然地承接广告标题的内容和疑问，两者之间有疑有释、有因有果，浑然一体。

(二)采用小标题或特殊的段落承接等形式，使受众顺利阅读正文内容

(1)标题的制作可以使受众顺利地从一个问题转向另一个问题;

(2)分列形式的正文表现形式使广告正文化繁为简，重点突出，使长文案体现出短文案的阅读效果;

(3)以特殊的段落承接方法：内容上的顺应转折、字体的变化、运用鲜明而特别的行文标记，来提醒或刺激受众的阅读和接收。

(三)有效运用写作顺序

(1)接受心理顺序。按照 AIDCA 的顺序，即注意—兴趣—欲望—信任—行为这个接受心理顺序一步步抓住受众。

(2)需求心理顺序。指特定受众在特定的环境中所具有的特殊需求所呈现出来的特殊心理顺序。循着这个顺序写作能让文案的发展脉络与受众的需求顺序产生一致。受众的兴奋点和渴望方向与文案的方向一致，便会自然而然地认真阅读下去。

(3)解决疑难式顺序。人们解决问题时的一般顺序。能按照解惑顺序写作，能较好地对应人们在遇到问题时的自然的解决问题的本能性发展顺序，而不产生突兀的心理接受障碍。解惑顺序的具体表现为:

①您有什么烦恼?

②本公司的产品能解决您的烦恼。

③为什么能解决呢? 解决的过程和相关证据是……

④购买产生的号召——请尽快购买。

解惑顺序能够让受众认为，广告中的信息利益点是它解决问题的一个有效办法，并产生感激之情。使用这种写作顺序，有两个条件：第一文案要长，第二必须提出令人信服的证据

(4)演绎归纳顺序。用演绎顺序，先写产品对消费者的利益点，然后提出相关产品的特性作证明，先提起兴趣后介绍相关产品的对应性功能。

用归纳顺序，先提出产品的特点和功能，然后发展出产品对消费者的利益点，以问题的解决作为文案的终结，先介绍后引发受众兴趣。

(5)故事性顺序。以故事发生、发展的情节作为写作的线索和写作的顺序。受众会被这个顺序所吸引，产生兴趣。故事的展开和结局的表现可以运用正叙和倒叙的方式。在叙述过程中，须有条不紊，情节发展合乎逻辑，且能发展出较为完整的故事，以满足受众的好奇。

(6)描述性顺序。将广告信息进行由表及里，由近及远，由浅入深的描述，使广告正文符合受众的阅读、接受顺序的方式。

(四)针对目标受众的各种特征选择恰当的表现形式

商品特色是关键却并不是决定因素。决定因素是商品特色所能够为受众和消费者带来的利益和方便。因此，将广告信息的特色转化成消费者的购买理由才能让受众感受到广告信息和自身之间的某种关系，某种对他的生活产生的方便性，才能因此促进购买。

(五)广告正文长短选择要根据广告信息类型、目标受众接受特征和媒介策略来决定

1. 运用短文案

消费品中的日用品；产品在各个方面都没有明显的特殊性和差异性；产品对消费者只提供小的方便性；表现产品的附加价值时；以产品的价格作为主要的诉求利益点时；产品进入成熟后期时；用广播广告、电视广告、户外广告、销售现场广告作为媒介表现；感性受众、文化层次不高的受众、冲动型受众、儿童受众和老年受众。

2. 运用长文案

大部分产品必须沿着同一条线慢慢地构筑起人们对品牌的想法，长文案就是能更深入人心而不是只传达立即信念的做法。长文案让人感受深刻。工业品；消费品中的耐用品；高价位、高关心度的商品；产品处于导入期时；企业进入新的竞争环境时；媒介运用为报纸、杂志、直邮、商品介绍小册子、专版广告；理性受众、文化层次较高的受众、被动型受众。

(六)尽量运用实证方式说服受众

广告文案正文部分的一个主要的任务是为说服受众提出大量的根据。而这个根据的提出需要有一些实在的、真实的数据来作说服的支撑。有了真实的、实证的数据，受众就能自觉地排除怀疑的心态，以数据作为根据来说服

自己。

（七）广告正文结尾既要与前面部分浑然一体又要实际促进消费行为的产生

如美国MCI10817专线电话的广告正文的结尾为："MCI10817专线和您在一起，一拨就通，她可以拨，你不是马上也可以拨一拨吗？想得知全部事实以及确知你及你的公司是否合乎完全免税条件请电知我们离你最近的办事处。"

（八）注意相关细节的有效运用

相关细节的有效运用，使广告正文具有相当的说服力。具体运用时有三种情况：用消费者使用产品时的细节；用用户经验进行表现；将商品在生产时的细节进行有效表现；将商品本身存在的细节特征作表现。

形式的运用要服从信息内容的表现需要。

第三节 广告语的写作

在广告文案中，除了标题和正文以外，还有两个重要的组成因素，即附文和广告语。

广告语是企业、商品的文字商标。它是企业和团体为了加强受众对企业、商品或服务等的一贯印象，在广告中长期反复使用的一两句简明扼要的、口号性的、表现商品特性或企业理念的句子。它是基于企业长远的销售利益，向消费者传达长期不变的观念的重要渠道。

一、广告语的特点

（一）原创性

广告文案要充分体现品牌的差异性，就必须根据品牌的核心理念去进行原创，既不能模仿，更不能抄袭。在高科技和信息化越来越发达的时代，产品的同质化程度越来越高，产品的差异主要通过与产品联系在一起的服务、理念的不同来体现。品牌广告语正是体现理念差异的主要形式，离开了原创性的原则，理念差异是难以体现的。

（二）联想性

品牌的文化内涵要想包含人类最真挚的爱，必然要体现出一种人文关怀。广告文案应当能够使消费者从具体的产品中和品牌传播中联想到许多美好的事物或状态。消费者在不断追求这些美好现象和心态的同时，由于品牌广告语的传播作用，就很容易让消费联想到这个品牌，这种联想的作用和效果久而久之就积累成品牌的附加值。

（三）哲理性

品牌广告语虽然不一定要揭示出一种永恒的真理，但是，对人生，对社会应有所启迪，例如，“健康成就未来”，就是一句警言。人类需要健康的体魄，更需要健康的环境，没有健康就难成就未来。有哲理性的话语通常生命力都很强，能够让人们体会、寻味很长时间。同时，具有哲理性的广告语会让受众对其品牌印象更加有深度，这样的印象会使品牌忠诚度明显增强。

（四）口语性

创作品牌广告语是为了进行传播，而不能口语化的品牌广告语自然就不利于传播。品牌广告语必须是朗朗上口，好记、好听，才能更便于传播，只有通过反复的、长期的传播，特别是大众自然上口的传播才能使品牌理念深入人心。如“味道好极了！”让文化水平一般的人群也能理解和记住这样的话语，并起到很好的传播作用。

（五）长期性

品牌是有生命的，广告语不可能随着产品的更新换代而随便更换，只有长期沿用，逐步积累才能形成企业文化的影响力。只有长期运用的广告口号，才能使广告主体的一贯风格、观念得到一致的传达。

（六）前瞻性

广告语的写作不仅要表现现在，而且要展示未来，要具有超前意识。写作中必须注意口号中信息内涵的现实性和未来性的共通共存，即广告语中的观念表现要在具有现实性的同时具有前瞻性。广告语的前瞻性是为了使广告口号能适应长期运用的需要，在观念的表现和引导上不至于落伍，被消费大潮所淘汰。而一个观念前瞻的广告主体往往富含哲理，具有启迪性，能够引导、号召、动员、激励人们产生某种欲望和实现欲望的行动。因此，广告口号要能做到观念前瞻、鼓动性强，就能产生持久的影响力和强大的竞争力。

二、广告语的作用

广告语的作用在于，通过反复使用，可以提高受众的记忆度，协助广告为某一个品牌或组织树立形象、创造识别标志或明确定位。

（1）广告语是对该广告主或品牌的一句意味深长的描述，它可以成为品牌形象和个性的组成部分。“最高级的驾驶机器”（宝马汽车）就在建立和维护品牌形象和个性中发挥了很大的作用。

(2)如果品牌在一段时间内的发展一直都小心谨慎，而且前后连贯，那么，这条广告语就可以充当品牌的简略标志，表明与品牌利益点相关的重要信息。耐克的“Just do it”(只管去做)口号就为耐克的众多广告战役以及其他促销活动提供了一个基本的主题。在这种情况下，广告语就可以在企业实施整合营销传播的过程中发挥有利的作用。

(3)在促销活动的广告中，广告语的目的是在广告最后再向消费者说一句有说服力的话，有助于紧扣广告的主题。例如：要想皮肤好，早晚用大宝。

三、广告语创作的步骤及方法

优秀的广告语字字珠玑，一字千金，它不仅开拓市场、促进销售、塑造品牌形象，以其文字内在魅力所营造的至真至切、如诗如画的美学意境，直扣受众心扉，成为与品牌不可分割的一部分，有的甚至已演化为大众口头传播的经典语言。

(一)广告语构思步骤

(1)什么样的信息最重要？

A. 企业形象　　B. 产品特点　　C. 某一观念

(2)最能与消费者沟通的表达方式是什么

A. 反璞归真　　B. 幽默引人关注　C. 唤起共鸣　　D. 赞美顾客

(3)提炼精粹、到位的语言。

(二)表现形式

(1)选择前缀句式和后缀句式，可以使广告主体得到广泛反复的传播，如，挡不住的感觉。

(2)选择单句形式，可以使广告口号能在最短的时间内让受众明了，如，我就喜欢。

(3)选择对句形式，可以利用音韵效果产生多度的流传，如，铁百买金，终身放心。

(4)采用号召性的祈使句式，可以产生即时的消费冲动，如，想做就做。

(三)广告语写作技巧

1. 简短凝练、易传易记

广告口号主要是要通过口头传播，来宣传广告主体的形象和观念，并使之成为消费大众的日常生活流行语。要合乎口头传播的规律，就要简短易记，充分拥有口语的表现风格。因此，广告语的写作不能过长，或者用过于书面化的语言，更不能用生僻的字句词汇，尽量使用消费者在日常生活环境中所运用的亲切、平易的语言，同时力求合乎音韵，体现音韵之美、流畅之美，节奏之美，令人感觉流畅轻松、悦耳动听。不仅如此，广告口号还可运用各种表现手法和修辞方式，在语言上反复推敲，精心锤炼，努力做到简洁而不简陋，雅致而不做作，意丰而不啰唆，质朴而不苍白。

2. 嵌入品牌、突出个性

广告口号出现在组合的每一种广告形式之中，是整个广告的核心，它鲜明地体现广告的定位和主题，是整个广告活动的灵魂所在。因此，一方面一个广告语要尽量与其他企业、商品的广告口号区别开来，另一方面必须符合商品的个性，不能过于空洞浮泛，要准确地传达出企业的服务宗旨或商品的独特功能，显示其与众不同的魅力，使广告口号成为品牌意象的“特有语汇”，从而引起受众的关注和亲睐。突出个性比较常见的一种做法是在广告口号中自然地嵌入公司、品牌、劳务等名称，使公司或产品名称配合产品特点不断出现，产生宣传强势。这样既宣传了产品特点，又扩大了企业、产品的知名度。

（四）广告标题和广告语的区别

(1)广告语是对同一企业、产品或服务某时段内所有广告活动的统领性文字，包括对标题、内文的统领；是表达企业理念或产品特征的宣传短句；是长期反复使用的；是对某个企业、某个商品或服务特性的最凝练概括。常用于正文末尾。而标题是对某一则文案的统领性文字，是为了使每一则广告作品能得到受众的注意，吸引受众阅读广告正文而写作的(表 4 -1)。

表 4 -1　广告语与标题区别表

差异	标题	广告语
内容	与广告具体内容紧密相关	长期观念，与广告具体内容不紧密相关
传播目标	吸引和引导诉求对象继续接触广告内容，注重即时的作用	传达长期不变的观念，注重对消费者观念和品牌形象的长期效果
使用范围	只在一则具体作品中使用，与广告具体内容密不可分	较长时间内持续使用，适用于任何媒介、任何形式的广告
出现的位置	一般在平面广告最醒目位置和广播电视广告开头	一般在广告结束位置
形态	视创意具体需要	力求简短

(2)广告主重新设计广告文案，从标题到正文都要改；但广告语是很长时间都不变的。

(3)电视广告上不区分，均称做“广告语”。

【案例】 伊力纯牛奶的系列广告(图4－3)

广告语都为：草原的牛奶会说话

而标题分别为：ⓐ 小曲不离口

ⓑ 睡前做做保养

ⓒ 甜蜜蜜

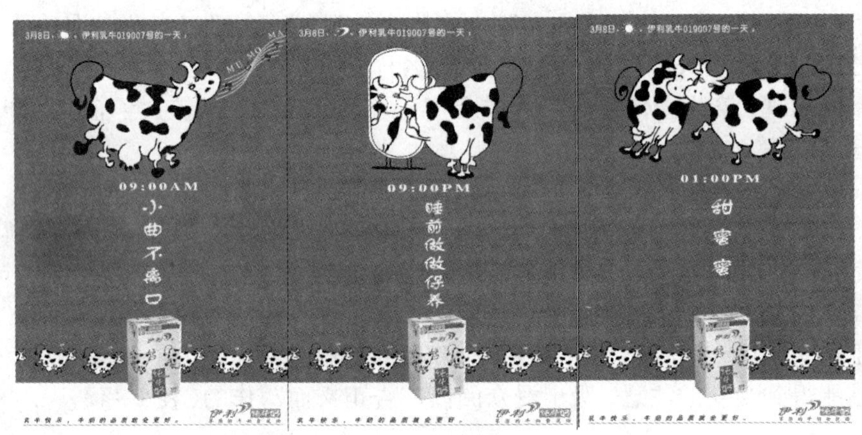

图4－3 伊力纯牛奶的系列广告

四、广告语的内容

依据广告语选取的题材内容，大致可以分为以下几种类型：

(一)反映商品的性能好，或服务水平高

一人吃，两人补。(台湾某孕妇饮品)

古有千里马，今有日产车。(尼桑汽车)

(二)用吉祥如意的言辞，博取消费者的好感

维维豆奶，欢乐开怀。(维维豆奶)

人头马一开，好事自然来！(人头马XO酒)

【评析】 这是法国名牌人头马XO酒的广告语，出自已故香港著名作家黄霑先生之手。其广告策略就是迎合中国人喜事喝喜酒的传统心理，将好事

与人头马紧紧相连，赋品牌以吉祥、喜庆、豪迈的内涵，前后押韵，通俗易懂，流传甚广。

（三）讲述企业的历史或规模

创业100年，松屋元年。（松屋）

在世界126个国家深受信赖的Grand。（丰田贵族汽车）

（四）提醒人们更新观念

学琴的孩子不会变坏。（山叶钢琴）

成长，只有一次。（雀巢儿童奶粉）

要刮别人的胡子，先把自己的刮干净。（舒造牌手动剃须刀）

（五）反映企业的文化理念或发展目标

让我们做得更好。（飞利浦公司）

五十亿人的健康卫士。（505神功元气袋）

（六）用鼓动性的话语，倡导人们行动

Just do it.（耐克）

我愿步行一英里买个骆驼。（骆驼牌香烟）

我的地盘，听我的。（动感地带）

【评析】 “我的地盘，听我的”不仅仅属于中国移动通信“动感地带”所界定的固有受众，它也是“互动时代”所有年轻人个性张扬的佐证。此广告语是周杰伦的一首广告歌曲名称，歌曲的传唱更推进了受众对广告语的认知与记忆。动感地带定位15～25岁的年轻人，他们注重感觉、崇尚个性、思维活跃、有强烈的品牌意识，在生活交往中有属于自己的沟通方式、族群语言和通信消费习惯。以“我的地盘，听我的”为品牌主张，动感地带还推出系列平面广告：《自治区路牌》标题：欢迎进入年轻人的通信自治区；《薯条篇》标题：超值短信，多少条都吃得消；《校园铃声篇》标题：铃声图片下载，只要我喜欢；《企鹅篇》标题：移动QQ，走着玩。在半年时间内，将一个代表“时尚、好玩、新奇和探索”的充满个性的品牌打入目标群体心中。

（七）培养与消费者的感情

慈母心，豆腐心。（中华豆腐）

更多美味，更多欢笑，就在麦当劳。（麦当劳）

第四节　附文的写作

附文是在广告正文之后向受众传达企业名称、地址、购买商品或接受服务的方法的附加性文字，是对正文的有效补充。因为是附加性文字，它在广告作品中的位置一般总是居于正文之后，因此，也称随文、尾文。随文既可以直接列明，也可以以委婉的附言形式出现。

附文是对广告正文的辅助、补充，能够促进销售行为的实施。当广告的标题、正文和广告语已经使目标消费者产生了消费的兴趣和渴望时，如果在广告附文中表现了购买商品或获得服务的有效途径，使得他们能以最直接的方式、最短时间之内得到商品，消费者就会产生消费行为。因此，广告附文可形成一种推动力，促进消费行为的加速完成。此外，设计科学合理的附文可以产生固定性记忆和认知铺垫。在附文部分具体地表现品牌名称、品牌标志，会强化受众对品牌的识别和记忆。

一、附文的内容构成

附文的具体表现内容大致分以下几个部分：

(1)品牌名称；

(2)企业名称；

(3)企业标志或品牌标志；

(4)企业地址、网址、电话、邮编、联系人；

(5)购买商品或获得服务的途径和方式；

(6)权威机构证明标志；

(7)特殊信息：消费奖励、奖励品种、数量，赠送的品种、数量和方法等；

(8)如需要反馈，还可运用表格的形式。

二、附文的作用

虽然有附文之称，而且一般出现在电视、广播广告的结尾或者印刷广告的最下角，但是附文并不是可有可无的。它具有以下几个作用：

①补充正文内容；②为消费者购买提供方便；③敦促消费者采取购买行动。

三、附文的类型

广告附文按其内容大致可以分为三种类型：

(一)信息型

【案例】 邮电部上海电话设备厂

厂址:上海市虬江路1307号
邮编:200070
电话:(021)56976972
传真:56633697
联系人:×××

【案例】 风景海狮

福田客车销售公司:北京市昌平区沙阳路(图4-4)

图4-4 福田汽车广告

传真:010-80716476
邮编:102206
服务热线:010-80765478
销售热线:010-80715477

（二）信息与劝导结合型

1．直陈型

【案例】

向伟大的母亲致敬，别再让母亲辛劳的手空着，本公司为送礼母亲节，特别洽请星辰提供最适合母亲佩戴的女妆表5000只，即日起到5月11日止，以特别的优惠价供应，欢迎子女们陪同母亲前来选购，送给母亲一份意外的惊喜。

【案例】 三星手机 T208/T508

即日起，凡购买三星手机T208/T508任一款，即送宜而爽保暖内衣一套，送完为止（图4－5）。

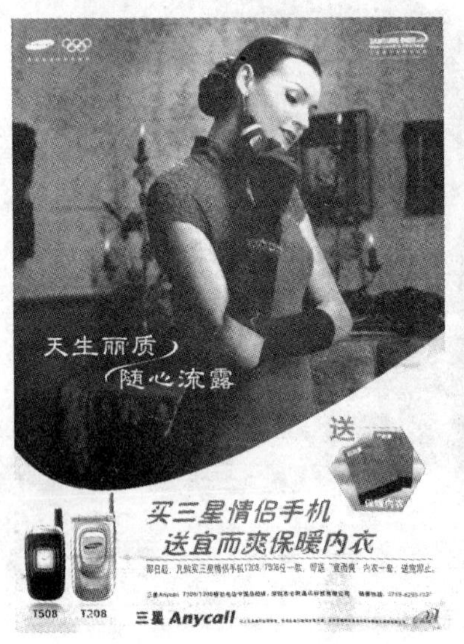

图4－5 三星手机广告

2．婉转型

【案例】

这里是您情感的驿站心灵的港湾……
您还在心灵的边缘彷徨不定吗？

请到这里来小憩，让您走出凄婉迷茫/走出寂寥惆怅/走出这个雨港
这里有免费热线聊天室/心理论坛/心理咨询室……
http：//zcyuxiang. myrom. com

(三)信息与表态结合型广告附文

【案例】

宏达口服液愿为安享晚年的您奉上一片赤诚和爱心！
昆明宏达制药厂驻长春市场部
地址：长春日报社招待所(皇庆路41号)
服务电话：825316 转 2022
联系人：××× ×××

【案例】

金羔羊西安旗舰店已经开业，即日起至12月9日期间用餐，可享受全场8.5折优惠(图4-6)

图4-6　饮食类广告

订餐电话：029-5232008
地址：西安市小寨西路117号
(省委党校东邻)

四、附文的写作要点

(1)要根据正文的内容与风格拟写。
(2)不可罗列过多，突出关键条文。
(3)加入直观易记的辅助说明。

(4)防止漏下重要项目。

(5)要注意内容的准确性。

(6)积极创意、鼓励行动。

(7)将抽奖、赠券等内容加以突出的标示。

五、附文写作的基本原则

(一)可操作性

广告附文对广告正文的补充，主要是将在广告正文的完整结构中无法进行表现的有关问题作一个必要的交代。因为为了针对各个不同层面的消费者的接受习惯和其他的许多因素，我们的广告正文要采用各种不同的表现形式。而这些不同的表现形式中，各有其自成一体的结构和内容表现。这就决定了有一些必要的、有关于消费产生的常规性的内容不能进入这个自成一体的、相对完整的结构。广告附文，就需要对这些问题作一些辅助性的补充。这些必要的有关的问题包括：特殊的销售信息：如产品在哪里有售、消费奖励是什么内容、销售的时间是从什么时间到什么时间，对产品的背景、特点的有关的交代，需要避免的一些消费问题。常规性的内容：品牌名称、企业名称、企业或品牌的标志、企业地址……这些问题以及对这些问题的补充交代，直接地为消费者实施消费作实际的指导。因此，这个指导必须具有可操作性。如果失去了这个根本前提，广告附文中的表现可以说就是毫无价值的文字了。

(二)语言运用的正确性和现实性

如果在广告文案的其他部分，还可以运用一些形而上的、非实指的、相对模糊的语言的话，在广告附文中，完全排斥不准确的语言，任何细微差错都会使广告宣传效果大打折扣。只有正确的、条理清晰、干净利落的语言，才能不出现歧义，才能使内容具有可操作性。

(三)表现的创意性

由于广告附文的具体表现内容的客观规定性，有的广告文案人员认为广告附文的写作是程式化的，只要将附文的一些内容像填空一样填进去就可以了。实际上，表现的创意性也是广告附文的重要的追求。如果舍弃了这一追求，岂不是所有的广告附文都是一个面孔？因此，在具体的写作中，要具体地对待附文的表现内容，要根据要传达的附文信息和广告目标受众、媒介特征，对附文进行有效的创意性表现。为了避免程式化、同一化的倾向，我们可以采用较为全面的表现方法，在附文中全面地表现附文内容；采用重点展现方式，有重点、有侧重地将附文的内容作选择性的表现；采用一个表格型的形式来进行表现。具体运用哪一种，要看广告的目的、广告作品的整体构架以及广告附文和广告文案中其他各部分之间的配合。有创意性表现的广告附文，可以为广告作品带来生动的、促进消费的实际作用。

（四）不同媒介的适应性

广告附文在印刷广告媒体和电子广告媒体中的表现不一样。在印刷媒体中，广告附文由文字进行单一的表现，在电子媒体中，广告附文一般用语言来表现，必要时，也有用语言和文字一起表现的。这就给广告附文的写作带来媒介适应性问题。在选择电子广告媒体的前提下，广告附文的各个方面的要求不仅仅要适应文字表现的需要和特殊性，也要适应语言表现的需要和特殊性。如果一则广播广告附文或一则电视广告附文，在写作时只注意了各方面内容的齐全表达，只重视它是否符合文字表现的特征而不顾及它的语言在口头表现时可能出现的效果，这个广告附文就不能形成一个读起来琅琅上口、表达清晰、语言运用准确无歧义的文本表现，这个电子广告文案的广告附文部分也就不成功、无效了。

实境创作题

在规定的时间内为“欧安亚电工”写出100个广告语

在有限的时间内尽可能多地为同一产品写作文案，可以有效训练思维能力、分析能力，在不断的写作中，深挖产品或服务的精神内核和独特卖点，同时也是不断推敲、不断升华的过程。

产品描述：消费者购买电工产品首要考虑“安全”，结合产品特征（大面积银片接触，安全开关次数超过现实国际标准2倍以上；双弹簧翘板式开关，不易产生电弧），以安全为诉求内容寻求最佳沟通方式和写出最精练到位的广告语。

复习思考题

1. 经典的广告口号有超乎寻常的生命力，多年来许多广告口号甚至超越其宣传的产品。成为流行文化的一部分。请指出下面这些广告语是什么公司宣传的什么产品？

⊙人类失去联想，世界将会怎样？

⊙牙好，胃口就好，吃嘛嘛香。

⊙地球人都知道。

⊙关键时刻怎能感冒？

⊙不看不知道，世界真奇妙。

⊙沟通从心开始。

⊙真诚到永远。

⊙我的眼里只有你。

2. 日前，美国《广告时代》杂志对20世纪全球广告业做了一次回顾性评选，下面是20世纪最佳广告策划前20名的广告语，试从影响力、持久力、认知率和文化性角度进行评析。

(1)德国大众："小即是好。"

(2)可口可乐："享受清新一刻。"

(3)万宝路香烟："万宝路的男人。"

(4)耐克："想做就做。"

(5)麦当劳："你理应休息一天。"

(6)戴比尔斯："钻石恒久远，一颗永流传。"

(7)通用电器："GE带来美好生活。"

(8)米勒牌淡啤酒："美妙口味不可言传。"

(9)克莱罗染发水："她用了？她没用？"

(10)艾维斯："我们正在努力。"

(11)美国联邦快递公司："快腿勤务员。"

(12)苹果电脑："1984年。"

(13)阿尔卡—舒尔茨公司："多种广告。"

(14)百事可乐："百事，正对口味。"

(15)麦氏咖啡："滴滴香浓，意犹未尽。"

(16)象牙香皂："100%的纯粹。"

(17)美国捷运公司："你知道我吗？"

(18)美国征兵署："成为一个全才。"

(19)Anacin去痛片："快、快、快速见效。"

(20)滚石乐队："感觉是真实的。"

3. 如何看待文学派的广告文案写作？

第五章　广告文案的语言与修辞

知识要点

1. 了解广告文案语言的特点，明确其特殊性；

2. 掌握不同诉求方式对广告文案语言的特殊要求；

3. 掌握修辞的含义、种类及效果，明确广告中的修辞是为了更加生动形象地说明产品、服务，能够熟练自如地使用各种修辞方法，令文案表现更加丰富多彩；

4. 掌握广告语言的五种基本语式，灵活运用各种语式组合进行文字表现。

文字是我们这行的利器，文字在意念表达中注入热情和灵魂。

——李奥·贝纳

案例：手表的"自我介绍"(瑞士天梭手表)(图5－1)

标题：自我介绍

姓名：Tissot twotimer

外貌：年轻、漂亮、时髦

年龄：刚刚问世

身型：窈窕轻盈

性别：双性

性格：双性性格，既传统又具创新精神

国籍：瑞士

特殊功能：精于计时，七项全能

语言：精通世界语言

嗜好：水陆运动，四方游历

图5－1　瑞士天梭手表广告

广告的推销力源于构成广告的语言、画面、声响等元素，但最能使广告充满生机活力，最大限度发挥宣传效应的还是广告的语言。奥格威说过"广告是词语的生涯"，一个广告可以没有画面、可以没有音响、也可以没有色彩，但却不可没有语言。李奥·贝纳也说过："文字是我们这行的利器，文字在意念表达中注入热情和灵魂。”精妙的构思，独特的创意，伟大的策略最后都要通过语言来展现。

第一节　广告文案的语言

苏姗·朗格说：“运用文字可以表达出那些不可触摸的和无有形体的东西，即被我们称之为观念的东西；还可以表达出我们所知觉的世界中那些隐蔽的、被我们称之为观念的东西。正是凭借文字，我们才能够思维、记忆、想象，才最终表达出由全部丰富的事实组成的整体；也正是有了文字，我们才能描绘事物，再现事物之间的关系，表现各种事物之间相互作用的规律，才能进行沉思、预言和推理(一种较长的符号变换过程)。更为重要的是，我们还可以运用文字进行交流，这就是要求将那些可听的或可见的词排成一种为大家所理解的式样，通过这种式样人们可以反映出自己各式各样的概念、知觉对象，以及种种概念和知觉对象之间的联系。”文字作为人类创造的最重要的符号形式，既有描绘事物和现象的再现功能，又有表现事物之间复杂关系的概括功能。

一、汉语言文字的特殊表现及运用

(一)汉语言文字的特殊表现

广告大师韦伯·扬在其著作《产生创意的方法》中说：“文字本身就是创意。”自古以来，语言就是人们表达各种感情最有效的媒介。曲赋歌词经过历史的积淀，形成了自己独特的表现方式。中国的汉字无论是在视觉意象还是语言表达上都具有简约、内敛、深刻等独特魅力。汉字在字形和字义之间，往往存在一种内在逻辑关系。透过汉字表意方式的特性，可以反映中华民族思维方式的形象性；从汉字方块构形特征，可以反映中国人喜爱平衡对称的审美情趣；从汉字的字义体系特征，我们还可以发现隐藏在汉字中的历史文化现象的凝聚过程。汉字的特征，为塑造中国文学艺术，尤其是传统的文字艺术的个性提供了有利的文化条件。可以说，世界上没有任何文字能像汉字那样为广告创意提供巨大空间。基于汉语在一定的语境中可以产生联想义、引申义、比喻义的特征，把握目标受众特定的语言环境，并发展出具有特色的，使得文案与受众之间产生更生动、更有效联系的联想义、引申义和比喻义，这种方法在文案写作中经常运用。例如丰韵丹的广告语为：做女人挺好！字面意强调了女人的幸福感，而暗含的意思则是丰韵丹能够使女性身材更加丰韵动人。

语言的表现力是分层次的——语音语调层、基本语义层、修辞层和意象层。语音语调层是需要通过音响来配合的，它留给人们直接的视觉和听觉感受；基本语义层，则是经过历史的积累和约定俗成，是人们对某一个词语所代表含义及其用法的确认；修辞层，就是在不同的修辞环境中，语言所具备的特殊含义；语言的意象层就是它的审美内涵。

另外，从美学形态角度看，方块字以象形文字为基础，由几百个象形字组织起几万个形声字或会意字，笔画的安排、结构的经营，以及书法艺术的意味，表达出一种生命与情态，如甲骨文的神秘原始、金文的苍雄古朴、小篆的圆软瘦劲、隶书的质朴典雅、魏碑的雄强苍劲、楷书的雅正平和、草书的飘逸飞扬，每种字体都有独特的表现力，都是很好的创意素材和表现手段，如图 5－2 所示。

图 5－2　汉字成为构图的某房地产广告

运用恰当的语言还可以创造文案的意境美。我国是一个诗的国度，先人用智慧和情愁谱写了一行行情景交融，或绮丽或朴实的文字，处处洋溢着意境美。借鉴意境深远的中国古典诗词、对联，可以寻找意境美的灵感。诗词体文案是指采用诗词或对联体的形式进行广告宣传的一种文体，在句式、排列、结构、韵脚上与古诗词的形式相似。特点是朗朗上口，易读易记，情感浓厚，联想丰富。例如："何以解忧，惟有杜康。"又如中国平安保险公司的形象广告，将山高云远、雪色宁静的青海平安县，象征吉祥如意的中国平安符，相濡以沫、携手白头的一对平安老人，喜得爱子满面幸福的年轻夫妇和山清水秀、暮色浓归的广西平安乡等惬意平和的画面串联起来，最后打出主题“中国平安，平安中国”，一气呵成，隐喻生活平安就是幸福，平安公司的服务贴心暖怀，与您相伴，无处不在。整篇广告流畅自然，文案处理简单，紧扣“平安”二字，让人对平安公司产生祥和稳定的可靠感。

(二)汉语言文字在不同广告媒介中的运用

在诉诸于受众听觉的媒体中，运用汉语言文字的表音部分，对语音、语调进行特殊处理，以产生不同的语言特点、语言风格、语言情感表现。采用押韵、平仄等方式，创造一种富于音韵美、节奏美、声调美的文案，令听众陶然其间。同时，还可以运用不同的语气，造就不同的语向、语境、语义：用祈使语气，向受众发出警戒、规劝，提出建议；用陈述语气，直截平实地进行产品推介；用疑问的语气，可以引起受众的特别注意，产生广告和听众之间不同的对应关系。在为听觉媒体写作文案时，要注意同音同义的情况，避免导致误听误解。

在诉诸于受众视觉系统的广告作品中，广告文案不仅可以运用不同的词语排列形成特定的组合效果，而且可以运用汉语的象形特色，在语形上发展出有意味的形式及它们之间的有意味组合，运用形式表现文字的深远内涵，如图 5 - 3 所示。

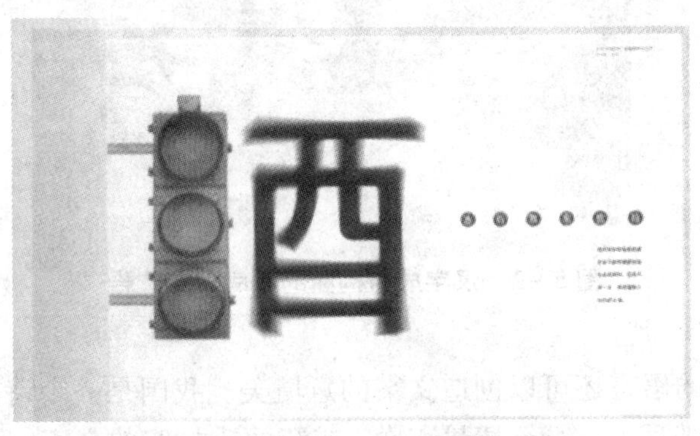

图 5 - 3　禁止酒后驾车广告

(三)书面语、口语和文学语言在广告中的运用

书面语言是用文字书写的视觉化的语言。它的特征是凝练、简洁生动、逻辑严密、优美典雅。运用书面语言，能使广告文案用最少的文字表现最深广的内容，创造严密的逻辑文理、简明凝练的用词造句特色，营建较高层次的文化氛围，展现理性的风采。因此，书面语言在平面媒介广告中被大量运

用，建构着象征、思辨的世界，没有一定文化素养的受众就不能完全理解其含义，它需要相当程度的身心投入，会给希望在轻松愉快的感觉中获取信息的受众一种心理满足。具体写作过程中，要避免过于书面化语言而产生呆板、滞重、生涩的文案文本；在针对文化素养较高的受众时，要用书面语言建构一个与他们在观点、信念上共通的世界；要找到艰深和平易之间的平衡点以飨读者。

口头语言是人们用说话的方式讲述出来的语言。它具有平易、简洁、明了、生活化，可以营造一种亲切的、生活化氛围的语言特点。这种语言特点更适合一般受众的接受心态和接受情景，人们在轻松的、生活化的氛围中倾听家长里短式的日常语言，会有一种轻松的、无距离的感觉。口头语言可以在各种媒体上发挥它的独特魅力，特别是在以声音为唯一传播载体的广播广告和视听并进的电视广告中，口头语言诉求更能发挥其亲切、生活化的特点。口头语言要避免拖沓、啰唆、不紧凑。不紧凑的文案会造成广告成本加高、诉求不简洁的后果。与书面语言相比，口头语言的优点还体现在多向传播中口头传播的方便性上。口头语言最利于口头传播，而更多的时候，广告需要利用人们的口头传播来扩散广告的影响面，形成正向的口碑效应。

【案例】　小霸王学习机"拍手篇"电视广告

你拍一，我拍一，新一代的学习机。
你拍二，我拍二，游戏学习在一块儿。
你拍三，我拍三，学习起来很简单。
你拍四，我拍四，包你三天会打字。
你拍五，我拍五，为了将来打基础。
你拍六，我拍六，小霸王出了"486"。
你拍七，我拍七，新一代的学习机。
你拍八，我拍八，学习游戏顶呱呱。
你拍九，我拍九，21 世纪在招手。

【评析】　小霸王学习机广告以其生活化的形式，带给受众视听上的双重享受。电视画面上一群孩子每人面前一台"小霸王"电脑学习机，他们用整齐、稚嫩的童音极富节奏感而又充满生命活力地念着"拍手儿歌"。儿歌完全口语化，语言通俗，朗朗上口，极易引起儿童兴趣并形成记忆。

文学语言是语言中最讲求音韵、节奏、意境的语言。它注重对自身的锤炼，富于美感和感染力。运用文学语言所建构的形象、意境、意象，都具有其他的语言所不能企及的魅力，散发出特有的形象性和感染力。在文案中运用恰当，就可以增加文案的可读性、趣味性、形象性和感染力。文学语言有散文韵文之分。散文语言一般用于广告文案的广告正文部分，而韵文语言一般用于广告标题或广告口号等部分。由于其在用韵问题上的不同处理，可使文案造就出完全不同的意境和阅读感觉。因此，许多文案的正文采用韵文的语言形式。用散文语言写作的广告文案，犹如一段优美的散文，可为受众营造出一个个充满人情和人生感悟的情感世界，让受众感怀、流连其间。诗歌体、对联体两种形式音韵感强，用词典雅凝练，意境深远，是运用韵文语言写作的最具代表性的形式。

【案例】 MCI电信文案

那晚不经意，看到茶中的明月的倒影，蓦然发觉，是中秋的明月。千里之外，昔日的时光，啜饮着茶中的明月，那一晚，我回到了家。

【评析】 明月、茶、中秋都是中国古典诗词中的典型意象。诗情画意的追求是中国人的传统情结，而文学性广告语言正可以满足这种需求。

二、广告文案语言的特殊要求

(一)真实准确

广告文案语言文字的真实是信息内容的真实，它是广告文案写作的前提。广告文案最直接地与受众产生联系，因此，只有符合真实性原则的广告文案才是符合“以人为本”的广告理念的。广告文案人员诚实地表现真实的广告信息，是对受众的最好的服务形式。准确，指的是广告文案对广告信息的表述要准确、到位，它表现在：准确，就是广告中用词、表达要准确，而没有可让人误解的歧义；词语组合要符合逻辑，符合客观存在；要避免不良的引申义；语句要围绕信息内容来准确无误地展开。出现歧义、不良引申义和远离广告信息本身的广告文案不仅不能准确地传达广告信息而且会产生一些消极后果。

(1)广告中商品的性能、产地、用途、质量、价格、生产者、有效期限、承诺或者对服务的内容、形式、质量、价格、承诺等内容，必须清楚、明白，不能含糊其辞；

(2)在广告中表现商品购买后的服务提供和礼物赠送，应当标明赠送的品种和数量；

(3)在广告中使用有关数据、统计资料、调查结果、文摘、引用语等方式提供商品质量和功能保证的，其全部资料都必须真实、准确，表明出处。

(4)针对语言的模糊性和容易产生歧义的特点，在表述中不用模糊性语言，不用易造成误解的语言，而运用意义清楚、明了、表达准确的语言。

伯恩巴克指出，广告必须真实，杰出的广告既不是夸大，也不是虚饰，他为M&M巧克力所做的广告"只溶在口？不溶在手"极好诠释了一种好产品的真实特性；李奥·贝纳无论怎样戏剧性，也逃不过"与生俱来"这一本质；奥格威的品牌形象一贯坚持"诚实"二字；电通广告公司吉田秀雄曾这样评价广告"广告是真与美的结合"；大师们以广告为生命，但是所有的大师都坚守职业自律和行业道德，形成独特的广告性格：奥格威曾经拒绝为劳斯莱斯汽车做广告，原因就是他认为产品不过关；伯恩巴克始终不肯为烟草做广告，并且说"为拙劣的产品做广告，只会加速它的一败涂地"。的确，大师们已经超越了创意的巅峰，把广告当作人生至高的境界来体验。尽管大师们各自持一番理论，但是在广告创作中有一点是相同的，那就是对广告事物的真实反映和对广告事业执著的追求。

我国《广告法》对广告信息内容的真实性问题有明确的规定，主要包括：

(1)广告应当真实合理，符合社会主义精神文明建设的要求。

(2)广告不得含有虚假的内容，不得欺骗和误导消费者。

(3)广告主、广告经营者、广告发布者从事广告活动，应当遵守法律、行政法规，遵循公平、诚实信用的原则。

(4)广告内容应当有利于人民的身心健康，促进商品和服务质量的提高，保护消费者的合法权益，遵守社会公德和职业道德，维护国家的尊严和利益。

(5)广告不得损害未成年人和残疾人的身心健康。

(6)广告中对商品的性能、产地、用途、质量、价格、生产者、有效期限、允诺或者对服务的内容、形式质量、价格、允诺有表示的，应当清楚、明白。广告中表明推销商品、提供服务、附带赠送礼品的，应当标明赠送的品种和数量。

(7)广告使用数据、统计资料、调查结果、文摘、引用语，应当真实、准确，并表明出处。

(8)广告涉及专利产品或者专利方法的，应当标有专利号和专利种类。未取得专利权的，不得在广告中谎称取得专利权。禁止使用未授予专利权的专利申请和已经终止、撤销、无效的专利做广告。

(9)广告不得贬低其他生产经营者的商品或者服务。

(10)广告应当具有可识别性，能够使消费者辨明其为广告。大众传播媒介不得以新闻报道形式发布广告。通过大众传播媒介发布的广告应当有广告标记，与其他非广告信息相区别，不得使消费者产生误解。

广告不得有下列情形：

(1)使用中华人民共和国国旗、国徽、国歌；

(2)使用国家机关和国家机关工作人员的名义；

(3)使用国家级、最高级、最佳等用语；

(4)妨碍社会安定和危害人身、财产安全，损害社会公共利益；

(5)妨碍社会公共秩序和违背社会良好风尚；

(6)含有淫秽、迷信、恐怖、暴力、丑恶的内容；

(7)含有民族、种族、宗教、性别歧视的内容；

(8)妨碍环境和自然资源保护；

(9)法律、行政法规规定禁止的其他情形。

如果违反了《广告法》中对有关信息的真实性要求，就是违法广告作品。但《广告法》对表现形式和表现风格上的真实性要求只是艺术真实尺度。在表现方法上，并不要求体现现实的、完全的真实，允许虚构。

(二)坚持原创

原创又称原创力、独创性。广告文案要充分体现品牌的差异性，就必须根据品牌的核心理念去进行原创，既不能模仿，更不能抄袭。在高科技和信息化越来越发达的时代，产品的同质化程度越来越高，产品的差异主要通过与产品联系在一起的服务、理念的不同来体现。品牌广告语正是体现理念差异的主要形式，离开了原创性的原则，理念差异是难以体现的。

前所未有的、与众不同的才是原创；即使是新的表现、新的方式，不是独一无二的就不是原创。因此，新花样不是原创，跟风的更不是原创。原创的意义并不仅仅在于形式上的“想人所未想，发人所未发”，而是包括了两方面的内容：一是表现手法上的独创，即形式上的独创。为了使广告文案能更吸引人，产生新奇感，在众多的广告文案中脱颖而出；为了使文案形式成为品牌的一种独特的标记，在众多的品牌中富于个性；为了使感性消费者因为喜爱文案中所体现的某种品牌情趣而发生购买行为，广告文案写作需要在形式上体现原创。这个原创，可以是创造新的表现形式；可以是发掘前人创造的有意味的形式，而后运用现代的形式、现代的理解去重新组合起一种新的形式、赋予新的含义。广告文案的形式结构、语言风格、特殊排列组合，要体现与所表现的广告信息之间的独特组合和默契。二是信息内容的独创，广告文案寻找到独特的信息内容进行表现，寻找到能让产品在同类中跳出来吸引人的新信息，这就是信息的独创。信息的独创，不仅表现在能表现别一产品无法替代的消费利益点、产品生产背景以及产品的附加价值，也表现在能诉求别人没有诉求的产品特点。信息的独创，更表现在能发现同一产品和服务中的不同的特点和借助心理作用形成或创造出的不同价值。

所以，语言的原创性不仅仅要求形式上的原创，它同时也要求所传达的信息的原创；不仅仅要求是首创，更要求是在传递广告信息基础上的首创，形式和信息共同造就的原创，发掘形式中的内在力量的原创才是真正的原创。

（三）KISS 原则

所谓 KISS 原则是 keep it sweet and simple 的缩写，即广告语言最好都能够做到“甜美”和“简洁”。简洁不等于简单、单薄。它是要求在保证语言完整地表达出广告策略和创意的基础上，写作应力求简约，诉求重点明确突出，文字简练得像一首唐诗绝句，字斟句酌，多一字则繁，少一字则败其意，体现出简约之美。所谓“甜美”强调的是文字传达的感情应该是甜美而令人回味的，能够引起人们内心愉悦的。

极致的精密，对您而言意味着尊贵、华美与恒久。而我们则正在让它成为一种完美的本能。（奥迪汽车广告）

1. 简洁

语言的简洁往往表现为“言有尽而意无穷”。

美国画家安德鲁·怀斯说过：“画家表现的东西越少，观众接受的东西就越多。”这句名言对广告也极为适宜。广告文案大师路克·苏利文在其《广告人的路克福音》中指出：“简化！简化！这一度是我的座右铭，直到有一天我发现它还应缩短为‘简化’。”之所以如此，首先是因为文学型文案是一种商业文本，只负责向消费者提供有关的产品和服务信息，当然它也有情感和形象，但这些信息归根到底仍然不可能脱离销售，它没有反映社会现实生活、构造大量情节的任务，而只能是将商业信息传达完即止，这就决定了它的篇幅只能短小不能太长。其次，从广告的注意来看，95%以上的广告注意属于无意注意，即事先无预定目的也无需意志坚持的注意，这说明消费者并非积极主动地接受它们。再次，从广告的记忆来看，表达某种信息的符号越少就越易记忆。

质朴平易、不尚雕饰的语言，历来受到许多著名广告人的高度推崇。美国芝加哥广告学派代表人物李奥·贝纳一贯主张真诚、自然、温情，他说："得到注意的艺术要自然，不要使人惊愕，也不要使用欺诈手段。"以他为代表的芝加哥广告学派的信条就是："力求更加坦诚而不武断；力求热情而不感情用事。"奥格威对文案创作定下了一些原则，其中就有"要直截了当"，"向人们提供有用的咨询或服务"，"切忌华而不实"，"避免唱高调"，"通俗、用日常交谈语言写"、"不搞文字游戏"等。以质朴、平易、和蔼、亲切的语言，真诚、自然的情感气氛来感染消费者，这正是所谓"大朴不雕"的境界追求。有了对消费者的消费动机与底蕴的深刻把握，下足工夫，就能将"诚实"的说辞以"润物细无声"的方式送进消费者的心理。不要小看平易通俗，它实际上是反璞归真的高境界。

2. 甜美

一篇好文案不应是空洞、乏味的文字与数字的组合，要在完成文案基本功能上，尽可能给人以美的感受。意境是指一切艺术作品所表现出来的情趣和境界，是客观实体与主观情感彼此结合的产物，借由想象力的推动而产生美感，即是意境。

广告作为一种商业艺术，应追求意境美。"鹤舞白沙，我心飞翔"在远天、青山、平湖、绿野之间，白鹤点水，振翅飞远，人手扮鹤，心随鹤翔，并配之："这一刻，我已经飞了起来！"此番意境美，打动了众多的消费者，让消费者再一次体会到道家淡泊无欲，超然志远的平和宁静境界。文案中的"意"具有某种非确定性——既能让消费者对它的审美价值有所领悟，又不能完全看透，这就证明它的"意"变成了一种半透明结构，因而这篇文案就创造出了一个高层次的艺术境界即意境。

凡是有意境的作品都表明它创造出了一种艺术美。意境并非只有一种，而是存在着多种不同的形态，如秀婉、崇高、阴柔之美、阳刚之美。文案要想以刚健雄浑之势来震撼消费者，就必须选择那些体积巨大、力量巨大的意象，只有这样才能创造出感人的崇高之美。

【案例】 鲁迅为《穷人》一书撰写的广告

俄国陀思妥耶夫斯基作。这是作者的第一部，也是即刻使他成为大师的书简体小说。人生的困苦和悦乐，崇高和卑下，以及留恋和决绝，都从一个少女和老人的通信中写出。

【评析】　作家亲自动笔为图书写广告，是五四新文学开端之时便形成的好传统。鲁迅、叶圣陶、巴金等都深谙此道，屡有佳作。徐调孚先生说："书籍不是一般的商品，书籍广告应该帮助读者了解书的内容，以便选购符合自己需要的书，而套话对读者毫无帮助，说明不了任何问题。"以上这则书籍广告文案文笔玲珑活泼，对事理的观察极为深刻。

这些广告往往能以简略的一两句话，把该作品的特点画龙点睛地概括出来，让人读后留有深刻印象。如今读读前辈文人的广告文字，是颇有教益的。寥寥数字来介绍一本书，是很要用心的。它建立在文案撰写人员对书籍内容的精练把握上，广告文案应学会写广告文字，简练、实事求是，不吹嘘，不讲空话、废话。

（四）灵活多变

广告语言的灵活多变正是语言适应社会发展及人们认知水平不断提高的客观情况的。它表现在文案写作上就是：

1. 打乱了词语间正常的搭配和逻辑习惯

如："女性专属手写智能"，其正常语序应是"专属女性的智能手写功能"，打乱的语序突出了 TCL 手写智能手机专为女性设计的功能，表达同样含义，使用的文字量减少，受众依照已有经验仍然可以理解。

2. 在需要的时候改变词性

如：声情并茂，即时传递（中国联通 Uni），"声情并茂"的词性由形容词变为名词。

3. 夸张

如：不要对刚刚从我们这里出来的姑娘使眼色，她很可能是你的奶奶。（美容院）

4. 使用流行的语言

如：让生活 high 起来、converse 更酷、更炫。

5. 节奏韵律

在自然界、人类社会和人的思维中出现的一种合规律性的反复，就是节奏。广告文案作为语言组合的形式，自然可以创造出感人的节奏美，如，轻缓悠扬、明快急促、张弛有致等节奏。

轻缓悠扬的节奏往往是由于使用了较长句式，调式舒缓，适于表现一种恬静柔美、平和舒展的心绪，如乔治·格里宾为美国旅行者保险公司创作的著名广告文案，文案有效表现出女主人公对丈夫刻骨铭心的爱情与深深的怀念，选用了较长句式，体现出一种舒缓深沉，充溢淡淡哀伤的节奏，这种节奏与主人公心理极为吻合，取得了和谐统一，引起消费者强烈的情感共鸣，获得了好评。

明快急促的节奏则一般由较短的句式构成，多用动词。例如 NIKE 的这篇文案：

【案例】 NIKE 运动系列平面广告文案

标题：我，不要一刻钟的名声

正文：我要一种生活。

我不愿成为摄像镜头中引人注目的焦点，

我要一种事业。

我不想抓住所有我能拥有的，

我想挑选最好的。

我不想出售一个公司，

我想创建一个。

我不想和一个模特儿去约会。

OK，那么我的确想和一个模特儿去约会。

控告我吗？

但是我剩余的目标是长期的。

那是一天天做出决定的结果，

我要保持稳定。

我持续不断地重新解释诺言。

沿着这条路一定会有

瞬间的辉煌。

总之，我就是我。

但这一刻，还有更伟大的，

杰出的记录，厅里的装饰。

我的名字在三明治上。

一个家庭就是一个队。

我将不再遗憾地回顾。

我将始终信奉理想。

我希望被记住，不是被回忆。

并且我希望与众不同。

只要行动起来。

【评析】 文案的语言十分明快，句式简短，在一种张扬的逼人气势中，显现出铿锵有力的急促节奏，带给读者一种激情澎湃的审美感受。

与前两种节奏类型相比，张弛有致是通过语言与情节的设计而完成的。如同精彩的小说一样，张弛结合，缓急交替，与读者的心理节奏保持了高度统一。对立统一的组合会形成最美的和谐。古希腊著名哲学家赫拉克利特曾说："互相排斥的东西结合在一起，不同的音调造成最美的和谐，如弓与六弦琴。"法国作家雨果在创作中对此也有深刻体验："滑稽丑怪作为崇高优美的配角相对照，要算大自然所给予艺术最丰富的源泉……崇高与崇高很难产生对照……甚至对美也是如此。相反，滑稽丑怪却似乎是一段稍息的时间，一种比较的对象，一个出发点，从这里我们带着一种更新鲜、更敏锐的感觉朝着美上升。鲵鱼衬托出水仙，地底下的小神使天使显得更美。"上面两段论述告诉我们，广告文案中相反因素的同时陈列，会使创作主体所强调的东西更加引人注意，并从中体验到一种强烈的形式美感，从而获得更大、更好的广告效果。例如，第三章中"凯兹"童鞋的广告文案显现的就是张弛有致的节奏。

关于韵律，朱自清先生说："韵是一种复沓，可以帮助感情的强调和集中。"例如某洗发乳的广告文案："梳着秀发等你来——你说，乌溜溜的头发，你最爱。我也期盼，每次相聚，都使你觉得秀发美丽依然，情深如昔……"文案中"来"与"爱"押韵，而且进行了换韵，如"然"与"原"，读起来自然和谐，有音乐美感。这种音乐美感还具有强调意义和突出情感的重要功能。

（五）差异

不同媒介广告语言具有明显的差异性，差异性是指针对不同媒介和目标受众，广告文案的语言的使用存在差异。其表现为：报纸广告多用书面语，广播电视多用口语，网络媒介多用网络流行语，户外广告常用口号式语言。下面，我们从同一产品在不同媒介上的文案表现来领会媒介不同带来的文案的写作差异。

【案例】 佳雪青春护理系列杂志广告语言

青春佳雪让肌肤清爽起来。

满面油光，还有几颗起眼的痘痘，平时碍眼，在重要的社交场合，更会让你忐忑不安，严重摧毁你的自信。

佳雪全新推出的青春护理系列针对年轻肌肤经常出现的问题，采用绿茶精华和天然甘草提取物，能收细毛孔，有效控制皮肤油脂分泌，让油光彻底消失！同时还具有抗氧化功能，预防和治疗青春痘呢！

新鲜佳雪新鲜人。

【评析】 佳雪净白洁面乳的杂志广告运用了书面语，句子偏长，信息较为复杂专业，对产品的功能、成分进行了详细说明，真实可信。

语言的差异性还表现在针对不同目标受众，广告语言的应用会相应变化。性别、年龄、喜好、文化背景等因素的不同决定了广告文案语言的使用要因人而异。对什么人说什么话，事实上是在对消费者的心理和文化背景做分析。

第二节 广告文案语言的诉求方式

人的意识有两个层面：情感层面和理性层面。据此，广告文案的诉求方式相应有情感诉求方式、理性诉求方式和情理配合方式三种基本类型。不同的诉求方式对语言的运用提出了不同要求。

一、广告文案的感性诉求方式

感人心者，莫先乎情。情感诉求广告文案就是诉之于受众的感性认知，以情感表露与阐释为基础，以情感的价值意义或情感的内在需求为诱导，通过表现与企业、产品、服务相关的情绪与情感因素，使受众内心的情感积淀得以唤醒，使其情绪产生应答与共鸣，最终争取受众产生心理上的某种满足和认同，以情绪的支配而付诸行动的广告文案。①

随着社会经济的发展，人们在物质生活水平不断提高的同时，对精神生活的需求也越来越强烈，情感诉求式广告恰是对人们精神生活的丰富和补充。另一方面，随着产品的同质化程度愈来愈高，产品的性能、质量和服务差异化程度变得愈来愈不明显，难以形成比较优势。因而品牌的情感诉求势必成为竞争的焦点而受到高度重视。产品（或服务）若想打开消费者的心扉，就必须提出自己的价值主张，让消费者在其中找到满足自己情感需求的归宿。感性诉求的广告文案较多运用于日常生活消费品，如，化妆品、日用品、食品、服装、家具及陈列装饰品或时尚性中小商品广告中。因为此类产品与

---

① 王国全，《新广告文案学：创意 · 写作 · 表现》，中山大学出版社，2004 年 10 月版，第 150 页。

消费者的日常生活息息相关，较有可能使之心动。

（一）感性诉求方式的特点

感性诉求方式是通过表现与企业、产品或服务相关的情绪、情感因素来传达信息，以此对目标受众的情绪、情感带来冲击，唤起目标受众的情感认同，进而产生购买产品或接受服务的欲望和行动。

感性诉求特点主要有三点：

(1)诉求目标直逼消费者的内心世界。

(2)富有人情味。

(3)渲染气氛。

（二）感性诉求的形式

"大若有情天亦老"，情感是人类永恒的话题，也是维系人与人之间关系的基础，用真实的情感去写，能够感动自己的文字，也能感动别人。感性诉求广告文案的选材内容主要包括：

1. 亲情

亲情的力量是最容易引起更多人共鸣的。

美国贝尔公司的一则广告，至今令人记忆犹新：一天傍晚，一对老夫妇正在进餐，这时电话铃声响起，老太太去另一间房接电话，回到餐桌后，老先生问她："是谁来的电话？"老太太回答："是女儿打来的。"老先生又问："有什么事吗？"老太太说："没有。"老先生惊讶地问："没事？几十里地打来电话？"老太太呜咽道："她说她爱我们！"两位老人相对无言，激动不已……这时，旁白道出："用电话传递你的爱吧！"此时，观众的心不禁要被这则广告流露的委婉、清澈的两代深情所触动。再看"孔府家酒"的电视广告文案："千万里，千万里我一定要回到我的家。我的家，永生永世不能忘记。孔府家酒，叫人想家"，这份呼唤叫漂泊在外的游子不由地感叹！

【案例】　贺轩(Hallmark)万用贺卡广告

老祖母打算卖掉曾经在这里抚养后代长大成人的小楼，搬到一套公寓去住。轰响的卡车开进了小院，老祖母即将与这伴随她度过大半生的小楼告别了。正在这时，她的孙子在灰蒙蒙的阁楼上发现了亲友寄给老祖母的一大叠贺轩卡。祖孙俩一张又一张地翻阅着这些卡片，勾起了老祖母同儿孙们一起度过美好时光的回忆，全然不顾楼下汽车一声声的催促。

画外音："问候使您一生中最美好的时光永驻长青。当您真正关心、怀念一个人时，请寄上一张最好的问候卡——贺轩万用贺卡！"

2. 友情

诉诸友情，传达产品或服务是友情的催化剂，是沟通和强化友情的媒介等信息。希望消费者在传达友情的场合，使用和购买该产品，如“麦斯威尔咖啡，好东西和好朋友分享”。很多酒类的创意就是传达友情的方式，如贵州青酒的“喝杯青酒，交个朋友”，将品牌定位于男人间的朋友情义，朋友一生一起走，“好兄弟，讲情意”，“千金易得，知己难求”，可以想象，当朋友久别重逢或相约聚会之际，“喝杯青酒”便已表达了当时心中所有的激动与情感。

【案例】 喜力啤酒

(a)

(b)

(c)

图 5－4 喜力啤酒广告

标题(图 a)：有些人你只和他一杯到底，有些人却是一辈子到底
标题(图 b)：够交情，就不用表面文章
标题(图 c)：对位才能对味

3. 爱情

在人类的情感世界中，爱情无疑是最强烈的一种情感。有人说：“爱情是瞬间一闪的亮光。”尽管这句话形容爱情似乎太过短暂，但它暗示了爱情在一瞬间的强大力量。

“百年润发”能打动众多消费者，不仅因为洗发水的品质，更多的是忠贞的爱情和圆满的结局，男主角温柔地为女主角洗那头柔美秀发。文案这样阐述，“如果说人生的离合是一场戏，那么，百年的缘分则是早有安排”，此中真味，又有多少痴情男女感同身受，恍若其间。本来没有任何生命力的洗发水由此平添了闪亮的灵魂，并为“百年润发”品牌带来生命力。

作为冰淇淋中的极品，哈根达斯的消费人群主要是恋爱中的年轻人。他们正处在恋爱中，许多事情讲情调、讲浪漫，事事追求完美，对未来的生活方式处于憧憬期。哈根达斯广告抓住了恋爱中的女人希望男友把自己捧在手心里，处处表现对她的忠贞心理特点，打出“爱我就给我哈根达斯”的口号，提倡“尽情尽享，尽善尽美”的生活方式，鼓励人们追求品质的生活享受。在提供冰淇淋的同时，十分注重营造一种氛围，使品尝哈根达斯成为一种难忘的爱的体验，这也就是哈根达斯广告中所宣扬的“哈根达斯一刻”。

英国宝诚人寿企业形象广告“诚心诚意，从听开始”篇中，一对恩爱的夫妻执手走过7年风雨，有一晚临睡前，妻子问丈夫：“我们会不会一起死去，就像我们在同一时间结婚?”看着妻子迷蒙的目光，丈夫搂紧了妻子，含着笑深情地说：“你要先去天堂好好等着我，这样，你就不会看到死去的我了……”妻子闻言，搂紧丈夫，哭了！这段绝不亚于经典爱情影片的感人对白，仿佛字字皆流淌着浓浓的爱意，舒缓地浸润着消费者的心坎，原因无他，只因为那忠贞的爱情和浪漫的结局。本无生命力的人寿产品也由此生出鲜活的灵魂，从而为“保诚人寿”注入了很强的品牌生命力。

赋予品牌某种情感已经成为广告行业人所共知的常识，广告策划人员总是试图用情感来影响消费者的购买决策。然而，纯粹诉诸情感的广告作品失败率极高，约占95%，原因在于每个企业都在打情感牌，产生的效果很快就抵消了，只有富有创意的情感性广告才能打动人心。

4. 爱国情

一件商品一旦融入国家和民族的情感往往会上升为一种国家精神，甚至它就代表或等同于国家。国内曾经有一家品牌就打出过“长城永不倒，国货当自强”的广告语。在当今国外强势品牌携资金、管理、规模等优势长驱直入我国的形势下，这份壮志并未过时，而且有愈加紧迫之感，成为民族品牌做大、做强、雄踞世界市场的“警世钟”。国内的一家碳酸饮料品牌“非常可乐”前些年也曾走过这条路，广告标语“非常可乐，中国人自己的可乐!”就极富煽动性，先不去评价这则广告的优劣和产品的口味，至少，在当年该品牌刚推出时，很多人就是冲着那句广告语而去购买“非常可乐”的。近年推出的金六福酒，也打出这样的广告语“中国人的福酒，金六福!”

国外广告更不乏此类题材。美国的“雪佛莱”就是一例：

进入20世纪90年代，由于受到其他各国的挑战，美国作为一个经济、军事大国的地位受到很大的威胁。这种外压在国内反弹，使美国人越来越关注本国事物。雪佛莱汽车抓住机会，突出一个与汽车性能完全无关却与这种思潮一致的情感广告系列，该广告系列的主题便是爱国主义。雪佛莱除了提供性能产品外，还提供了独特的象征性附加值——雪佛莱代表美国。在一系列的电视、电台广告中，雪佛莱反复强调："雪佛莱就是美国，美国就是雪佛莱。"在它一个获得CLIO大奖的电视广告中，整整一分钟的时间不停地向观众展示美国的国旗，并以慢镜头描绘美国人民工作、生活的各种感人的场面，不时地插进雪佛莱汽车的图像，从加理福尼亚到纽约，全美30处景致在广告中清晰可辨。雪佛莱汽车广告这种与爱国主义结合的手法迎合了顾客极想重温过去的辉煌历史的心理。雪佛莱汽车广告不提及任何汽车性能，而是用一句简单醒目的标语"美国，美国——雪佛莱"反复强调伟大的美国，强大的美国，勤劳、智慧和勇敢的美国人民。这些情感上的呼吁使很大一批雪佛莱汽车的购买者既买到了一辆汽车，又满足了爱国主义的心愿：为美国而骄傲，为自己是美国人而自豪。

此外，有些广告，通过打动消费者的恻隐之心而实现攻心。如德国纳肯海姆葡萄园酒店印了这样一则广告：

在我们缴纳过酒类零售许可税、酒税、娱乐税、增值税、所得税、财产税、基本财产税、营业资本税、营业收益税、工资所得税、工资总额税、教堂税、养犬税和资产收益税后，支付医疗储蓄金、管理机构管理费、残疾人保险金、职员保险金、失业保险金、人身保险金、火灾保险金、事故保险金和赔偿保险金后，并在扣除水电费、煤气费、暖气费、外加音乐演出和作品复制权协会会费等等之后，本月我们只剩下这点广告费。因此，我们恳请您经常光顾以扶持本店。

情感诉求广告绝不是赤裸裸地表达情感，而是寓情于境，运用文学艺术手段塑造生动的形象，创造高妙的意境，使其具有强大的心理冲击力。情感诉求方式虽说不是万能的，但广告中融入与产品相和谐、真实的情感的确能够为产品被广大的消费者认同和接受创造更多的可能性。人类的情感是微妙的东西，一曲愁肠抑或满怀豪情，要使他人身同你感，往往要求对方曾经亲历，或者内心也有与之相似的愿望和向往，这样双方才能在情感的交流中产生共鸣。因此，了解当前消费者心里最关心什么，什么容易触动消费者的心弦，结合新闻、事件、引人瞩目的社会动态等"佐料"来为消费者"煲"一锅"情感好汤"，相信"上帝"是会笑纳的。

二、广告文案的理性诉求方式

理性诉求广告文案是诉诸受众的理性认知的文案，它真实、准确地传达企业、产品、服务的信息，说服受众在理智分析、判断后作出接受企业、产品或服务的决定。理性诉求广告的题材内容较多是高档消费品和服务，如房产、汽车、贵重家电、高新技术产品等，选择此类商品或服务时，受众需要经过仔细了解、比较和思考之后，才能作出理性判断，采取行动。它的基本写作特点是论据充分、说理明晰，有很强的逻辑性和理性力量。

（一）理性诉求方式的特点

理性诉求方式指的是广告诉求作用于目标受众的认知领域，通过科学、公正、严肃的手段与方法传播企业形象、产品特征与服务特点，引导消费者经过概念、判断、推理、演绎、归纳等理性思维活动，冷静、理智地做出购买或使用决定。

理性诉求方式的特点有说理科学、事实清楚、论证充分、具有较强的逻辑性和说服力。具体可体现在：

1. 论据充分、说理明晰

奥格威说："以事实所做的广告比过度虚张声势的广告更能助长销售。你告诉消费者的越多，你就销售得越多。"理性诉求广告文案提供的信息应该是具体、详细的事实。一般都有大量信息，可以对诉求重点进行深入解释或为诉求重点提供充足的佐证，包括具体数据，验证结果等，这样可以使消费者较为全面地了解企业、产品或服务，有充足的分析判断依据，也能提高广告的可信度和说服力。

理性诉求广告文案主要以企业、产品和服务具有的内在功能性信息为内容，如：企业的经营范围、经营理念；产品的性能、功效、适用范围；服务项目、质量等。企业、商品和服务内在的功能性信息直接关系到消费者的利益能否得到保障，是消费者衡量利弊时不能不考虑的因素，也是消费者进行理性分析必须依赖的材料。许多广告标题就能体现产品的内在功能，如奥格威为劳斯莱斯所做的广告，在这则有 719 个英文字的广告文案中，奥格威从 19 个方面，用尽可能详细而实在的语言对广告产品的各类信息进行了揭示，精确而生动地描述了产品众多优异的细节，给受众以更多的信息，如，他不说"完美的静音装置"，而是说"在时速 60 英里时，最大闹声是来自电子钟。引擎出奇的宁静。三个消音装置把声音的频率从听觉中拔掉"；不说"华贵舒适的真皮座套"，而是说"座位垫面是由 8 张英国牛皮所制——足够制作 128 双软皮鞋"，这种具体翔实的说法，客观理性地告诉读者"劳斯莱斯是世界上最好的车子"。

2. 语言平实，逻辑性强

理性诉求广告文案重在摆事实，讲道理。事实清楚、道理明确对于理性诉求广告文案来说是最重要的。因此，理性诉求广告文案在文字表达上极少运用修辞或煽情手段，而是以平实、朴素、客观、简洁的语言文字描述事实。平实的语言恰恰可以削弱广告给人的推销、夸耀之感，增加广告的可信度。奥格威是这种风格的忠实实践者，曾经提出：不要用最高级形容词、一般化字眼和陈词滥调。要有所指，要实事求是，要热忱、友善，使人难以忘怀，别惹人厌烦。

【案例】 英特尔奔腾处理器

标题：得"芯"应手

正文：一部高效率的超级个人电脑，必须具备一片高性能的快速处理器，才能得"芯"应手地将各种软件功能全面发挥出来。Intel 现率先为您展示这项科技成就，隆重推出跨时代的奔腾处理器。它的运算速度是旧型处理器的 8 倍，能全面缩减等候时间，大大增加您的工作效率。

除此之外，它能与市面上各种电脑软件全面兼容，从最简单的文字处理器到复杂的 CD－ROM 多媒体技术应用，它均可将这些软件的工作效率发挥得淋漓尽致，而它的售价却物超所值。若想弹指之间完成工作，您的选择必然是奔腾处理器。

英特尔奔腾处理器，给电脑一颗奔腾的"芯"！

【评析】 英特尔是以生产芯片立足于市场的。"给电脑一颗奔腾的'芯'"利用"心"与"芯"之间的借代关系，说明了芯片对于电脑的重要性不亚于心脏对于人体的重要性。文案逻辑性强，首先提出论点，即 Intel 奔腾处理器具有高性能的快速处理特点，能让消费者在弹指之间完成工作。然后提出两点论据：第一，Intel 奔腾处理器的运算速度是旧型处理器的 8 倍，能全面缩短等候时间；第二，它的兼容性能使各种软件工作效率发挥得淋漓尽致。通过论证的严密而具有不可辩驳的力量，从而使读者信服，产生购买欲望。从布局上来看，正文中有三分之一篇幅介绍产品的重要性，其后才是对产品的整体介绍。因为电子商务的安全问题在目前对很多企业来说还很陌生。企业要卖出自己的产品，就必须提供背景资料给客户一个购买的理由。用语的逻辑性，事实上符合受众的思维习惯，即首先了解某一类产品的必要性，然后再在各种品牌当中进行挑选。文案第一句说高效的个人电脑必须具备高性能快速处理器，第二段的开头就立刻跟进，说明 Intel 就拥有这样完整有严整的安全体系。对产品的推销可以说是水到渠成，既开拓了市场又强调了自己的竞争优势。

英特尔公司发布的这则广告告诉我们，理性诉求式文案一般不用那些表现审美意象的形象性较强的词汇，而是选择那些非具象性的概念或范畴，如“高效率”、“多媒体技术”、“高性能”等。它们不是指称某种具体事物或现象，而是表述那些被抽象了形象的事物的共性和关系。虽然这使它们缺乏情绪感染力，但却能将广告产品的性质和独特功能有力地揭示出来。

（二）理性诉求方式的方法

1. 阐述事实

当广告的诉求重点在于传达产品的特性、功能或消费者的购买利益时，阐述最重要的事实并做出明确的利益承诺是常用的理性诉求方法。

针对不同的产品及目标受众的特征，在具体的广告中阐述事实可以采用直接陈述、数据佐证、图表示意及形象类比等多种手法增强事实的可信度和说服力。

【案例】　惠普 Vectra VL2 微机报纸广告文案

标题：惠普 Vectra VL2 微机

质高价低　位居前列

正文：现在，惠普 Vectra VL2 位居最高处。因为不止在它的功能、价格以及其三年保修这些方面，事实上它在每一项上都获得了 A + 的分数。

当您打开箱子取出惠普 Vectra VL2 时，它几乎马上可运转起来，所有内部零件包括处理器均可在短时间内升级。

近年来惠普更是屡获嘉奖，今年的销量亦成倍增长，不仅荣获了 PC Magazine“marvellously powerful system”，还被 IDC 评为全球销量增长第一的个人微机公司。

远不止于此，所有惠普微机均具有惠普极富声誉的品质、可靠性和技术支持，正是这些为我们从用户那里赢得了诸多嘉许。

还值得一提的是其低廉价格。质高价低原因何在？现在就去惠普代理商处寻求答案吧！

2. 解释说明

在传达产品特性时，广告还可以对产品如何具备某种特性做详尽的说明，对产品的功能和效果进行直观的演示，从而加深诉求对象对产品的了解。在具体的广告中可采用解释成因、提出问题、解答疑问、直观示范等方法对产品加以解释说明。

3. 进行比较

把本产品或服务与竞争产品作比较，是理性诉求常用的方法。通过比较可以凸显本产品的优势，或者降低比较品牌的偏好等级。

有研究发现，比较广告占美国播放广告的20%以上。在我国，比较广告也呈现上升趋势。

4. 观念说服

当广告旨在向消费者传达消费观念、产品选择观念、企业的理念时，往往采用理性的观念说服。常见的观念说服有两种：正面立论和批驳过时、错误的观念。

(1)正面立论。即通过提倡某种与产品或企业密切相关的新观念，引导消费者认同，进而劝服其采取行动。

【案例】 万科地产广告(图5-5)

万科房地产的一则广告：“不要把鸡蛋放在同一只篮子里”就是通过倡导一种新的投资理财观念，引导消费者购买其地产。

图5-5 万科地产广告

（2）批驳过时、错误的观念。为使消费者更加心悦诚服地接受广告所传达的观念，首先对现有的陈旧或错误观念加以批驳，以衬托或佐证广告所要传达观念的正确性。

【案例】　白兰氏鸡精杂志广告文案

标题：再怎样工作也死不了人？

副标题：不要心存侥幸，拼命工作，真的会拼掉你的命

正文：

据日本统计，死于心脏病者，超过20%是过劳死，而且多半是年轻力壮的上班族。

每天喝白兰氏鸡精，可促进新陈代谢16%，还能松弛压力，跟健康打好关系。

不想在成功前倒下？记得每天存一点健康

白兰氏鸡精

三、广告文案的情理配合诉求方式

情理配合诉求方式是将感性和理性两种诉求方式进行有机地配合表现信息的广告文案写作。既采用理性诉求的方式传达客观的信息，又使用感性诉求的方式引发受众的情感共鸣，将两者的优势结合起来，最大限度地加强广告信息的趣味性和说服力。这类写作的目的，是为了排除感性方式在说理性和实证性上的不足和理性方式在情感性和附加价值体现上的不足而产生的。这种写作能够避开两种方式在单一状态中的不足，而将两者的优势结合起来，最大限度地加强广告信息的趣味性和说服力。具有诉求内容全面、情理并重、亦庄亦谐的写作特点。

【案例】　飞利浦电器平面广告文案

标题：既温暖又安全，除了妈妈的呵护还有飞利浦电暖炉。

广告语：让我们做得更好。

正文：与家人一起，纵是凛凛寒冬，也备感温馨，再有飞利浦充油式电暖炉及暖风机，均符合国家安全标准的电源线，安全可靠，兼有两年免费保修服务，质量备受信赖，让您和家人在安全舒适的环境中渡过寒冬。

【案例】 长城葡萄酒平面广告文案

标题：三毫米的旅程，一颗好葡萄要走十年

正文：三毫米，

瓶壁外面到里面的距离。

不是每颗葡萄，

都有资格踏上这三毫米的旅程。

它必是葡园中的贵族；

占据区区几平方公里的沙砾土地；

坡地的方位像为它精心计量过，

刚好能迎上远道而来的季风。

它小时候，没遇到一场霜冻和冷雨；

旺盛的青春期，碰上十几年最好的太阳；

临近成熟，没有雨水冲淡它酝酿已久的糖分；

甚至山雀也从未打它的主意。

摘了35年葡萄的老工人，

耐心地等到糖分和酸度完全平衡的一刻，

才把它摘下；

酒庄里最德高望重的酿酒师，

每个环节都要亲手控制，小心翼翼。

而现在，一切光环都被隔绝在外。

黑暗、潮湿的地窖里，

葡萄要完成最后三毫米的推进。

天堂并非遥不可及，

再走十年而已。

广告语：地道好酒，天赋灵犀

【评析】 对于具体的产品和企业来说，有时候是既想刺激受众的情感获得认同，又想把信息尽可能多地透露出来，通过对人的意识层面中情感与理性的共同作用，达到特定的广告传播目的。

这则文案语言优美流畅，风格清新自然，将长城葡萄酒优良的品质娓娓道来，运用诗般语言，传达了丰富的信息。

第三节 文案语言的修辞方法

所谓修辞，指的是运用各种表现方式，达到使语言表达鲜明、生动、准确的目的。修辞手法，从根本上说属于一种艺术的手法，它适合于表现诉诸感官的形象思维的内容，以产生一种艺术美感，使人获得一种艺术享受。正如陈建业在《修辞学》中指出的："质方之，即研究增美语言字之方法，故又名美辞学。"创作广告文案时运用修辞手法，也正是要通过这种艺术美感来打动受众的心灵，感染受众的情绪，激发受众的激情，最终达到促成商品销售的目的。

广告文案中常用的修辞手法包括：

一、比喻

走进了机舱好像到了印度王宫。（印度航空公司）

本店出售的酸奶有如初恋的滋味。（酸奶）

比喻古人称之为"比"。它把深奥的道理说得浅显易懂，将抽象的事物进行形象的表现，把陌生的概念变成熟悉的事物，将平淡表现为生动。比喻修辞手法在广告文案中的运用，是用与广告内容有类似特点的事物与广告内容进行类比，形象地突出产品的特点。比喻，必须具备两个条件：第一，本体和喻体必须是两种性质完全不同的事物；第二，本体和喻体之间必须在某一点上具有相似点。比喻分为明喻、暗喻和借喻三种类型。明喻是本体与喻体同时出现，如：皮肤就像剥了皮的煮鸡蛋。暗喻，也叫做"隐喻"，是比明喻更进一层的比喻，把本体直接说成喻体，三要素都出现，喻词常用"是"、"成为"、"变成"、"乃"、"为"等。它的典型公式是"甲是乙"。例如："酸奶有如初恋的滋味"，酸奶和初恋本质是两种性质完全不同的事物，但两者却有一个共同点：尝过之后都能让人回味无穷的感觉。

【案例】 奥迪 A6 平面广告文案

标题：突破科技，启迪未来

正文：每只鹦鹉螺，无论来自哪一个海滩，其螺旋弯曲的精度都必定丝毫不差。这种不可思议的精确生长模式，被数学家称为完美的对数螺旋。

奥迪 A6 的精密控制体系，也同样利用尖端数字控制技术，自车型开发，就将奥迪 A6 纳入一套极其严谨、精确的程度之中……

【评析】 整篇文案运用了比喻的方法，用鹦鹉螺精确的螺旋弯度来比喻奥迪 A6 的精密控制体系，画面则是一只漂亮的鹦鹉螺，形象的插图与广告内容相吻合，增强了受众对广告信息的认知力。

本公司招聘女秘书，要求长相像妙龄少女，思考像成年男子，处事像成熟女士，工作起来像一头驴子！（见图 5－6 所示）

图 5－6 招聘广告

品“竹叶青”，观其色，赏其形，汤色嫩绿清明，如皓月中天，空明澄碧；茶形饱满挺直，翩若竹影，未尝其味，心已怡然……（见图 5－7 所示）

图 5－7 竹叶青酒广告

二、比拟

冷暖有知己，空调奥克斯(奥克斯空调)

你只需按一下快门，其余的事包在我身上(柯达照相机)

漂亮的腿，法国式的长相，淡淡的忧郁，能与你共进晚餐(一种家具)

比拟指的是根据想象，把人当作物来写，或把物当作人来写的一种修辞手法。广告所推介的商品往往是没有生命的、静止的事物。要想吸引消费者去购买它们，最好的办法就是让商品诱惑消费者，使消费者能够喜欢上它们。广告文案中运用比拟的修辞手法，可以使理性诉求更加清晰明确，增强说服力；使感性诉求更具生动、亲切、有趣的特点，容易对观众产生诱惑力。比拟有两种类型：将物比成人，将人比成物。把物当人来写，赋予物以人的动作、行为、思维、情感等，称之为“拟人”；将人比作物，并使之物性化，即为“拟物”。

【案例】　山东肥城桃广告文案

图5-8　山东肥城桃广告

我叫肥城桃，这次来香港，还是生平第一次(图5-8)。

所以也难怪各位看见我就直叫“啊呀”了(谁叫我生得那么大得惊人呢)！在俺家乡山东，我可是早与莱阳梨、香蕉苹果齐名了……

我之所以迟迟不出“闺门”一步，并不是因为见不得人——丑怪，恰恰相反，我生得一点不丑，不是说大话，可比莱阳梨好看得多哩。就是比香甜吧，我也不比它们两位差……只有一样我们始终没法跟它们相比，那就是我的身子(皮)单薄，而且越到好吃的时候，皮越加薄，汁更多，谁只要把指儿一挑，我就完蛋……汁就留个涓滴不剩。

三、对偶

针头线脑小商品轻视不得，布匹鞋帽大路货一应俱全(百货店)

天下文章可圈可点，新华文摘可读可藏(新华文摘有奖征答宣传广告)

为公忙，为私忙，忙里抽闲，且喝二两酒去；劳心苦，劳力苦，苦中有乐，再炒一盘菜来(湖南邵阳一小食店)

对偶，又称为对仗，指的是把数字相等或相近、结构相同或相似的两个句子或词组对称地排列在一起，表现相对或相关意思的一种修辞方法。对偶形式工整，音韵工整，节奏鲜明，最能体现汉语言的特点。广告中运用对偶的修辞手法，往往可以用精练而深刻的语言来提示商品的特性。对偶又分为严对和宽对。严对指我国古代的对联讲究平对仄，红对绿，动词对动词，名词对名词，并且选词不能雷同，语意还要有所相关。宽对只要求字数相等、结构相同、意义相关，而不要求词性相同、平仄相对。广告中常使用的是宽对。对偶又有正对、反对、串对三种方式。正对，指对偶的两句子意思相近或相同。如：使头发根根柔软，令肌肤寸寸滑嫩（白丽香皂）。反对，是指对偶的两句子含义相反，相对立。如：古有千里马，今有日产车（日产车）。串对，只指两句子之间呈现主次或递进的关系。如：召唤东方男性阳刚之气，尽显中国男士不凡气派（杉杉西服）。由于对仗使上下联字数完全相等、词性相同，故显得整齐易记，同时，创造了一种令人愉悦的音乐美。

【案例】

头屑去无踪，秀发更出众（洗发水）
钻石恒久远，一颗永流传（钻石）
好空调，格力造（格力空调）
各有各的味，天生是一对（饮料）
猛虎一杯山中醉，蛟龙两盏海底眠（某酒广告）
见证历史 把握未来（欧米茄手表广告）

【评析】 对偶看起来整齐美观，读起来琅琅上口，是我国一种传统的表达方式，最具有民族性。它要求在声调、词性、词义、句形等方面的巧妙组合。对偶句可以使广告文案连贯一致、句式流畅、音韵和谐，看起来醒目，读起来顺口，听起来悦耳，符合我国受众讲整齐对称，求抑扬顿挫的阅读心态，便于记忆和传播，也可以使得广告画面构图均衡优美。

四、排比

请司机注意您的方向盘？——本城一无医生，二无医院，三无药品（国外交通广告）

排比是用三个或三个以上的结构相同或相似、字数大体相等的一组词语、句子或段落，来表达相似、相关意思的修辞方式。它能以情感人、以气慑人、以势推人，使受众能在不知不觉之间被感染、被震撼。

广告文案中运用排比修辞句式整齐，语气连贯，气势恢弘，一方面能够全面而又流畅地描述广告所宣传商品的多种性能和特点，另一方面又能以其磅礴的语势、强烈的情感对消费者造成巨大的视觉和听觉的冲击。

【案例】　希望工程广告

作品名称：支持希望工程，让全社会都来关注

广告文案：今天你喝了没有？——某一儿童饮料广告

今天你吃过了吗？——某一儿童保健品广告

今天你看了吗？——某一动画片宣传广告

今天你玩够了吗？——某一儿童游乐场广告

今天你上学了吗？——失学儿童也需要你的关心

【案例】　某公益广告

天天呼吸，空气不可污染；日日饮用，水源不可污染；餐餐进食，蔬菜不可污染！

【评析】　三个结构相同、语气一致、意义相关的句子排列起来，表示语义的强调和感情的加深，表达了消除污染的迫切态度。

五、夸张

一夫当关，万夫莫开。（锁厂）

夸张是运用语言有意地对对象或事物作言过其实的表现，借以强调和突出事物本质特征的修辞手段，有扩大夸张和缩小夸张两种形式。运用夸张手法，对夸张的度要有严格的分寸。

【案例】

不要对刚刚从我们这里出来的姑娘使眼色，她很可能是你的奶奶（美容院）

非洲到南极一步之遥（格力空调）

今年二十，明年十八（白丽美容香皂）

【评析】　夸张手法的运用，鲜明地突出某事物的某一特征，丰富了想象。

六、双关

聪明的妈妈会用锌

骑乐无穷，乐在骑中(自行车)

把眼珠转动数次，可使药水布满全球(美国眼药水)

双关指在特定的语言环境中，借助语音或语义的联系，使语句同时关涉两种事物，一种是表面的，一种是暗含的，这种言在此而意在彼的修辞方式就是双关。在文案写作中，主要的双关运用是谐音双关、语义双关、对象双关。谐音双关是利用词语的谐音(音同或音近)所构成的双关，语义双关是利用词语的多义构成的，而对象双关是指一句话(或几句话)涉及两个对象的双关。双关的运用可以使文案含蓄、幽默、风趣、委婉、形象、生动。

让每个家庭拥有平安(中国平安保险)

开开衬衫，领袖风采(衬衫)

一切尽在掌握(爱立信手机)

人类失去联想，世界将会怎样(联想电脑)

虽然毫末技艺 却是顶上工夫(理发店)

有喜事，当然非常可乐！(饮料)

双关修辞在广告文案中能够含而不露地收到一箭双雕的效果，一方面幽默、生动，饶有风趣，另一方面含蓄、曲折，令人回味无穷，让广告受众特别在“悟”出双关之意时产生心理愉悦，从而对广告文案传递的信息心存好感，留下深刻的记忆。

【案例】 福特汽车广告

广告标题：这一位，台湾两千多万人都想抢

作品名称：福特汽车——车位篇

广告代理：智威汤逊

《第23届中国台湾地区广告金像奖获奖作品集》

七、顶真

自然之美，美得自然(张家界旅游)

大石化小，小石化了(四川济生制药厂胆舒胶囊)

顶真指将前句中的最末一词或短语作为后一句开头。顶真使语句结构严密，气势通畅而又条理清晰、层次分明，给人以明快、流畅和格调清新之感。

它是出于创造一种快节奏的需要而运用的，前后的重复还可以加强记忆。

【案例】

人生得意须饮酒，饮酒请用绍兴酒。（浙江绍兴酒厂）

购物是享受，享受到燕莎（北京燕莎）在云南高原上有一个明镜般的滇池；滇池边上有一座郁郁葱葱的睡美人山；睡美人山下有一座美丽的城市——昆明；昆明四季如春，鲜花终年盛开，被人们称作春城。（旅游）

【评析】 顶真使语句结构严密，气势通畅而又条理清晰、层次分明，给人以明快、流畅和格调清新之感。其公式是 A—B，B—C，C—D。

八、反复

坐在豪华的座椅，座椅，座椅，座椅，座椅，座椅，座椅上。（尼桑 7 个座位小客车）

反复指为了强调某个意思、突出某种情感而有意识地重复使用某些词语或句子的修辞手法。在广告文案中恰当地使用反复，可以突出企业的名称、商品的品牌和功能特点、承诺等内容，在消费者心目中留下强烈、鲜明而又持久的印象。

反复有连续反复、间隔反复两种表现形式。它可以造就气势、表现感情，使文案形成一种回肠荡气的感觉。连续反复，是指某些句子或词语连续出现的反复。间隔反复，是指让某些句子或词语、段落间隔重复的反复形式。

【案例】

容声，容声，质量的保证。（容声冰箱）

燕舞，燕舞，一片歌来一片情。（燕舞收录机）

现在，是追逐将来的现在，复制过去的现在，留住现在的现在。早报副刊，现在是现在。（新加坡报业控股广告）

【评析】 有意地重复品牌名称，一方面形成一种蓬勃气势，一方面，将品牌深深植入人心。

【案例】 Clup Med 度假村的广告

标题：在 Clup Med，到处都是松绑的七情六欲

正文：

松绑的心情(快乐的遭遇简直应接不暇，大脑无法负荷)

松绑的表情(笑的时候，后凹齿清晰可见，照片里经常出现疯狂的特写)

松绑的食欲(面对龙虾大宴、法国大餐、意大利菜、日本美食能不动口，除非想让口水流干)

松绑的运动细胞(旱鸭子变成游泳大队大队长、沙发马铃薯变成运动场赶场明星)

松绑的睡眠，松绑的梦，松绑的每分每秒……

人生难得松绑一回，现在就打电话到各大旅行社或 Clup Med 度假村洽询详情

广告口号：Clup Med，一种新的度假哲学

九、对比

我们所售的钢琴和我们的竞争者卖的一样差，但是我们的更便宜(与对手竞差)

又称对照，是指把不同的事物、或事物不同的方面放在一起作比照，以使需要说明的对象和含义更加突出。《中华人民共和国广告法》第 12 条规定："广告不得贬低其他生产经营者和商品服务。"这种修辞的运用稍有不慎，就有贬低别人、抬高自己的嫌疑。因此，如果一定要使用"两体对比"，应采用"虚比"，而最好不采用实比，如：

皮张之厚无以复加，利润之薄无以复减(上海鹤鸣皮鞋)

货比众家，方知"三羊"最佳(三羊皮装)

【案例】 意识形态广告公司为中兴百货做的文案

标题：服装就是一种高明的政治，政治就是一种高明的服装

正文：

衣服是性别。衣服是空间。衣服是阶层。衣服是权力。衣服是表演。衣服是手段。衣服是展现。衣服是揭露。衣服是阅读被阅读。衣服是说服。衣服是要脱掉。衣服就是一种高明的政治，政治就是一种高明的服装。

【案例】 广告标题："不一样的父亲 同样快乐的父亲节"

广告正文：习惯在睡前阅读的父亲，酷爱手工甜点的老爸，持家每年都要出国的爹地，开始戒烟的老豆，喜欢在星期天逛中兴百货的爸爸，

不一样的父亲　同样快乐的父亲节。

【案例】　意识形态广告公司为中国时报做的广告文案

标题：资讯，聪明，优势，中国时报
知识使你更有魅力

正文：你倾斜45度角看报的姿态有形而上学的气息
从北爱和平协议，到基因复制，到圣婴现象
你关注世界的程度令人嫉妒
在超文本的网络社会，你是欲望的解放者
在混乱的现实中，你的语言带着拘谨的魅力
看你阅读时的专注让人恨不得变成文字
你觉得思考就是一种性感
而学习才是你永远青春的秘密。我爱你
聪明人用知性保持致命的吸引力

十、引用

何以解忧，惟有杜康（杜康酒）

在写作时引用成语、典故、谚语、诗词等来说明问题，形成新的意境，可使文案更生动，更有说服力。古典诗词要在短小的篇幅内表现丰富的内容，其语言必须凝练生动、含蓄隽永，极富形象性和表现力。古典诗词中的许多佳作名句之所以能够流传千古，其相当大一个原因得力于语言的表现力。同样，广告文案也要求在极短的时间或篇幅内，用精练的语言表达丰富的内容。因而，借用古典诗词的语言形式来撰写广告文案，不失为一种好方式。

每逢佳节倍思亲（中秋月饼）
举杯邀明月，对影成三人（酒）
会当凌绝顶（电脑显示器）
海内存知己，天涯若比邻（电信）
一“石”激起千层浪（钻石）
此音（曲）只应天上有，人间哪得几回闻（宝石花牌收录机）

成语，是长期以来形成的意义完整、结构定型的固定短语。它言简意赅、内涵丰富，字字珠玑、语意精辟，具有极其深刻的表现力。成语的活用，指的是为了达到某种特定的修辞效果，不按常规用法来使用成语，这是目前在广告的创意活动当中出现的一种现象。

在广告文案中活用成语，是在市场经济商品大潮中出现的一种语言现象，它是适应商品推销之急需而出现的。广告语言属于语言的一种，它具有语言的一般属性；但它作为语言中的特殊一类，又必然具备其他语言形式所没有的独特性。广告语言是为广告服务的，它必须从属于广告的属性，而广告的最大属性，就是商业性。在商品社会当中，广告是一种“说服的艺术”，它的最终目的是要吸引消费者的注意，诱惑他们来购买商品，使广告主获得赢利，而这一目的很大程度上是通过广告文案中的语言文字这种艺术形式得到实现的。优美的广告语言可以增强广告的可观性、欣赏性、趣味和幽默性，使消费者不但被说服，并进而采取一定的消费行为。因此，只要是能够准确而有效地传达商品或服务信息，同时让消费者记住商品品牌名称及其特性，并最终促成购买的广告语言，就算是成功的广告语言。

【案例】

红梅味精，领“鲜”(先)一步(红梅味精)

【评析】 “领‘鲜’一步”中的“鲜”是所有味精的共性，同时又借用了成语领先一步中红梅品牌的卓越地位。

十一、通感

通感就是人们在特定的对象面前各种感觉器官临时打通，是一种特殊的比喻。用在广告中，容易令人产生丰富的联想，对产品、企业留下深刻的印象。

【案例】 黑人牙膏

仲夏去兜风，漫山遍野都是绿。
这般清凉舒畅，就是黑人牙膏的感觉。
仲夏去兜风，海阔天空都是蓝。
这般清凉舒畅，就是黑人牙膏的感觉。
仲夏去兜风，晴空万里云留白。
这般洁白清新，就是黑人牙膏的感觉。

【评析】 通感手法的运用，使味觉、视觉之间建立了联系，把黑人牙膏能够给消费者带来的利益点充分地展示了出来。

十二、拈连

拈连是把原本用于上下文中前一事物的词语就势巧妙地用于后一事物的修辞方式，也称连物。用拈连方式组合成句的基本特征是：用于拈连的词语一般为动词；构成拈连的词语在上下文中一般先后出现两次，前面一次是常规用法，后一次是变化用法，用于前面时，多是词语的原本意义，用于后面时，是临时的引申意义；构成拈连的两个事物的前一个一般为具体的事物，而后一个则一般为抽象的事物。将拈连的修辞手段用到文案写作上来，能给人以新颖、别开生面的感觉。例如：

输入千言万语，打出一片深情（打字机）

【案例】　麦肯广告

广告标题：不怕死的，就来打包！我们需要擅长包装的设计人才作品名称：打包

广告公司：北京麦肯光明广告

《第二届龙玺环球华文广告奖获奖作品集》

十三、回环

广州中国美食城：中国美食在广州，广州美食在“中国”

使一个词语或句子逆向重复。用到文案写作上，就是对广告信息进行有变化的重复，与此同时，使语言产生回环之美，且产生更丰富的意义。例如：

你喜欢七喜，七喜也喜欢你（七喜饮料）

大千世界/收藏/世界收藏，收藏世界/收藏/大千世界（《收藏》征订广告）

痛/则不/通，通/则不/痛（广州追风透骨丸）

美味/源/家乐，家乐/添/美味（上海家乐系列调味品）

十四、仿拟

仿拟是广告文案中令消费者感到极有兴味的一种修辞方式。它是指创作主体仿照现成的经典诗词、成语、谚语、流行歌曲等语句予以巧妙改动，从而创造出一种与原有文词有关的新词句。

年年岁岁雪相似，岁岁年年豹不同（雪豹皮衣）

此时无形胜有形（博士伦隐形眼镜）

湖光与山水相映，碧水与山庄相辉（某别墅）
“贤”妻良母（某洗衣机）
常备不“泻”（神奇止泻药）
车到山前必有路，有路必有丰田车（丰田汽车）
美味出“粽”（好利来粽子）

十五、反讽

反讽是西方历史最为悠久的修辞概念之一，它来自希腊文，原意指喜剧中一种“佯装无知者”的角色类型，即在对手面前假装糊涂，说话傻里傻气，但最后却总是证明真理还是掌握在他的手上，从而使对手大出洋相的人物。反讽后来获得了“讽刺”、“嘲弄”等新的所指。在文学创作领域，德国浪漫主义文学理论家施莱格尔认为反讽是“认识到一个事实，世界在本质上是诡论式的，一种模棱两可的态度才能抓住世界的矛盾整体性”。英美新批评派则指出，当作家要赋予某个词语以某种含义时，总要借助语境的作用对它进行持续的修正，使词语在语境压力下发生扭曲性的意义变化。

反讽作为语言修辞技巧时，指的是“语境对于一个陈述语的歪曲”，实际上就是一种陈述的实际意义与它的表层意义相矛盾。它有意制造语义之间的矛盾，强化它们的张力，使其避免老套、平铺直叙的表现。在广告文案写作中运用反讽这种新异的表达形式将吸引读者对文案自身及商品服务的注意。

【案例】 日本尼桑汽车系列广告标题

“这么大，小一点更好！”——墨罕哈森，洗车工人
“这么多安全设备干嘛？”——林源顺，源顺车厂
“它害得我很惨！”——欧福美加油站
“它令我很不舒服！”——达盛，敌对车行
“太快了，我不喜欢！”——叶小倩，87 岁

【评析】 这些标题表面意义都是对尼桑汽车的指责批评，但它的内在含义却是对该车卓越性能的陈述。如欧福美加油站抱怨“它害得我很惨！”表面是抱怨尼桑汽车使加油站的生意清淡，但在新的语境里，即在作者和消费者头脑里，这句话则表示尼桑汽车具有省油的功能。所以，成功的反讽就是表层意思与实际含义存在冲突与矛盾，这种矛盾的解读结果却让人豁然开朗，叹为惊奇。

十六、镶嵌

镶嵌是指将广告信息要素如广告主企业名称、品牌名称或与产品有关的语词，以整体或拆散的形式分别嵌入到文案的某些部分，产生趣味。镶嵌有两种类型：一是整体镶嵌，是将广告信息要素完整地嵌入文案某些部分，须注意的是，并非句中有企业名称、品牌名称的都是镶嵌，只有那些巧妙有趣或一语双关的嵌入成分，才是镶嵌。如：

万事俱备，只欠东风(东风汽车)

六神有主，一家无忧(六神花露水)

镶嵌的另一种类型是分散镶嵌，指的是将特定的广告信息，如企业名称、品牌名称或有关产品的语词，进行巧妙的分拆，拆开了能独立成句，读后又可将镶嵌部分予以还原，如：

惠天下宾客，罗中外名品(上海惠罗公司)

家家获益，事事利民(上海益民百货股份有限公司)

十七、对联

对联，又称为“楹联”，是一种由上下两联构成，对仗整齐、音韵和谐的艺术形式。清代以后，对联广告广为流行，各个行业都有自己的专用对联，成为商业广告的一种宣传形式。相传明太祖朱元璋是第一个撰写广告对联的人，他为一阉猪人家写下一副对联：“双手劈开生死路，一刀割断是非根。”此联幽默风趣，形象生动，更为阉猪者作了广告宣传，是一副具有浓郁行业特色的广告对联。明朝著名书法家祝枝山曾为一家生意惨淡的酒馆写下一副对联：“东不管西不管，我管酒管；兴也罢衰也罢，请罢喝罢”，这副对联吸引了远近城乡之人，酒店生意日渐兴隆。清代对联广告以酒楼使用最多，如九江浔阳楼“世间无此酒，天下有名楼”。另一酒楼对联：“竹叶杯中，万里溪山闲送绿；杏花村里，一帘风月读飘香。”这副酒联自然穿插了竹叶青酒和酒乡杏花村两个专用词汇，如诗如画，诗中有画，画中有诗，传达了美酒醉人的清雅意境。清朝还有一个秀才为理发店题联“相逢尽是弹冠客，此去应无搔首人”，典故用得恰到好处，该店从此出名。

第四节　广告语言的基本语式

语句表示的内容及语气、语调构成语式。广告文案的语式就是广告文案的语言表达方式。它是文案写作最基础的层面，是提高长文案写作能力的基本功所在。广告文案语式大致划分为以下五种：陈述式、描述式、说明式、抒情式、议论式。五种语式各有特点，非决然区隔，往往相互杂糅，交互生辉，写作中要注意各种语式的有机结合。

社会心理学告诉我们：人们在接受反复单调的刺激时，容易产生抑制。如果忽视语式组织技巧，不论其传播内容如何，都会直接或间接削减广告效果。怎样的语式组合是最理想的，语式组合的标准又是什么，目前还难以提供一个规律性答案。这是由于广告文案写作要根据广告内容、媒介载体、劝服对象、广告主的差异以及语言的发展来决定其语式组合的应用方略。这里提供一个参考标准，即广告文案的语式应该能够将语意有机地组织起来，使广告语言产生一种抑扬、张弛、起伏跌宕的节奏感、韵律美或是明晰、简练、诚信的理性之美，从而准确传达信息，引发共鸣，有效沟通。

一、陈述语式

陈述语式是用陈述句来传递信息，说明事实，提供情况的语式。由于这种语式主要是陈述事实，肯定什么或者否定什么，因此，有条不紊，逻辑性强，一般主语在前，谓语在后，句尾用句号。有的陈述语式表示肯定的语气，如："一切皆有可能"（李宁运动系列）；有的陈述语式表示否定的语气，如："没有不可能"（阿迪达斯）；还有的陈述语式用双重否定的形式表示肯定的语气。目前，广告文案大量采用陈述语式的肯定语气。这是因为从人的信息接受习惯来讲，陈述语式的肯定句式表义最为明确、直接，清晰明了。陈述语式又分为概述和详述。概述是大略地叙述事物状况，简明扼要。详述是详尽细致地说明事物状况。在广告文案写作中，概述与详述都是常用的。

陈述语式的使用还涉及叙述角度问题。不论讲什么样的故事，叙述者都要站在一个特定的语言角度来进行叙述行为，语言角度可以有多种变化，不同的语言角度会产生不同的效果，就像眼睛看事物，在眼睛与事物之间必然形成特殊的角度关系，不同的视角会产生对物体大小、颜色、质地的不同感受。最直观地反映这种关系的是摄影镜头和物体的关系，从不同的距离和角度拍摄同一物体，会呈现不同的样貌。用语言陈述事件，虽然没有那么直观，但道理是一样的。正如一位文学评论家所言："在绝大多数现代叙事作品中，正是叙事视点创造了兴趣、冲突、悬念乃至情节本身。"在陈述语式中，视点问题一直占据重要地位，并且造就了不少优秀广告文案作品。

【案例】　弗吉尼亚州的英属威廉斯堡旅游广告

这是沛顿·蓝道夫的宅院。你记得沛顿·蓝道夫，不是吗？200 年前，他是最富有影响力的人物之一。他是第一届北美十三州国会的议长，弗吉尼亚州下议院发言人，北美十三州司法部部长。事实上，沛顿·蓝道夫在独立战争之前的数年间，几乎主导了弗吉尼亚州的每一个立法机构。他同时亦被英国列为主要通缉分子。1775 年，国民自卫队尊称他为国父(他未几便告去世，后来由他的朋友乔治·华盛顿获此尊称。)

但他身后却留下了一栋美丽的两层楼式的房子——有大理石壁炉以及厚重的胡桃木门。在今日，这栋房子是威廉斯堡最为著名的早期房舍之一。自 7 月 1 日起，它将被列为英属威廉斯堡展节目中 4 栋历史性建筑物之一。

来这儿看看我们早期的一位领导人物居住及工作的四周环境，你将会永远记得他。

英属威廉斯堡·弗吉尼亚州

二、描述语式

描述语式是用描写性的手法，用具体、生动的语言对事物、概念、细节进行描述的语言表达方式。此种语式重在形象描绘，在广告中不仅要把商品、劳务或企业的基本情况交代清楚，而且要进行形象化的描绘和渲染，给消费者更具体、更生动的印象，使广告富有感染力。描述语式应用广泛，在广播广告文案中尤为常用。广播利用声音传递信息，受众无法直接见到实物，运用描述语式，可以弥补这一不足，有时，利用有声语言描述事物，进行造型，引发联想更能够发挥广告的创意灵感。描述语式不同于陈述语式表义直白，它以具体生动取胜，例如，传达“使用某洗面奶之后，皮肤嫩白”这一广告信息，使用不同语式效果截然不同。“某洗面奶具有让肌肤光滑、嫩白的功能”(陈述语式)；“使用某洗面奶，肌肤像剥了壳的煮鸡蛋”(描述语式)；可见，陈述语式重在叙述客观事物的存在状态，较为朴实直白，而描述语式则重在描述客观事物的细节特征，较为生动细致。

【案例】　新加坡航空公司的广告

她将一缕温馨的柔情带给全世界，和蔼的空中服务员身着一袭纱笼裙，当她和您相逢，一绽迷人笑容，一缕温馨的柔情。晴空万里，朵朵白云，你们相逢在舒适的 747B、707 或 737 波音机群上，她将以最殷勤的方式招待您。

我们的女郎，是新加坡航空公司的灵魂。

【案例】 奥琪香皂

朋友，洗脸、洗手您喜欢用哪种香皂？奥琪系列产品之一，奥琪香皂您可知道？

奥琪香皂，北京日用化学一厂采用上等原料制造。它有两大优点：抗硬水，护肤效果好，比用一般香皂可节省四分之一。使用以后，皮肤感觉滑爽滋润，就像洗了牛奶澡。更令人高兴的是，兰花香型的奥琪香皂清香怡人，它的抗皱作用别的香皂比不了。

它的造型也别具一格，好中见巧。正面看，恰似一座拱形桥；翻过来看，又像一叶扁舟水上漂。奥琪香皂，高档产品，中档价格，货好！畅销！

【评析】 文案使用描述语式对奥琪香皂的性能、特点、效果以及外观进行了细致描述，生动具体地传达了产品的有关信息。消费者虽然没有亲眼见到产品，但是通过具体的文字描述，对产品形成了初步的印象，弥补了广播广告只能传递声音的不足。

三、说明语式

说明语式是通过解释说明的手法对产品性能特点进行解释。说明语式常用于家电、高科技产品的广告文案中，对产品或服务的形貌、构造、性质、特征、范围、类别、来源、成因、关系、功用等进行说明。它通过揭示概念来说明事物的特征、本质及其规律性，给人准确的科学知识或正确思想。一般可分为实体事物说明和抽象事物说明两大类，项目说明书、产品说明书、广告策划方案、创意说明等一般使用说明语式。说明语式可以运用引用、列数字、分类别，作比较、举例子等说明方法，使说明的内容充实、明了、科学。说明语式的语言务求准确严密，要注意用语的分寸，如经常使用“一般地说”、“通常”、“往往”等词语进行程度的限定。解释说明，解释明白。

【案例】 “盾”牌头盔

“盾”牌头盔

“盾”牌头盔性能优良、舒适、轻便、安全、美观。适用于摩托车驾驶员及其乘员，在摩托车高速行驶时遮挡风沙雨雪，或遇突然事故时，分散和吸收外部冲击力，保护驾驶员和乘员的头部不受外力直接瞬间撞击，保证人身安全。

“盾”牌头盔由盔体、挡风面罩、束具三部分组成。

盔体是由四层合为一体组成的。外层由玻璃材料构成，具有良好的刚性、韧性、耐冲击性，有融热、耐寒、防火的优点；第二层由10毫米厚的半硬聚苯乙烯发泡塑料整帽衬作缓冲；第三层由6毫米厚的聚胺酯软泡沫作减震；里层由富于弹性、耐磨、光滑、舒适的尼龙绸作衬里。

第二部分为挡风面罩。由挡风罩、挡风板架以及支臂组成，可上下自由转动90°。挡风面罩开启主要靠支臂压簧滚珠，转动灵活，平稳可靠。挡风板为凸面体，强度大、性能好，由于采用无色透明有机玻璃，透明度可达95%以上。第三部分为束具。由护耳、帽带、托腕组成，通过防锈处理的连接件铆于盔体，具有固定头盔正确位置和使人舒适的作用。

另外，“盾”牌头盔主体构件全部采用弹性材料，与银底蓝字“盾”牌商标相配，造型美观、大方。“盾”牌头盔是广大摩托车爱好者不可缺少的好伙伴。

【案例】 倩碧眼霜平面广告文案

标题：不妨向上望，感受紧致美目

正文：你可以感到眼部周围的肌肤愈趋紧致，只因为全新倩碧抗引力紧肤眼霜。

专利配方中蕴涵丰富滋润成分，能有效收紧肌肤及帮助消除细纹。

它的显著功效，全因为：它能促进天然骨胶原的制造，为日渐纤薄的眼部肌肤补充承托，使皮肤回复弹性。

现在，你随意四顾流盼，眼部肌肤亦能保持紧致幼嫩，细纹减少，肤色亮泽幼滑。

效果，好得出乎你的意料之外。从此，鱼尾纹 Bye - Bye！

倩碧产品均通过敏性测试，百分之百不含香料。

【评析】 文案活泼，富有生气。对产品的功效进行了说明，并且提供了翔实的依据。文案使用第二人称，产生了对话交流的效果，值得借鉴。

四、论说语式

论说语式是对广告产品、服务对象，提出见解或主张并说明理由，使读者信服的语言表达方式。它的基本特点是明确的说理性，论说语式展开论证是以说服读者为目的的。在广告文案写作中使用论说语式必须要提出一个可靠、新颖的论点。在论点新颖、可靠的前提下寻找确凿可信的论据进行论证。论说语式具有很强的说服性，务求论点新颖、论证严谨且论据充分。

【案例】 中国台湾地区书籍广告

书与酒价格相同，价值不同

一套书的人格只相当于一瓶酒，但价值及效用却大为不相同。尤其，花一瓶酒的代价，买一套最新的管理知识和有效的管理技巧，使你的企业能够提高效率，增加利润，快速成长，无论如何都是值得的。

因为，酒香，固然令人扑鼻陶醉，但不过是短暂、刹那的美妙。书香，却是咀嚼的品味，历久弥新，源远流长。一本好书，能为你带来智慧与启示，让你解惑去忧，触类旁通，左右逢源。所以：与其花钱买醉，不如斗室书香。《企业管理百科全书》，正是为每一位经营者准备的，它是140位经理、学者智慧的结晶，由20位专家联合编纂。拥有一套“企业管理百科全书”。任何企管新知，伸手可得，真正是对付经济不景气与同业竞争最为有利的武器。

【案例】 大众金龟车广告文案

标题：想想小的好处

正文：我们的小车并不标新立异。许多从学院出来的家伙不屑屈身于它；加油站的小伙也不会问它的油箱在哪里；没有人注意它，甚至没有看它一眼。

其实，驾驶过它的人并不这样认为。因为它油耗低，不需防冻剂，能够用一套轮胎跑完40000英里的路。

这就是为什么你一旦用上我们的产品就对它爱不释手的原因。

当你挤进一个狭小的停车场时，当你更换你的那笔少量的保险金时，当你支付那一小笔修理账单时，或者当你用你的旧大众换得一辆新大众时，请想想小的好处。

【评析】 文案提出“小即是好”的论点，以大众金龟车油耗低、停车方便、修理简单、以旧换新等优势为论据进行了论证。论证充分，论说严谨，条理清晰，说服力强，巧妙地将金龟车“小”的特点转化为优点。

五、抒情语式

抒情语式是运用饱含情感的语言抒发情感，触动读者内心情感体验、烘托出一种令人向往的特殊情调的语言表达方式。抒情包括直抒胸臆和间接抒情两种。直抒胸臆是直接表达自身情感，感情浓烈；间接抒情往往借助事件、人物、情境等进行，较为含蓄，富于意蕴。抒情语式常用感叹词，结构比较松散，词语组合比较自由，跳跃性比较大。

【案例】 Hallmark 制作公司促销电视广告

一位孤独的老妇人盼望信箱里能出现亲人的问候，可信箱里总是空空如也，可怜的她只好强忍失望的泪水。这一切被住在对面的年轻女士注意到了，于是，她把一张写满真诚问候的贺卡放进了老人的信箱。影片尾声，她与老妇人在屋前的草坪相见，伴着深情的乐曲，两个邻居紧紧地拥抱在一起。

【案例】 左岸咖啡馆

标题：他从波兰来

正文：他从波兰来

旅行的人，总带着脆弱的灵魂。
他在找一架钢琴，
我看见他走进咖啡馆。
他送给我 E 大调练习曲，
他只点了一杯卡贝索拉，
但爱情是交响曲。
这个时候，人来人往正以练习曲的步调在我们之间进行，
E 大调练习曲，变成为离别曲，这是 1849 年之前的事，
他是肖邦。我们都是旅人，相遇在左岸咖啡馆。

【评析】 20 世纪初，塞纳河左岸是巴黎咖啡馆最集中的地方，曾经是毕加索、萨特、西蒙波娃等人的固定聚会场所。选择这样一个产品概念和产品名称，是要在消费者心中开一家具有乌托邦性质的、代表着浓厚欧洲人文气息的“左岸咖啡馆”。同时，这个名称也有能力刺激消费者一种真实的、丰富的想象情景，因为咖啡与消费者之间的情感关系，远比其他饮料密切。它代表着一种浪漫情怀，代表独处的心灵空间，代表古典优雅的人文精神。

基于对品牌形象的这种设定，广告目标被确定为帮助消费者形成对“左岸咖啡馆”这间虚构的咖啡馆的具体印象。广告将消费者的特性集中在广告

主角——一个单身前往法国做自助旅行的女孩身上，并虚构了她在左岸咖啡馆喝咖啡的故事，通过她的所见、所闻、所感，渲染左岸的味道。

所有平面广告和电视广告都采用了黑白的影像，广告女主角回忆式的独白，舒缓的语调、节奏，优雅的语言，古老的咖啡馆，浓郁的咖啡，温馨的人情和如烟的往事，恰与喝咖啡的心情吻合，融合成一种引人神往的品牌形象。

【案例】 阿妈今晚不用煮饭

多情的美国人把5月的第二个星期日定为“母亲节”，以表示对母亲的养育之恩的感谢。如今母亲节的魅力光华四射，传遍世界。

明天，就是母亲节。

给母亲一个惊喜，给母亲一份至爱。不妨请您的母亲，放下手中的活计，一起到我们的马尼拉咖啡厅来，品尝为你们精心准备的“母亲节自助餐”，享受体贴入微的服务，在融融烛光、悠悠琴声中共叙往事……期待你们的光临，明晚6点钟。

【评析】 文案用饱含情感的语言，如数家珍，如叙家常，令消费者感到舒服、自然、烘托出一种令人向往的特殊情调。

通过学习广告语式的主要类型，将各种有助于吸引受众、有助于广告信息传达的语式结合起来是本节的意义所在。论说语式的严谨、抒情语式的优美、陈述语式的纪实，都可以为文案所用。正是语式的不同，广告文案从语言文字到整体风格，呈现出丰富多彩的特性，而文案人员则需要根据策略、创意、媒体、产品、诉求对象的差别，自如地变换语式，突破常规，大胆创新。

实境创作题

1. 请用对偶和排比的修辞手法为“长城”皮鞋各撰写一条广告语。
2. 分别用理性诉求方式和感性诉求方式为你的学校撰写一则招生广告。
3. 针对自己的一件用品，写一则说明语式文案。说明它的名称概念、分类归属、结构成分以及形体、色泽、功用、使用方法等。
4. 请用描述语式介绍你所熟悉的一种食品，从多个角度进行描述。

复习思考题

如何在广告文案创作中合理的运用各类修辞方法及表述方式?

第六章　不同媒介广告文案写作

知识要点

1. 报刊版面的运用及广告文案写作。
2. 直邮广告的特征；直邮广告的功能；直邮广告的写作要点
3. 电视广告的表现形式；分镜头电视脚本的创作
4. 网络广告的特点；网络广告的类型

案例：悦己杂志广告文案

（一）我没有背景，我就是我自己最好的背景

和漂亮的女人交往养眼，和聪明的女人交往养脑，和健康的女人交往养身，和快乐的女人交往养心！并不需要怎样的背景，你就是你自己最好的背景！

图6－1　杂志广告(一)

（二）一点点赘肉别紧张，杨贵妃照样迷死唐明皇

漂亮的是美女，不漂亮的是有气质；有才气的是才女，没才气的是淑女；脾气好的是温柔，脾气不好的是泼辣；高的是亭亭玉立，矮的是小巧玲珑；瘦的是苗条，胖的是丰满……一点点赘肉别紧张，杨贵妃照样迷死唐明皇！

图6-2 杂志广告(二)

(三)男人付账值得炫耀，但自己买单那叫骄傲。曾经有位愿意替我付账的男人站在我面前，我没有珍惜，等我失去的时候也不曾后悔，人世间最痛快的事莫过于此。如果上天能够给我一个再来一次的机会，我仍会对那个男人说五个字：我自己买单！如果非要在这份骄傲上加一个期限的话，我希望是：快乐由自己的每一天！

图6-3 杂志广告(三)

（四）爱就要勇敢表白，谁知道明天和意外哪个先来？不管是晴天、阴天、雨天，能见到你的一天，就是晴朗的一天；不管是昨天、今天、明天，能和你在一起的一天，就是美好的一天。爱就要勇敢表白，谁知道明天和意外哪个先来？

图 6－4　杂志广告（四）

评析：《悦己 SELF》的口号是：快乐由自己，美丽身心灵。这次《悦己SELF》想要提倡的，应该是女人要取悦自己，更深刻点说可能是女人要通过自我实现来满足自己的价值。贴心文案，配以灿烂笑脸，《悦己》的理念和主张跃然纸上。《悦己》定位，以“快乐由自己”作为价值主张，鼓励并帮助中国女性寻找自身的最佳状态。在文案中体现出“后时尚时代，心物合一才能长久”的观点，以塑造的闺中密友的角色对读者进行深度沟通，使听者莞尔一笑，并为之一动，一本时尚杂志，掀起了一场后时尚时代的时尚劲风。

历史上新媒介的兴起与盛行，都会带来传播业的一次大革命，这种革命必然造成广告业的震动。作为传播形式之一的广告，依托不同媒介发布的广告文案，因媒介的发展变化不断有相应的新类型出现。随之形成不同媒介的广告文案写作的新模式、表现新手法和创新风格。

广告媒介是广告传播所借助的物质手段，凡是能够刊载广告作品的物质都可以称作广告媒介。根据不同的广告发布媒介可以将广告文案写作分为：平面广告文案、电子广告文案和网络广告文案。

第一节　平面广告文案写作

一、报刊媒体广告文案写作

(一)报刊媒体的广告特色

报刊分为报纸和杂志，在传播力度方面，它们主要拥有以下几点特色：

1. 视觉语言及文字优势

平面媒体多以文字结合图片的无声形式出现在大众视野，这一特点决定了报纸和杂志的可读性。一般对问题和产品有较深入的介绍和阐释，满足人们对知识的求知。因此，对于平面广告的文案来说，也最见功底，受到最高标准的要求。

2. 受众面广泛

报纸媒体由于其大印刷量、低单价的特色，普及率较高，广告的受众分类广泛，杂志媒体则以其内容的专攻，吸引了大量各个领域的爱好者，受众相对集中和细分。

3. 种类多元化

报纸可分为大众报纸、专业报纸(时事、财经、生活、体育、娱乐等)、行业报纸。大众报纸主要适合发布大众消费品广告，专业报纸是和目标市场明确的产品向特定消费者传达信息，而行业报纸则适合发布面向专门市场的产品广告。杂志内容上高度细分，从内容上可分为新闻、财经、家居、时尚、运动、健康、教育、学术等类型。

4. 出版周期快速化

平面媒体出版周期和广播、电视较长的制作周期比较，相对较短。报纸可以分为日报、周二刊报纸(每周出版两次)、周三刊报纸、周四刊报纸、周五刊报纸、周报。出版周期一般不会长于一周。这就保证了报纸的时效性，也有益于发布适时的广告，但出版周期短导致很少有人反复阅读。这一点上，半月刊或月刊的杂志就较为占据优势，虽然不适合适时的广告，但却比较适合注重长期目标的品牌广告。

5. 版面丰富化

报纸主要有对开和四开两种规格。广告规格由大到小有双整版、整版、半版、双通栏、通栏、半通栏、报眼、中缝、以公分计算的小版面、以字计算的分类广告等等。报纸版面大，独占版面费用高，所以报纸广告通常面临同一版面其他广告的干扰，广告的吸引力尤为重要。杂志的广告位于封二（封面的背面）、封底、封三（封底的背面）、内页、版权页等几种。与报纸相比，杂志有固定的装订顺序，而且版面数量多、独占版面费用低，所以有许多特殊的广告形式可以挖掘利用。比如可以购买左右相邻的两个版面做跨页的大版面广告，可以连续购买几个版面刊登系列或连续广告，可以插入小包装样品等等。杂志印刷品质高于报纸，适合表现精美的图片，更适合高关心度商品和精美商品的广告。

（二）报刊媒体文案的写作要求

1. 文字要生动鲜活

奥格威说过："广告是词语的生涯。"文字运用得如何，直接影响广告信息内容的传达。由于报纸杂志广告信息传递的主要是认知信息，文字是为达到认知目的而使用的手段。因而，相对于电波媒体，它较少强调形象化和情感性，而是强调逻辑性，强调语言的逻辑说服力。好的广告语言在讲究逻辑性的基础上应该是生动而鲜活的。语言运用灵活多样，别致生动，使商品或服务的性质，特点明确突出地呈现在受众面前，给人清晰的印象。要努力摆脱平铺直叙，力求生动、准确、简明、流畅。

2. 策略与内容表达要一致

杂志和报纸媒体，是解释型媒体，也就是说，可以传达较为复杂的内容，便于进行详细解释。因此，针对较为高精尖的产品，可以以专业型的行业专家身份进行讲解，辅以数据、表格、工艺等术语满足理性、追求品质的消费者。而针对普通大众，则需要转换身份，尽量做到富有趣味的解释。广告说明是一把双刃剑，多一分啰唆，少一分欠火，需游刃把握。

3. 图片的设计搭配

凡不需用语言文字说明或语言文字无法表达广告主题时，使用图片较为有效。因为图片可以将广告主题以生动形象的图解形式表现出来，从而克服了语言文字表达的不足。实验显示，视觉表现要素（文字、色彩、图像）中，图像注意度为78%，文字为22%；但文字记忆度为65%，图像为35%，二者各有千秋。文字是抽象的表意符号，如果没有阅读，就达不到信息传递的功能，报纸广告要吸引受众阅读，必须借助图片的视觉冲击力。

广告图片可以是广告摄影、漫画、艺术设计等，它不以审美作为最终目的，也不以反映拍摄者或制作者的个人情感和思想为主旨，而以传播商业信息和广告意念为主要动机，以迎合消费者情趣和进行必要的规劝和说服为基本手段，以追求商业的促销效果为根本目的，它们将广告意念转化为视觉形象，同文字部分(广告的标题、正文、广告语和附文)一起构成广告作品的整体。在文案写作过程中要充分考虑如何在文字与视觉之间架起融合的桥梁。

平面广告设计是把意念通过艺术的手段表现为可见的形象，通过眼睛发挥作用，旨在表现和传达一种情感状态。平面设计能否吸引视觉而达到传递的目的，就看其形象是否含有情感艺术语言，是否通过视觉而引起心理上的反应。其奥秘在于：视觉上的冲击，心理上的唤醒，激起人们的向往，形成与消费者的沟通。

4．版面的运用

报刊广告是以报纸杂志——大众化传媒来进行信息传播的，它必须在一定的版面空间里，通过文字和画面来体现广告内容，因此报刊广告文案的撰写必须对版面的运用有所了解。

(1)要研究广告版面的大小。所占版面的大小，是广告主实力的体现，直接关系到广告的传播效果。一般情况下，广告的版面越大，读者注意率越高，广告效果也就越好(当然不是绝对的)，因此，广告版面的大小与广告效果是成正比的。按一般常规，报纸广告的版面大致可分为以下几类：跨版、整版、半版、双通栏、单通栏、半通栏、报眼、报花等。究竟选择哪种版面做广告，要根据企业的经济实力、产品生命周期和广告宣传情况而定。一般说来，首次登广告，新闻式、告知式宜选用较大版面，以引起读者注意；后续广告，提醒式、日常式，可逐渐缩小版面，以强化消费者记忆。节日广告宜用大版面，平时广告可用较小版面。

杂志广告版面则分为全页、半页、四分之一页、跨页或多页多辑、指定版位(封底、封二、目录对页、封面)等。

(2)不同版面大小的文案写作差异。

①报花。它只是一个非常小的版面，除了可刊登企业或商品的名称、电话或“某某企业赞助”之类的内容之外，不可能再容纳其他的内容。因此，它的文案表现是重点式的，而不体现文案结构的全部，它一般采用一种陈述性的表述。

②报眼。报眼，即横排版报纸报头一侧的版面。版面面积不大，但位置十分显著、重要。此位置刊登广告，比其他版面广告注意值要高，并体现出权威性与可信性。

由于报眼广告版面面积小，不宜刊载图片，所以广告文案写作占据核心地位，具有举足轻重的作用。在报眼位置的广告文案写作，应特别注意：

ⓐ 广告信息的选择和表现要体现具有新闻价值的信息内容；

ⓑ 文案写作的语言风格要相对体现理性的、科学的、严整的倾向；

ⓒ 广告标题和正文的写作类型可以倾向于新闻形式和新闻笔法；

ⓓ 选择醒目的标题，标题的表现类型以选用新闻式、承诺式、实证式为最佳；

ⓔ 选择短文案不用长文案，少用感性诉求方式，特别不能用散文体、诗歌体、故事体等形式，以免冲淡报眼位置本身所具有的说服力和可信性。

图 6－5　报纸广告

③半通栏广告。半通栏广告一般分为大小两类：约 65 mm×120 mm 或约 100 mm×170 mm。由于这类广告版面较小，而且众多广告排列在一起，互相干扰，广告效果容易互相削弱，因此，如何使广告做得超凡脱俗，新颖独特，使之从众多广告中脱颖而出，跳入读者视线，是广告文案的写作应特别注意的。

半通栏广告文案写作应特别注意：

ⓐ 制作醒目的广告标题。标题字数短，字数层级大，以弥补版面小的问题，扩展版面效果。

ⓑ 用短文案，甚至可以将广告信息的重点诉求用分列形式进行表现，将重点信息作提纲挈领的文字表现。

ⓒ 广告文案的写作要注意与画面编排的有机结合。

④单通栏广告。单通栏广告也有两种类型，约 100 mm×350 mm，或者 650 mm×235 mm。是广告中最常见的一种版面，符合人们的正常视觉，版面自身有一定的说服力。从版面面积看，单通栏是半通栏的 2 倍，这种变化也应相应地体现于广告文案的撰写中：

ⓐ 文案写作可以作为单通栏广告的核心部分，文案的对应性诉求可以起主要作用。

ⓑ 广告标题的制作在运用短标题的同时，也可以运用理性诉求的长标

深度报道·记者调查

7

巴黎：东部的广场代表平民势力，西部的广场体现国家权威

有的见证历史兴衰　有的体现民族特色

广场文化，渗透国家性格

“广场政治”让人很无奈

成都银凯投资

028-66166166

中兴伟业投资

028-86283757

北京大学

可申请硕士学位

图 6－6　报纸广告

题形式；但由于版面篇幅，用单标题比用复合标题可能更能与画面的编排合拍。

ⓒ 文案中可以进行较为细致的广告信息介绍和多方位的信息交代、信息表现。但正文字数不可多于500个汉字，以免造成版面拥挤，影响编排效果。

ⓓ 文案的结构可以有充分的运用自由度，四大结构要素都可以自由表现，可以体现文案最完整的结构类型。

⑤双通栏广告。双通栏广告一般有约200 mm×350 mm和约130 mm×235 mm两种类型。在版面面积上，它是单通栏广告的2倍。这样的版面运用，给广告文案写作提供了较大的驰骋空间，创意的空间、表现的空间也在此时豁然开朗。采用双通栏的广告文案写作，应特别注意：

ⓐ 可以诉求广告主体的立体信息、综合信息。

ⓑ 广告标题可以采用多句形式和复合形式，立体而创意地体现标题的吸引力和与正文之间的对应性。

ⓒ 可以多采用论辩性文案表现形式，体现报纸广告的文字说服力，并在其中运用一些小标题形式，达到引发阅读的目的。

ⓓ 双通栏的版面编排可以不占重要的地位，将说服和诱导的重任基本上托付给广告文案，文案的汉字量最多时可以与新闻版的文字量相当。

ⓔ 如果是感性产品或产品处于成熟期的广告，在运用双通栏进行感性诉求时，要更着重于广告主体的品牌体现、消费观念体现。

⑥半版广告。半版广告一般是约250 mm×350 mm和170 mm×235 mm两种类型。半版与整版和跨版广告，均被称之为大版面广告，是广告主经济实力雄厚的体现。它给广告文案的写作提供了广阔的表现空间。因此半版广告文案的写作应特别注意：

ⓐ 努力拓宽画面的视觉效果，虽然是大版面，但不见得要用多文字的广告文案，可以运用创意发挥，充分利用受众的想象力。

ⓑ 同时适合感性诉求和理性诉求。感性诉求时，要用大标题、少正文文案、重点性附文方式，体现广告主体的品牌形象气势和形式吸引力。理性诉求时，一般是在对大企业的介绍，对某产品或服务的全方位的体现，要着重于对广告主体的逻辑的、有序的文案表现。

⑦整版广告。是目前我国单个广告版面运用中的最大版面。一般可分500 mm×350 mm和340 mm×235 mm两种类型。整版的版面空间以宏大的气势给人以一种内在的震慑力，广告主体的实力和气魄得到了展现。

在目前我国的广告整版版面的运用情况来看，有三种用法：

第一种用法，也是基本的用法。就是在整版的版面上运用介绍性的文体来对产品系列或企业的各个方面作介绍。这种用法，以广告文案为诉求的基本角色，只有少量的画面陪衬甚至没有画面表现。文案运用介绍性的形式和笔法对广告主体作较为详细的、全方位的介绍。

第二种用法，以创意性的、大气魄的大画面、大标题、大文字和少文字来进行感性诉求。

第三种用法，在广告版面中，是运用报纸的新闻性和权威性，采用报告文学的形式来提升企业的形象。

⑧跨版。就是一个广告作品，刊登在两个或两个以上的广告版面上的版面运用。跨版广告，有时是全页跨页，是相邻版面中的某一部分的跨版表现，一般有全页跨版、半页跨版、大四分之一跨版等几种形式。跨版表现能体现广告主的大气魄、厚底子，是财力雄厚的企业所乐于采用的。

二、DM 广告文案写作

DM(Direct Mail)又称“直接邮寄广告”是广告主将广告信息制作成信函或宣传品以指明方式直接递送给客户或潜在客户的直接广告。DM 形式有广义和狭义之分。

(一)直邮广告的特征

在所有的广告宣传方式中，直邮广告是最有人情味的。与其他广告媒体相比，直邮广告具有以下特性：

1. 接触具备人性化

由于 DM 的广告主与客户之间是一对一的关系，因此它与其他广告媒体不同，可以使广告主和客户有人性化接触的机会。此外，DM 可以让客户享受优越意识。

2. 被看见、被阅读的可能性极强

准确地说，是指 DM 的到达率和接视率很高。发送 DM 之后，因为收件人地址不清楚而退回的约为 6%，被收到之后没打开就直接扔进纸篓的为 15%，即使如此，被打开看的仍然高达 80%。这其中不乏只被瞄一眼或看一遍就算了的，但是即使如此，有 80% 被打开看，其到达率和接视率与其他媒体比起来可以算是相当高的。此外，我们所不能忽略的一点是，DM 有让人不分心一口气看完的集中性。有关这一点，只要拿 DM 和登在报纸、杂志等媒体上的广告做个比较就可以知道了。在报纸、杂志上所登的广告，其周围还有许许多多其他广告，使看的人很容易分心。

3. 选择目标具象化

DM 要发送给谁，针对什么阶层、什么职业的人做诉求，广告主都可以

自己选择，可以把目标设置得更为具象化。例如，推销唱片DM，不能以喜欢音乐的大众为对象，必须把对象细分为喜欢西洋音乐的人、喜欢民谣或演唱的人等，才能得到更好的效果。

选择目标具象化，就容易展开市场细分化的作战，这可以说是DM的重要特点。

4. 时间把握精准化

要想让广告发挥最大效果，当然必须将商品或服务向“最需要的人”、在“最需要的时候”发出，才能事半功倍。例如“祝您生日快乐!”“恭贺毕业”等DM是商品或保险公司时常适时发出的，即使知道其内容是宣传，收到的人也并不会觉得不愉快。“寒冬又加快脚步地来了”，“今年您的年终奖金计划订定了吗?”即使是这类比较平凡无奇的标题，只要这份DM发得恰逢其时，收到的人多多少少都会抱着趣味看一看内容。

时间的把握选择消费者最容易对此商品产生兴趣的时候，恰逢其时地发出广告。

5. 创意表现多样化

除了没有空间限制之外，纸质、颜色、印刷方式、形态等都可以作为创意发挥的要素，广告主通过要素的变化做出最适于广告目的的表现或诉求。

6. 反应快，效果清楚可见

DM有各种不同的做法和目的，其中附送优惠券、提供资料、附赠样品等方法，可以提早得到反应，或清楚地看到其效果。这点是报纸、杂志、电视等大众传播媒体所办不到的。

而反应快和清晰可见的成效不仅可以作为下次DM企划时的参考资料，利用这个特点，还可以试验性地先发出一部分，根据其结果在全部发出，以避免风险。

DM还可以根据问卷征求对方的希望或意见，甚至不满。只要附上回信用的明信片，制作容易回答的问卷，就可以轻易得到对方的答案了。如此取得的资料，对于广告主在销售作战上可以说是有百益而无一害。

（二）直邮广告的功能

1. 用于新产品、高价品、情趣商品、专门用品的促销

即使不是新产品或高价、高级商品，无论任何商品促销都可以利用DM，但是，促销新产品和高价商品的时候，适合使用DM。

除了新产品和高价商品之外，促销专门用品、情趣商品、需要售后服务的商品、订制品、以特定年龄层为对象的商品，以及母亲节、情人节、新生入

学用品，等等，以特定时期为对象的商品，都是可使DM格外有效的情况。

不管是新产品还是高价产品，即使突然把商品拿给顾客看，顾客也无法立刻决定是不是要买。因为顾客会谨慎考虑它是什么样的商品，买了它有没有好处等问题。例如轿车之类的高价商品，从开始考虑到最终的决定，必须花相当长的一段时间。因此，要推销这类商品，最好先以DM送上型号目录等参考资料，让顾客先有一些了解后再作考虑。

2. 用于解说、诱导和说服

选购新产品或高价商品时，顾客必须充分了解该商品，并且花相当长的时间深思熟虑之后，才能作出决定。而保险公司或银行之类，要顾客支付金钱的服务业也是一样的情形，这和随便买个东西不一样，必须提供相关的参考资料，花时间由各种角度向顾客解说、说服，才能得到顾客的信赖和承诺。

因此，有关金钱委托的服务业，DM担任的角色可说是相当重要。因为，顾客在阅读DM的时候，周围没有其他竞争的广告使顾客分心，可以将顾客的心思集中在DM上。此外，如果有必要可以附上商品样本之类的东西，以证明其安全性或有利性。

从这个角度来说，DM可说是最适于解说、诱导或说服的广告方式，非常适合销售无形的服务业。

3. 可以以顾客的动机为诉求

使用DM广告时，有时候会以广告主的动机为出发点，例如“创业十周年”等，做出拍卖或促销的企划。但是，以自己公司的动机为出发点，还不如看准时机，以顾客的动机为诉求，可以产生更好的效果。

“生日快乐”，“恭贺晋升”等等，以对方的动机为诉求的DM，是银行、百货公司及商店等常实施的。因为，看到这些祝福，想必没有人会不愉快。此外，在这些人生的重要时刻里，“买个东西作为生日的纪念吧！”或“趁这次就职的机会，有些东西想必准备齐全吧！”等等，对方会有一些购物动机。因此，看准了这些顾客的购物动机，就可以充分发挥DM的原有特性了。

例如某家具行，专门以住宅的迁移为目标，一发现新搬来的住户，就派店员送去以“乔迁之喜，特别折扣券”为题的DM。打开一看，是以下的内容——“恭喜您进入新居。为祝贺您的乔迁，本店特别为您优惠折扣（10%），敬请在有效期内多加利用。”

4. 用于支持销售活动

在推销人员的活动上，DM扮演着极重要的角色。冒冒失失地去做访问，还不如先发出一封内有参考资料的DM，其内容说明：“本公司的某某职员将于近日内前往拜访，届时请多指教。”如此一来就不会使对方感到唐突，并且能使商谈更有效率。此外，如果觉得有必要连续做几次访问，也可以将两次中的一次以寄 DM 代替亲自造访，可以收到相同的效果。DM 产生的功效，有时比亲自造访更令人满意呢！

从这个角度来看，对推销员来说，DM 不仅可以使业绩提高，还能够节省精力。

5. 用于售后服务

对于购买或消费后的顾客，可以发出兼具售后服务与感谢 DM。例如“您前些时惠购的某某机器，使用状况如何？”“前次承蒙您从许多旅馆中选用了我们，在此致上万分的谢意。”

这类 DM 不但可以抓住固定顾客，还能够使客户产生好感——此类 DM 必须在销售后实施，是项精细而费事的服务，但是其效果却是毋庸置疑的。

6. 配合其他媒体广告

收到 DM 知道了某宣传之后，如果又在报纸上看到相关的广告，所得到的决不是 1 + 1 = 2 的效果，而是 3 以上的强烈印象。

制造商为新产品进行促销活动，通常都会利用报纸和电视这两个大众传媒，再配合以车厢广告或 DM。但是报纸和电视这类大众媒体影响虽大，却使人觉得漠然而不可及，如果配合以 DM 这类可以接近顾客，让顾客亲手拿来看的媒体，就可以产生一个更有效果的媒体组合。这时候的 DM 不一定要由制造商自己来发送，可以交给零售店，由零售商来分发。

7. 用于制造商对批发零售商的促销

商品的流程是制造商→批发商→消费者，而制造商为了让自己的产品卖得更多，就必须设法使这条流通管道畅通。于是，有必要对以消费者为对象的零售商进行销售援助。

制造商对零售店也必须经常以 DM 诉求，请他们多照顾该公司的产品。制造商以零售店为对象的 DM，通常是持续性的东西，并且有很多是以月刊之类的期刊形式发行的。而其主要内容是制造商希望让零售店知道的资料和要求。例如，发售新产品的预告，将利用大众传媒做某种广告，等等。其目的是希望零售商能够配合制造商的方针或情况，使商品销路更好。

8. 用于展示活动、拍卖活动的邀请

公司扩大或迎接创业几十周年的时候，一般都会以宴会形式招待客户或致送赠品给有关人士及参加者等等，而最重要的是，必须借这个机会以 DM 为企业做 PR。而且，这种 DM 不仅要对顾客或股东发出，对于承包公司或从业人员及其家族或金融机构，甚至对当地的社会人士，也都应该利用DM为企业做PR。

银行分行、百货公司或超级市场新开幕时为了得到区内的顾客，都会热心地从事PR活动。除以邮寄方式发送DM之外，也可以派职员或店员两人一组，带DM和一些纪念品到各家去分送。PR的成绩从开幕当日光临的顾客人数就可以看得出来。因此，各自都会为此使出浑身解数。

（三）DM广告的写作步骤

1. 正文部分

直邮广告的正文在写作风格上可以分为两类：一种是硬销方式，一种是软销方式。硬销方式有点像广告，而软销方式类似于电话交谈。如果你拿不准哪一种方式合适，可以这样做：想象你有两种与这些人进行沟通的选择方式——要么在杂志上做广告（他们会读的杂志），要么给他们打电话。你会选择哪一种？如果你选择杂志广告，就是用硬销方式；如果你选择电话交谈，你写信的风格就是软销方式。

（1）硬销方式结构写作。硬销方式直邮信件非常像用一种更个性化的形式做广告。所以，这类信件的结构和写作模式是AIDA：

注意（attention）

兴趣（interest）

愿望（desire）

行动（action）

AIDA描述了每则硬销方式直邮信件应包含的要素以及发生的先后顺序。

首先，需要引起客户的注意，接下来，激发他们的兴趣，让他们把信件读完，一旦激发了他们的兴趣，还必须撩起他们想拥有产品或接受服务的愿望。最后，说服他们付诸行动，也即采取行动，并告诉他们该怎么做。

①注意。抓住读者的注意力非常重要，因为你要和许许多多的直邮信件竞争。

一个抢眼的标题，或一段精彩的开头语，往往就能引起人们的注意。除非直邮信件空间太小，不能加上图片，否则最好加上一副别具一格的、有趣的图片，这样更能引起人们的注意。

人们往往按照下面的顺序浏览书面广告：

- 图片、示意图或标题，或三者都有
- 小标题

● 右下角(看是谁做的广告)

标题应该把客户的注意力集中到产品带来的好处上来。写标题时，一些窍门对于提升注意力是非常有益的。

如果有足够的空间，正文不太拥挤，那标题字数在10～17个之间最容易吸引人们的注意力。

如果标题中包含价格，人们更容易记住。但这只适用于价格很诱人，而你的客户对价格很敏感的情况下。

标题应该尽可能具体，不要说："我们的物品可以帮您省钱。"而应该说："我们的特价品可以帮您省下20元钱……"

如果标题太神乎其神，人们就不会花工夫去弄清它是什么意思。

人们阅读放在文章前面的标题比阅读放在文章中间或底部的标题的可能性大。

如果在标题结尾处画一句号，会使读者失去进一步阅读下文的兴趣。

②兴趣。一旦引起了读者的注意，下一步的任务就是让他们的兴趣持续的时间足够长，能坚持把广告读完。做到这一点最好的办法是谈论每个人最想听的话题：他们自己。告诉读者你的产品或服务能为他们做什么，买下你的产品能给他们带来哪些好处。

不要在正文中重复标题上已经说过的话，这样就不会引进人们足够的兴趣。文中应该告诉他们一些新的信息，尽量找出一些有趣的事情。

下面是一些保持客户阅读兴趣的方法：

ⓐ 提问。提出一些需要找出答案的问题，而不是修辞性的提问，以鼓励人们继续往下读。

ⓑ 使用图片。照片比画出来的图案更可信，对许多产品来说，能收到更好的广告效果，同时对客户形成具体的概念起着关键作用。

ⓒ 重复某些词。如果你重复某个词语两到三次，那么写出的文字就会形成一种引导读者往下看的气势(这个词正是你想让读者完全接受的词)。如："看起来优雅，用起来优雅……"

ⓓ 鼓励客户。通过在每一段话开始时用跟前一段有联系的话开头，可以鼓励读者一段一段地往下看。如，"还有一件事……不仅如此，更有甚者……"

ⓔ 幽默。有分寸的幽默会增加客户对你的好感，但如果幽默落入俗套，就会把读者赶跑。所以，除非你确有把握时才用幽默。你可以通过大量的朋友、同事和任何你可以想到的人验证你的幽默。如果心中无数，就要避免

使用。

ⓕ 真人推荐。任何引用的话语都有能激起人们的阅读的兴趣，满意客户的使用鉴定是保持客户兴趣的最佳途径之一。

ⓖ 用小标题。除非文章很短，否则尽量用小标题。人们在阅读正文之前会阅读小标题，所以最好写出生动有趣的小标题。你可以用小标题概括出下段话中要谈到的内容——产品给用户带来的好处。如写上“使您在图书馆体验真正的快乐”，“节省宝贵的空间”或“有个坐下来看书的地方”。

ⓗ 让文字连成片。除小标题外，不要用任何东西隔断文字，如果用示意图、优惠券、大标题或其他东西断开文章，会使客户在中断之后，不再继续往下看。

③愿望。因为人们对广告产生了兴趣，就认为他们会自然而然地想购买相应的产品是不对的。对产品产生购买欲望不是在读者感兴趣之后才发生的，这两个过程是同时发生的。

如果读者有足够的兴趣看广告，那么他们可能会产生对产品或服务的购买欲望。但他们常常会为自己找借口不买这种产品。他们会对自己说：“我打赌这一定很贵。”“这可能不牢固。”或“我想折价的木料只有照片上的那种深色，这和我的图书毫不协调。”通过定期的市场调研，你应该知道人们对产品存在哪些顾虑，然后，你就可以针对这些问题作出解释。

如果你和他们通电话，或面对面交谈，潜在客户可以把这些顾虑说出来，你可以直接向他们解释。但是在做广告时，如果他们对你的产品有顾虑，他们可能永远不会跟你接触。所以，在做广告时，你应该把重点放在打消读者的顾虑上，而不是介绍产品给用户带来的好处。客户调研可以帮助你发现客户的常见顾虑。

④行动。虽然兴趣和愿望都非常重要，但如果没有行动，兴趣和愿望都毫无价值。你需要读者在看完广告后跟你进行某种形式的接触。所以，你应该告诉他们怎么跟你联系。

ⓐ 最好的办法是附上优惠券，让他们填写并寄回给你。附有优惠券的广告能吸引更多的读者，并且回复率也较高。

ⓑ 提供电话号码。如果能给出联系人的姓名就会显得更亲切。

ⓒ 提供传真号码或电子邮件地址，有人觉得用传真或电子邮件更方便。

ⓓ 提供免邮资的回信地址。

给出让读者立即订货或做出回应的理由。如存货有限，在圣诞节能送到的最后订货日期马上订货，那么可以给在某一日期前与你联系的读者赠送现金抵用券；或者声明他们不订货也会得到免费的赠品和参加抽奖活动。如果人们不能立即回应，他们可能会把这事忘得一干二净。

在信的结尾处，签字后再加上手写体的附言，往往能提高回应率，有时候甚至能提高一倍。用附言反复强调一些重要事项，可以激发读者立即回应，如“别忘了在 11 月 28 日前订货，保证我们能在圣诞节前把货送到”。

【案例】　以下是一封典型的硬销方式的直邮信件

近 40000 位妈妈热烈支持，就是您信心的最佳后盾！

给尚在犹豫的妈妈一封信

亲爱的家长，您好：

很抱歉，再三打扰您，在此向您传达一份捷报，请您与我们分享这份喜悦！根据“小朋友巧连智”订户部最新统计，本月份单月订户已创创刊来最高记录，且大量订户不断涌入其中！我们迫不及待再次提醒您，赶快加入 4 月号新巧连智行列，让您的宝贝，也能和全国近 40000 位小朋友一起共度最有意义，最快乐的儿童节！

今年 4 月，也是“小朋友巧连智”创刊一周年纪念。短短一年内，“小朋友巧连智”由零到近 40000 份的惊人成长，由萌芽到茁壮的广受好评，让我们既欣慰又感谢！并惊喜发现，国内拥有学前儿童的父母，对启发教育的重视，已成快速地成长。如今，一年有成，除继续为近 40000 位小朋友提供更精彩、更富教育意义的内容外，还注重孩子手脑并用的潜能开发，以及与妈妈间的双向沟通，这些详细的介绍，请您细看我们所附上的样本书及座谈会内容，相信您会了解巧连智对幼儿教育的用心与诚意！

为了加强您对 4 月号新“小朋友巧连智”的信心，特为您介绍其全新的风貌。由三点一套，扩充为“看、听、学、做、育”五点一套，从用眼、耳、手、脑至用心，为孩子奠定最完整的幼教基础。

“巧连智读本”在精致细腻的插画引导下，带小朋友走进自然、走入童话、热爱文字，从小培养孩子观察万物、仁人爱物与纯真的心灵，奠定丰富学识与完美人格的基础。

“巧连智录音带”自然原音的重现与真实情景的传达，让孩子领略大自然之美，与情感沟通的表达技巧，丰富孩子的想象空间。

“小虎的游戏簿”以循序渐进的活动方式，让小朋友从最基本的数、圆形、文字、语言、工作等游戏中学习，自然奠定进小学的基础。

“巧连智妈妈手册”，针对妈妈育儿问题，有专家为您分忧解难，使您成为现代的快乐妈妈。

“巧连智宝盒”潜能开发立体教具，让孩子真正动手做，对培养孩子首脑灵活运用的想象力和潜能发展，有莫大助益。

除了4月号新“小朋友巧连智”多样、丰富的内容外，4月20日，我们还将举行5000个名额的大抽奖，奖品通通都是小朋友和妈妈喜欢的，请您千万别错过，赶快行动哦！孩子的童年只有一次，拥有巧连智的孩子，绝对比别人幸福。

谨此，祝您健康快乐，万事如意！

“小朋友巧连智”月刊总编辑　高明美　敬上

PS 您可先看书后付款，如果订阅后觉得不满意，可以随时终止订阅，我们会退款给您。如有任何问题，请拨打电话：312－0405 389－8035，我们定竭诚为您服务！

【评析】 第一段是以捷报的方式做开场白，引起家长的注意。先让家长产生信心，为什么呢？因为这是第三期的DM，推想家长已收到前两期的信，但却还没有下决心订阅，故开头以“很抱歉，再‘三’打扰您”为开场，其意就是前两封可能尚未打动消费者，这一次非加强家长的信心不可。

如何加强？“以大量用户涌入，近四万位妈妈的支持”，来使家长产生微妙的认同与“输人不输阵”的心理，借以让忧郁的妈妈真正下定决心订阅。

第二段以创刊一周年纪念，内容更新、更多，还注重手脑并用潜能开发，与妈妈的双向沟通等内容让家长有足够的兴趣看广告。

第三段以全新风貌的重点介绍，以及能带给孩子与家长什么好处进一步唤起家长的购买欲望。

第四段与PS段除内容多样化外，还有抽奖、品质保证、售后服务、可退款、催促电话，紧急催促，促使家长赶快行动。

(2)软销方式直邮信件的结构与写作。软销方式信件的不同之处在于它读起来像是写给你认识的某个人，你往往可以给你认识的客户寄去这样的信件。如果你只寄出一封信，或者是推销价格高、质量好的产品，写这类信件很合适。

这样的新建也有一个模式，但不是ADIA。虽然你仍然需要抓住读者注意力、引起他们的兴趣、激起他们的欲望并采取行动，但具体做法有所不同。软销信件的模式是SCRAP：

● 情景（situation）
● 困难（complication）
● 解决方案（resolution）
● 行动（action）
● 礼貌（politeness）

这是一种非常得意的写作商业信件的五步法，可以用来引起读者兴趣、进行劝说等，下面我们将依次论述：

①情景。开头粗略地把读者或市场形势介绍一下。要抓住并保持读者的注意力，就别告诉他们早就知道的一些事情。不要老犯同样的错误，如在信得开头写上"正如您所知……"这样的话，这只能告诉读者没有什么新颖的内容。试着用类似下面句子的话开头："每对父母平均每天用婴儿车推着孩子要走超过 5 英里的路程……"

②困难。现在阐述为什么这种情景不是理想的："那么您买完东西或走完一段路后，回到家感到筋疲力尽就不足为怪了。"

③解决方案。这正好是告诉他们你能帮忙解决刚才提到的问题机会："我们的电动婴儿车能为您做这些苦力的活。"

④行动。这是直销，所以别忘了：你需要对方给出回应。这正是你提要求的地方："寄回邮资衣服的明信片。""如果您想让我们给您邮寄完整的手册和节目单，那么请跟我们联系……"

⑤礼貌。现在你只需要把信圆满地结尾就可以了："我们盼望着您的回音。"当然，信件可以比上面讲得长些，但最好不超过一页纸。你可以在一页纸的两面都写，但要记住在第一面结尾处断开句子，使读者不得不翻过来读。不能因为你们之间有私交就可以免去促销信件的重要内容。你仍然需要介绍产品为客户带来的好处，消除他们的顾虑和宣传产品的卖点。而且你仍然可以在问候语下面加上标题，附上赠品、样品，通过刺激手段让他们立即给你回应。

【案例】

儿童推车 DM

亲爱的史密斯先生和琼斯女士：

你们曾经设想过使用不用推的婴儿车吗？

平均每对父母每个星期要用婴儿车推着孩子走超过 5 英里的路程，那么一年下来大约要走 250 英里。所以当您买完东西或走完一段路回到家后感觉到筋疲力尽就一点也不奇怪了。现在你们的儿子快两岁了，要推着他走那么远的路，您会感到越来越累。

但靠他自己走很远的路还需要等一段时间。几年前，一个客户跟我们谈起过这个问题，给了这个问题，给了我们灵感：为什么不给婴儿车加上发动机，让发动机来干这份苦差?

当然，问题没有这么简单。我们花了两年的时间开发、试制、反复测试。我们必须让你们和孩子们感到舒适；必须让电动推车具备父母们期望的所有婴儿推车的优点，如采用防水材料和结实的车轮、能折叠起来放在汽车里等；我们还必须测试发动机是否性能可靠，并实行两年保修。

但重要的是，我们必须确保它使用起来绝对安全，我们保证你们的儿子碰不到发动机的每个部件。我们还加装了安全制动阀，使你们的手在离开扶手时，发动机自动断开电源。我们请英国标准化研究院对我们的产品做了鉴定，结果他们未做任何更改就通过了鉴定。

最后，我们还想让推车美观。所以我们找到了一系列耐用、好看的可拆洗的防水纤维面料，共设计出五种不同款式。我们在扶手处加上柔软的泡沫塑料以增加舒适感。设计的全天候车轮使推车看上去和用起来一样的结实牢固。

随附的小册子展示了我们所有努力的结果。尽管您可能想这么舒适、方便的电动推车一定得花不少钱，但花179元钱买一辆质量好、能为您省许多力气的推车一点也不贵。

如果你们想了解更多的情况，就请给我们寄回明信片。我们将把详细的手册和资料(包括所有规格、所有面料的彩照)寄给你们。如果在3月31日前寄回明信片，你们就可以得到10元钱的抵用券，可以在4月底之前订货时使用。

我们盼望着你们的垂询!

您忠实的朋友

路易

企业管理部主任

【评析】 这则DM广告文案针对性很强，客户的姓名、孩子的年龄、性别等都有详细的了解，可以说是有的放矢。文案风格亲切自然，体现了商家对客户的关心，在细节上一丝不苟。文案开头提出了一个很现实的问题，即随着孩子年龄的增大，手推婴儿车会十分劳累。接着提供了一个解决这个问题的方案：我们的电动婴儿车会为您做这些苦力的活。值得借鉴的是，文案创作人员在写作过程中进行了换位思考，即家长在选择电动推车时不仅仅考虑自己省力，更要考虑这种新产品是否安全可靠，是否让宝宝感到舒适。文案很好地排除了这份顾虑，用一段文字："但重要的是，我们必须确保它使用起来绝对安全，我们保证你们的儿子碰不到发动机的每个部件。我们还加装了安全制动阀，使你们的手在离开扶手时，发动机自动断开电源。我们请英国标准化研究院对我们的产品做了鉴定，结果他们未做任何更改就通过了鉴定。"进行了解释承诺和原理说明以及权威的证明，论据有力，说理明晰，很好地打消了目标消费者的顾虑。紧接着，排除了下一个顾虑，即这样的产品会不会很贵？文案将价格进行注明，并附以展示手册以便目标消费者详细了解产品。正文最后在结尾不失时机地提醒目标消费者采取行动，并为其行动提供了便捷的方式："邮资已付的明信片。"同时加入促销信息："如果在 3 月 31 日前寄回明信片，你们就可以得到 10 元钱的抵用券，可以在 4 月底之前订货时使用。"这份优惠对于已经打算购买的年轻的父母是十分有效的。结尾，简练而富有礼貌，将写信人的身份注明，以示诚意。

2. 辅助部分

辅助部分包括外包装信封、相关小型印刷品、反馈表等。

信封是直邮广告的衣服。因此，信封上面的各要素以及写在上面的收信人地址也就成了顾客对这封直邮广告的第一印象。DM 的外包装信封，既可向公司外部购买，也可以由公司自己印制。信封的式样、规格、大小多种多样，采用什么样的信封除了要视直邮广告的形式、厚薄、大小等因素之外，还必须考虑是否符合当地邮政当局的规定。

信封由正面、背面、封口组成。信封正面是收信人拿到信后必看的一面，除了收信人的地址。姓名、邮编、寄信人的地址、邮编、姓名（公司名）写在正面，贴邮票的地方只要留出约 6cm × 3cm 的空间供贴邮票盖邮戳外，其余正面部位也可用以做广告。可以印上（或写上）能引起收信人注意和唤起收信人拆阅信件的欲望并能说明 DM 的主题的广告语（文字）。如，"内附申请书"、"内附优惠券"、"听得见的伊妹儿"等。信封的背面有较大的空间，全部可以用于广告。可以印上（或写上）较详细的说明、介绍性的文字，以促使收信人拆阅信件。信封的封口是收信人拆信时必看的部分，但由于其空间小，可以印上让人好奇、催促拆阅的广告语，如：内附样本书，请速拆阅等。这样有助于催促收信人立即拆阅信件。

第二节 电子广告文案写作

以电子技术新成果为主发展起来的新传播媒体，统称为电子媒介。如幻灯、电影，电视、广播等。电子媒介是现代社会里最具有强劲发展势头和发展潜力的广告媒介。本节分别阐述电子媒介中应用最广的广播、电视广告文案的写作方法。

一、广播广告文案写作

广播是以电波为载体，以声音为传达信息的手段的大众传播媒介。具有听众广泛、覆盖面广等特点。声音是广播广告最大特点，借助这一特殊的信息载体，广播广告充分发挥声音特性和声音独有的造型功能，通过刺激听众的听觉系统，塑造商品的听觉形象，传播丰富多彩的广告信息。

（一）广播广告的特征

1．声情并茂，富于联想

广播的感染力源于声音所带来的丰富联想，所以，西方学者称之为“最形象的传播媒介”，这并非因为声音能够再现客观世界，而恰恰是因为广播所塑造的听觉形象往往比较模糊，因此能够让人产生丰富的联想，这些联想使听众创造性地把某些声音符号转化为更丰富的形象。

广播容易引发联想有以下几点原因：首先，广播是具有亲和色彩的传播方式。在传统媒介中，广播最具有人际传播的色彩，这是由其谈话体的传播方式决定的。虽然广播实际是“一对多”的大众传播，但听众仿佛觉得是对自己说话，这就构成了一个“一对一”的具有亲和色彩的谈话气氛。听众会把自己“投射”到这种语境中，“扮演”与主持人对话的角色，在这种情境中，最容易产生联想。其次，声音符号具有较大的想象空间。溪流声、鸟鸣声，通过听觉作用于大脑，调动起人的生活经验，仿佛身临其境。联想由此可能产生于一切细节中，正是因为联想，广播的各种声音可能创造电视或印刷媒介无法再现的人物、情景和迷人的世界。

2．曲乐相和，营造意境

音乐是用节奏和旋律表达思想感情的特殊语言，通过有组织的乐音构成听觉形象，以此直接抒发情感、反映生活。音乐的主要特征有：其一，它是一种声音艺术，音乐形象是用声音作为物质材料塑造起来的。音乐所使用的音乐材料既不同于其他艺术的物质材料，也不同于大自然的原始声音，而是从声音世界中选择、提炼、概括出来的一系列有组织的“乐音”。音乐形象就是通过这些“乐音”，通过音调、音色、节奏、旋律、和声等音乐语言塑造出来的。其二，它是一种情感艺术，贝多芬说，音乐中“情感的表现多于描绘”。它虽然不具有语言描述的具体性和视觉形象的直观性，但它最富有感染力，具有沁人心脾的艺术魅力，因为情感本身是一种动态过程，音乐的声音就是动态的。音乐的激荡回旋，反复渲染最能激起人的情感，能够迅速直接地激起人的情感。正如我们所知，“四面楚歌”能够瓦解楚军军心；“京城女”的琵琶演奏能够产生“满座重闻皆掩泣”的情感效应。《乐记》中记载“乐也者，圣人之所以乐也，可以善民心，其感人深，其移风易俗，故先王著其教焉”，音乐可以陶冶性情，可以愉悦感官，同时满足人的审美需求。

广播广告的审美活动中，音乐起着铺垫基调、烘托气氛，调节情绪，强化记忆的功能。它不仅可以为广告提供背景音乐，而且有的甚至直接把广告内容音乐化，把它变成歌曲唱出来。背景音乐主要是电台在播送分类广告时的伴奏音乐，它可以避免广告平淡呆板，使听众在欣赏乐声中听到广告闻之悦耳，发生兴趣。广告歌是广告构思用一定的音乐旋律而表现的形式，通常都是为某一特定广告而专门谱写录制的，听众闻之声便知是什么企业、什么商品。广告歌短小易记，有个性，具有感染性、煽动性、传播性和重复性，应用很广。此外，不同电台广告信息，配上不同风格情调的音乐，能突出广告主题，增强广告感染力。如景德镇的旅游广告，配上电子琴演奏的歌曲《我的祖国》，让人感到祖国的可爱；乌鲁木齐乐器广告配上新疆维吾尔族音乐，显示地方产品特色；大型工业产品，配雄壮的管弦乐，听起来使人振奋，联想到工业的壮观景象；儿童车广告，用一种跳跃的木琴旋律，形容儿童骑自行车的活泼形象。我国各地广播电台常用的有古典音乐、轻音乐、民乐，进行曲等。古典音乐表达情感含蓄、细腻、悠扬；轻音乐节奏热烈，令人轻松愉快；民乐富有地方和民族色彩；进行曲雄壮有力。如果音乐类型与广告主题协调则会带来巨大的听觉享受，如电台宣传广东产品时就选用广东音乐，听起来格外亲切。正如卢梭所言：“音乐不在于直接描绘形象，而在于把心灵置于音乐能够在心灵里创造的情绪中去。”

3. 拟声逼真，再现情景

拟声是广播广告中模拟自然界和社会生活中的各种音响效果。它一经运用到广播中来，则和人类的社会生活紧紧联系到一起。拟声在广播中具有极大的表现力和感染力，尤其当它与语言、音乐组合起来，三位一体，不仅能够使广播内容更具真实感，加强认知效果，而且能够渲染、烘托气氛，加强审美效果。以上则广告中的拟声为例，广告里出现了两种拟声：其一为模拟的自然音响，如小溪的淙淙流淌声，鸟儿欢乐的啼叫，一方面渲染出一种宁静柔美的温馨氛围，让消费者产生一种仿佛置身山崎深谷、亲聆泉声鸟语的无与伦比的听觉美感，另一方面又让消费者浮想联翩；有着美丽自然风光的山崎，空气清新，泉水纯净，用山崎泉水酿制而成的三得利酒自然芬芳馥郁，美妙异常。其二为产品的音响，如开木樽的声音，将冰块放入酒中的清脆响声，从听觉上刺激人们的生理欲求，促使消费者迅速购买以满足自己的心愿。

(二)广播广告文案的表现形式

广告文案的表现形式，是由广告内容决定的，同时也受广播媒体特点的制约。由于广告内容的丰富多彩，广告创意的千变万化，有声语言的博大精深，广播广告文案的表现形式也就色彩纷呈，不拘一格。诸如直陈式、对话式、故事式、小品式、戏曲式、说唱式、快板式、相声式、诗歌式、歌曲式、新闻采访式、讨论式等等，都适用于广播广告文案写作。这些表现形式，均以有声语言为表现手段，而且声音是唯一的表现手段，从而形成了广播广告文案独有的表现形式的特殊性。

1. 直陈式

直陈式是广播广告中最古老、最简单的一种形式，较为流行，也相对容易写，有一个人播送销售信息，可以配有背景音乐。

直陈式广播广告是先将广告文案写好，直接由播音员在录音间播出的广告形式。这是电台广告中最常见的，也是最基本的表现形式。特点是简便、快捷、时效性强，而且价格低廉。缺点是形式简单，容易枯燥。但可在文案写作上下工夫，充分发挥语言的感染力和播音员的播音技巧，以及音乐、音响的配合来弥补。

“廉泉啤酒”广告文案(合肥人民广播电台)：

在包公的故乡——合肥，有一口古老的井，取名廉泉。相传，清廉之士饮了廉泉之水，甘甜爽口，明目清心。

而今的合肥有一座现代化的啤酒厂。该厂生产的廉泉啤酒，清亮透明，酒香味纯，以其独特的风格深受消费者欢迎。

在上海、在天津，参加1987年全国饮料评定，经群众投票打分，专家审查，获得了上海的健乐奖和天津市场畅销啤酒之美称！

廉泉啤酒，不负廉泉盛名。

(文案选自：张农主编《全国广播广告获奖作品选评》中国广播电视出版

社 1991 年版）

在这则广告文案中，创作者巧妙地把廉泉啤酒与历史名人及古老的传说联系起来，不仅使品牌得到了强化，而且使产品披上了浓郁的文化色彩，从而深受听众欢迎。广告文案由播音员将广告内容予以直接陈述，虽然在形式上略显单调，但其创意的新颖和语言的简洁凝练响亮却足以给消费者留下深刻的记忆。

2. 对话式

即通过两个或两个以上的人物相互交谈的方式，将信息内容介绍出来。这种形式比较生动活泼，富于生活气息，再加上音乐和音响的烘托，能够创造特定的情绪和氛围。如此，对话者便成了小品中的人物，比较容易吸引听众的注意力和收听兴趣。也是一种较为普遍的广告形式。

【案例】　中国移动 17951

音效：高跟鞋声、开门声。

女：我俩要离婚！

工作人员：离婚协议书。

女：协议书呢？

男：忘带了！

女：你能干嘛?！你总是忘带东西，离个婚你都忘带协议书，你怎么不把你自己忘带了呀！

男：你还炒菜忘放盐你怎么不说？

女：你还忘我生日呢？

男：你还忘记去幼儿园接孩子呢？

女：你睡觉前还老忘洗脚呢？

男：你上完厕所还老忘关灯呢？

女：那你打长途还老忘拨 17951 呢

男：我……你……

画外音：打长途记得拨 17951！中国移动！

【评析】　对话式的广播广告可谓引人入胜，因生活中的琐事要离婚一直到没记性拨 17951，无厘头的桥段中，自然引出品牌信息，让人们牢牢地记住了广告信息。

3. 故事式

即通过精心构思的有头有尾的小故事或情节片断，来传播信息内容，类似于小小说，通过播音员播讲出来。特点是故事生动有趣，能够引人入胜，使听众通过娓娓动听的故事，接受广告内容，并对产品产生好感，从而成为产品的消费者或潜在消费者。

【案例】“参参口服液”广告文案（杭州人民广播电台）

朋友，我给你讲个故事。

（音乐起，压混）

在美丽的西子湖畔，有一对好夫妻，男的叫生晒参，体格健壮，是个东北大汉；女的叫西洋参，身材苗条，来自遥远的美国。那么是谁做的大媒，使这对国籍不同的夫妻和睦相处，心心相印呢？原来是杭州胡庆余堂制药厂的古一先生。后来他们生了孩子取名叫参参。小参参汲取了父母的优点，而且爱打抱不平，很快成了人类健康的挚友、病魔的克星。朋友，你听了我的故事，我相信您一定会喜欢，这清火滋补的参参口服液的。

（文案选自：张农主编《全国广播广告获奖作品选析》）

4. 曲艺式

即通过中国老百姓喜闻乐见的各种传统的戏曲方式，如京剧、评剧、黄梅戏、粤剧、山东琴书、河南豫剧等来传播广告信息。往往需要把广告文案写成戏曲剧本，编成符合曲调的唱词，加上道白，配上锣鼓等民族乐器，构成戏曲情节，通过演员演播，将广告内容表述出来。特点是文艺性强，曲调多为听众所熟悉，容易为听众所接受，从而拓展广阔的销售市场。快板式，以快板这种为听众所喜欢的艺术形式来传播广告信息。快板，又称“顺口溜”、“数来宝”等。这种形式的广告文案需将广告内容写成快板词，一般以七字句为基础，可根据需要增删，要押韵，间插说白。分单口、双口和三人以上群口几种形式。形式灵活，气氛热烈，听众可在娱乐中接受信息，消除听广告的抵触心理。相声式，即以相声这种为广大群众喜闻乐见的曲艺形式来传播广告信息。它以说、学、逗、唱为艺术手段，以风趣、诙谐，引人发笑为艺术特色，长于讽刺幽默，也善于歌颂新生事物。这种形式的广告文案需写成相声小段，再请演员演播，使听众于笑声中接受信息传播。形式有单口相声、双口相声和三人以上群口相声三种，其中二人对口相声更为普遍。

【案例】《强化拉链》（快板）

男：拉，啦啦啦，拉，啦啦啦，

强化拉链用处大，
服装、箱包都用它。
选拉链，要强化，
强化拉链顶呱呱，
意大利设备来制造，不脱齿、不掉牙，咬牙切齿任你拉。
强化拉链顶呱呱，顶呱呱。

（三）广播广告的写作要求

广播广告作为仅凭声音传递信息，诉诸人的听觉的广告，其文案写作必须树立“适听”观念。

1. 为“听”而写

(1)广告文案的撰写要充分发挥汉语的丰富表现力，要让听众字字听得清，句句听得懂，使听众正确理解创意。这就必须掌握有声语言与书面语言的差异。

(2)广告文案的语言要认真精选，反复推敲，多用双音词，少用单音词。避免使用谐音词、同义词或多义词，以及容易产生歧义和误导的词语。比如，“向钱”看，容易听成“向前”看，“切忌”也容易听成“切记”等等，必须换成确切无误的词语。

(3)对广告商品要有所取舍。广播广告应选择一些与人民群众的物质文化生活密切相关，容易说得清楚，听得明白的商品。对于有些单纯用声音不易解释清楚的商品，则不适宜广播广告文案撰写。如有些高科技产品，符号多，或外文字母多，仅凭声音很难理解清楚。

(4)广告语言要有亲和感，充满人情味，使用通用语、多用口语和短语。

2. 主体信息要反复强调，突出品牌形象

主体信息指的是品牌。广告的最直接目的就是塑造品牌形象，唯有声音的反复强调，才能加深听众印象。一般来讲，一则15～20秒的广播广告，品牌重复2～3次为宜。

【案例】　中(平声)意冰箱

男：中意的生活，生活的中意，
追求中意，请看中意，
湖南中意电器集团公司，祝朋友们事事中意，
并期望着为了让中意冰箱使您自己中意，妻子中意，孩子中意，全家中

意，请您购买时挑剔中意。

只有您中意，才有我中意。

3．三要素最佳组合，综合传播广告信息

广播广告中的人声、音乐和音响三种要素，并非简单叠加在一起，而是高度融合、互相补充，共同塑造品牌形象，传播广告信息。三要素的组合方式多种多样，具体形式则要根据广告内容和作者的艺术追求而定。但必须遵循一条原则：寻求三要素的最佳组合方式，一切都为传播广告信息，保证广告效果服务。

(1)人声。广播广告中的人声，划分为话语声、感叹声、笑声、哭声、吵嚷声、嘈杂声等。

话语声即有声语言，是承载广告信息的主要形式，因此也是广播广告最重要的构成要素。有声语言是广播广告中用以塑造形象，传达广告信息的主要工具和手段，也是听众接受信息的唯一途径。因此，有声语言在广播广告中是举足轻重，决定成败的关键性要素。我们认为一个好的广播广告作品在语言上需要具备如下特点：

①表述形象具体。能够充分激发听众的想象和联想能力，并且在听众脑海中形成具有主题的画面或图像。

②用词真实亲切。充分发挥广播媒体“固有的温暖特性和陪伴功能”，通过亲切的话语力图实现与受众心灵上的沟通，增加信息的真实感，让听众对广告有更高的信任。

③表达轻松愉悦。让听众感到轻松愉快，能激起人们的欣赏兴趣。

④声音悦耳动听。每句话，每个字音都应悦耳动听，富于节奏感和音乐美。信息代言人应与信息密切相关，其声音应与广告目标相互吻合。

(2)音乐(含歌曲)。音乐作为广播广告又一重要构成要素，是通过旋律和节奏来传情达意的。广播广告中悦耳动听的，与语言的节奏和谐一致的音乐，能够唤起听众的情感共鸣，消除与听众之间的心理距离。由于它是为表现广告内容服务的辅助性手段，因而其不具备独立的确切的表意功能，只能间接地为广告信息的传播起辅助作用。

广播广告中的歌曲、民谣等音乐，能够有效调动听众的参与意识，强化广告信息，增进记忆，促进哼唱与流传，延续广告的传播效果。因而，音乐，特别是歌词的创作是广播广告文案不可忽视的重要因素。

(3)音响效果。音响效果指的是除了有声语言和音乐之外的各种声音，是塑造广告形象、体现广告主题的又一辅助性手段。主要包括以下四种类型：

①各种动物发出的声音。如鸟鸣、狼嚎、虎啸、犬吠、猪哼、鸡叫等等；

②人在活动时发出的声音。如脚步声、鼓掌声、喘息声、打斗声等等；

③大自然中的各种声音。如山崩、地裂、洪水、海啸、浪涛、暴风雨等等；

④物体运动发出的声音，如各种机械声及使用产品时的声音。如摩托车的"突突"声、火车的"轰隆"声、飞机的马达声、轮船的汽笛声、烹调炸锅声等等。

音响可以有效表述产品性能特点，强化听众感受；渲染情绪气氛，表达思想感情；烘托环境背景，提高模拟场景的逼真程度；创造运动感，增加生活气息；用作比喻象征，深化信息内容等等。

请仔细体会以下案例中音效的功能。

【案例】　米其林冬季轮胎广播广告文案

音效：风声、走在厚厚积雪上的脚步声

男声：无论是在光滑的冰面，还是在松软的雪地（汽车打火声，音乐起），米其林冬季轮胎，交叉Z形沟槽，保证出色冰面稳定性。柔软的胎面橡胶，带来更好的冰面抓地力。米其林冬季轮胎，体验冰雪路面的安全驾驶。

详情致电米其林服务热线40088、90088

音效：急刹车声

【评析】　取自自然的真实音响为听众营造了真实可感的冰天雪地的情景，沙沙的走路声，让人感到冰雪路面行走之难，但随着汽车打火声，广告进入全新情景，贯穿始终的紧促的节奏感强的音乐，衬托出装备米其林冬季轮胎的汽车在冰雪天气仍然一如既往地快速、安全行驶，让人体验到冰雪路面上的驾驶快乐。结尾的急刹车，车辆戛然而止，突出了轮胎超凡的防滑性能。广告也戛然而止，干净利落。

二、电视广告文案写作

（一）电视广告的特征

1. 视听兼备，声画并茂

电视的最显著特点是视听兼备，声画并茂。它通过刺激人的视觉和听觉

器官来激发其感知过程，完成信息传递，带给人们全面的视听享受。

视与听是人类接受外界信息的主要途径。人对外界的感受，60%来自视觉。视觉在我们的感官中是最重要的。通过我们的眼睛，我们可以比通过耳朵更加了解和熟悉周围的世界。眼睛记录下的是物体对光线的反应，以便认知物体在空间中的形状、颜色、表面特点和运动形式；耳朵录下的是物体运动中产生的声波。二者并用，便在大脑中基本记录了事物的特征。从记忆效果来看，听到的信息能记住20%，看到的信息能记住30%，边听边看能记住50%。所以，声画并茂、视听兼备的综合性传播，符合人的生理特点，是电视的独特优势，也使它成为最具审美效果的大众媒介。它不仅可以塑造诉诸于听觉的审美形象，还可以塑造诉诸于视觉的审美形象。不仅如此，声音和画面的匹配，产生的审美效果更是其他大众传媒不能比拟的。

2. 通俗平易，喜闻乐见

电视通过动态画面、音响、音乐传情达意，人人一看就懂，一听即知，无须翻译，不要解释，形象生动而逼真，声色优美而感人，有很强的穿透力和感染力，尤其能产生一种独特的潜移默化的传播效果。借助画面、语言、声音、字幕等辅助，电视广告可以展现一个场景，可以讲述一段故事，可以制作一则动画，可以播放一首广告歌曲。不论文化水平的高低，年龄差异的大小，人们可以轻松方便地接受电视传递的广告信息。可以说，电视是一种老百姓喜闻乐见的大众传播媒介。

3. 表现体验，真实可信

人们常说“耳听为虚，眼见为实”。信服，是赢得顾客的关键要素。电视可以运用画面演示、演员表演、用户证言、音响配合、音乐渲染等手段来获得信服，让受众相信自己是在目睹客观现实。电视广告通过将产品完整地展现在屏幕上，原原本本地道明操作使用方法，以现场表演的方式表现产品特质，介绍产品功效，让人亲眼目睹产品投入应用的实况，或让观众透过细小的动作，微妙的表情判断人物的证言、体验是否真实可信。例如，郭东临演示的汰渍洗衣粉广告，通过和不同品牌洗衣粉使用前后的对比，让观众清楚、直观地看到洗涤效果，无须过多说明和夸耀就可以达到劝服效果。再比如减肥器械也常常通过电视演示来证明减肥效果，这种方式真实可信，有很强的说服力。还有一些无法具象化的事物变化或思想情感，也必须通过画面来传达。比如，食用某品牌方便面后惬意、满足、回味无穷的表情；使用某洗发水后清爽、自信的神情会激发受众的心理体验，留下深刻的印象。

此外，电视画面表现一些难以直接传达的感觉、体验、变化和抽象的思想意识，比如食品的味道、化妆品使用后的变化、驾驶汽车的乐趣、对新生活的向往时，声音则可以发挥作用。比如：运动鞋广告采用比赛现场的喝彩声、润喉糖广告采用树林里的鸟鸣声等等。在电视广告中，音响可以用来暗示象征，强化画面，烘托气氛。有时，音响可以用以替代某些以画面表现不便、不雅的内容，塑造画外空间。比如以一声尖锐的刹车声，暗示车祸的惨景。因此，电视广告的音响使用率也很高。

4. 营造氛围，共同跃动

电视媒介借鉴并融合了电影、摄影、文学、音乐、绘画、舞蹈等众多传统艺术的精华，因此，电视广告能综合运用多种艺术表现手段，营造氛围，吸引观众投入其中，通过达到情感上的共鸣或认识上的一致而拉近彼此距离，共同感受、共同跃动。在电视广告创意中，如果利用亲情、友情、爱情来创作，可以打动相当一部分人的心。

我们经常看到电视广告常常以一个温馨、美丽、现代的家庭为背景；或是以一个青春、阳光的场景作为故事发生的环境。因为，电视是一种传载大众文化的载体，对反映现实生活乐此不疲。当它成为现代人生活、家庭文化的一部分时，便具有传递消费模式的属性。很多电视广告所描绘的生活状态成为众多受众模仿和向往的对象。电视广告因此也带有了“造梦”的色彩。它可以为渴望美丽容颜的少女营造一个一夜之间由丑小鸭变成白天鹅的场景，又如，立白洗洁精广告中，陈佩斯饰演的丈夫，疼爱妻子，为妻子选购不伤手的立白洗洁精。电视画面中所展示的生活场景，为情节的展开营造了一个观众熟悉而又亲切的氛围，有同样渴望的观众极易融入其中，甚至渴望自己成为广告中的那个角色，立白洗洁精在这种氛围中，不仅仅是一种洗洁用品，更是凝结了爱的事物。

（二）电视广告的表现形式

1. 按时段划分

目前，电视广告片的各种常规时段有 5 秒、10 秒、15 秒、30 秒、60 秒等，其中，15 秒、30 秒的广告最多。我们在选择电视广告文案的表现形式时，不仅要依据广告策略、广告信息内容、广告目标受众等情况，而且还要与时段的选择产生对应。

（1）一般情况下，5 秒时段的电视广告片，其目的通常是为了加深受众对广告信息的印象，强化受众对广告主体特定形象的记忆。因此，一般采用瞬间印象体的表现形式。以一闪而过，却具有某种冲击力的画面，与简洁凝练的广告语相结合，来表现企业形象或品牌个性。如“乘红河雄风，破世纪风浪"、"鹤舞白沙，我心飞翔"、"喝孔府宴酒，做天下文章"、"金利来，男人的世界"、"一品梅，芳香满人间"、"好空调，格力造"等。

(2)10 秒和 15 秒时段的电视广告片，其广告目的是要在短时间内，对广告信息作单一的、富于特色的传播，突出企业形象或品牌个性，或独具的"卖点"。因此，适合采用名人推荐体、动画体、新闻体，以及悬念体、简单的生活情景体等表现形式。如李媛媛做的"朴欣口服液"广告，赵本山做的"泻痢停"广告等，都曾由 30 秒的长广告片中剪辑成 15 秒的广告片。

(3)30 秒时段的电视广告片，可以从多角度表现产品的功能、利益点。适于采用名人推荐体、消费者证言体、示范比较体、生活情景体、以及简短的广告歌曲等形式。如"盖中盖"广告、"南方黑芝麻糊"广告、"孔府家酒"广告、"沱牌曲酒"广告等。

(4)60 秒时段的电视广告片，可以表现更丰富的广告内容。可以采用广告歌曲体、生活情景体、消费者证言体、示范比较体等较为完整的表现形式。

2. 按脚本类型划分

电视广告文案是广告文案在电视广告中的特殊形式。由于电视广告文案在写作过程中除了运用一般的语言文字符号外，还必须掌握影视语言，运用蒙太奇思维，按镜头顺序进行构思，这颇似电影文学剧本的写作，因而又被称为电视广告脚本。

电视广告的各种构成要素：素材、主题、艺术形式、表现手段以及解说词等，都是广告创意的重要组成部分，这一切都必须首先通过电视广告脚本的写作体现出来，从而使电视广告文案显示出有别于其他广告文案的特殊性。电视广告脚本是电视广告创意的文字表达，是体现广告主题，塑造广告形象，传播广告信息内容的语言文字说明，是广告创意的具体体现，因而，它是现代广告文案写作的重要组成部分。

然而，它又与报刊等平面广告文案的性质有明显的区别：它并不直接与受众见面，因为它不是广告作品的最后形式，只不过是为导演进行再创作提供的详细计划、文字说明或蓝图，是电视广告作品形成的基础和前提。因此，对未来广告作品的质量和传播效果具有举足轻重的作用。

影视语言的构成一是视觉部分，包括屏幕画面和字幕；二是听觉部分，包括有声语言、音乐和音响；三是文法句法——蒙太奇(镜头剪辑技巧)。

电视广告脚本分为三种类型：一是文学脚本，二是分镜头脚本，三是图画脚本。文学脚本是分镜头脚本的基础；分镜头脚本是对文学脚本的分切与再创作。前者由文案撰写者(编剧)撰写，后者由导演完成。而图画脚本则由导演或美术指导通过绘制草图的形式来完成。

(1)文学脚本：内容包括类型、人物、情节、对白、广告语、商品、格调等。

【案例】 ××运动鞋婚礼篇

客户：××运动鞋有限公司

人物：男女模特两对

场景：教堂

片长：15 秒

创意说明：

教堂婚礼，新郎、伴郎身穿礼服，新娘、伴娘身穿晚礼服，神父也似乎衣着得体，可是脚下却穿着××运动鞋。一下子就抓住观众眼球，然后不失时机推出广告语："摩登，是一种生活态度。××运动鞋，与众不同。"在出乎意外的时候，加强了记忆。观众预期：即表达了穿××就是一种时髦，就是与众不同。有高潮，但是不和主题冲突。

画面：

画面一：中景：教堂上标志性的大钟或者耶稣受难十字架。

声音：婚礼进行曲(以下同)

画面二：中景：婚礼上的人群

画面三：婚礼上的人们幸福的样子。

画面四：特写：新郎高昂的头颅，年轻的面庞。

画面五：特写：新娘子甜美俏丽的面庞。

画面六：特写：神父严肃的神情。

声音：你们彼此都喜爱吗？(神父庄严大声地说)

画面七：所有起立来宾和新人、神父或提起裤管或裙子，露出脚下的××运动鞋。

画面八：特写：××运动鞋。

声音：愿意。大家爽朗的笑声。

画面九：画面淡出：字幕推出："摩登，是一种生活态度。××运动鞋，与众不同。"配合一只旋转的鞋。

广告语："摩登，是一种生活态度。××运动鞋，与众不同。"(青年男子快乐的声音)

(2)分镜头脚本：由广告片导演撰写，注明镜号、时间、景别、画面、字幕及语言等。

【案例】 安踏企业广告分镜头脚本　时间：45 秒

表 6－1　广告分镜头表

画面 1：2 秒 乒乓球台前，孔严阵以待。(半身特点)	声音 “噔——”一声闷响出现孔的画面	注：孔的目光坚定
画面 2：2 秒 乒乓球另一边，孔对手持球欲发。(半身特写)	声音 “噔——”一声闷响出现孔对手画面	
画面 3：20 秒 紧张激烈的比赛场面，画面隐约可见计分牌分数交错上升，最后在 22∶21 处停下	声音 只有发乒乓球出的声和鞋摩擦地板的声音	注：全部采用近距离拍摄
画面 4：4 秒 孔令辉持球欲发，目光坚定，额头上有少许汗水。(半身特写)	声音 “咚，咚——”心跳声	
画面 5：12 秒 孔发球，两方你来我往，打得甚是难解难分，对方一记扣球打在孔反手死角，孔见伸拍已不够长，便伸出右脚(特写脚勾球，将球踢在网上落在对方桌面上，特写，球在桌上上下跳动)	声效 只有“乒乓”声和鞋摩擦地声	注：后两三个回用镜头
画面 6：5 秒 隔网特写乒乓球，球上有一个红色“?”标志，标志从球上飞出，背景变黑，ANTA 四个字母从屏幕右边滚入	声效 标志飞出配合“噔——”的声音 画外音 男声(安踏)	注：ANTA 四个字母像贴一张纸条一样从左至右过去

(3)图画脚本：将文字脚本的文字视觉化、听觉化，即用草图的方式将各镜头表现绘制出来，此项工作需要具有一定美术功底。

图 6－7　足球世界杯大狂欢图画脚本

3. 按表现形式划分

(1)代言式。请名人做广告是一种极为常见的电视广告形式，据美国调查结果显示：在最受欢迎的电视广告中，每 50 个就有 20 个是以名人为主的。名人所表现出来的个性和形象应该与产品有联系。如：张曼玉为铂金协会代言，其优雅的气质与铂金产品所蕴涵的高贵品质相吻合；金喜善为 TCL 手机代言，其活泼可爱的形象与 TCL 手机的目标消费者的审美取向相符；或者代言人本身与产品关联不大，但是，通过情节的设定，用一个人或角色来表现产品，传递销售信息，从而与产品发生关联，如陈佩斯的立白洗衣粉、赵本山的"泻立停"等。以自己独特的风格为广告信息增添活力。

【案例】　雅客 V9

【评析】　雅客 V9 选用青春偶像周迅为代言人，将其活泼、青春的形象与新产品的核心内涵相照应。人物不停奔跑，追随者越来越多，象征雅客食品将引领时尚潮流。

(2)证言式。真实的证言，心满意足的用户告诉观众产品如何优良，显得非常可信。名人当然能引人注目，但他们必须令人信服，且不能喧宾夺主，削弱产品形象，实际上，各行各业的人都可以扮演推荐人的角色，无论是著名人物，还是无名小卒，或非专业人士。至于采用哪种类型的人充当推荐人，要视产品的属性和广告战略而定，满意的用户是最好的证言资本，因为他们的真诚具有说服力。

【案例】 雕牌透明皂

图 6－8 雕牌透广告

【评析】 雕牌透明皂(见图 6－8 所示)通过对日常生活的展示，给雕牌营造了一个温馨的生活场景。广告中的使用者不断介绍并演示产品出色的洗涤性能，亲切可信。电视广告不但可以向受众详尽地介绍商品的各种性能，而且能够形象、直观地将商品的外观及包装特点逐一地展现在受众面前，从而可以最大限度地诱导购买，因此具有不可比拟的影响力和优越性。

(3)音乐式。音乐式广告有多种形式：可以将整个信息编成歌；也可在旁白中穿插。许多广告采用统一的音乐主题作为背景色彩或广告结尾，滚石公司为视窗 95 软件创作的广告音乐“启动我”便属于此列，我们称之为音乐标志(musical logo)，在广告主题多次重复之后，听众便会把音乐标志与产品自然而然地联系起来。要做到这一点，音乐必须具有摄人魂魄的吸引技巧。广告音乐的来源包括：购买音乐版权、利用已无版权问题的曲子或原创歌曲，很多广告歌是通过这一方式制作并最终流行的，如张雨生的《我的未来不是梦》。

音乐不是画面的简单陪衬，它是声音的精华，是“人类精神的产物”。音乐一经成为广告的有机组成部分，就具有一种特殊的、建立在商业行为上的审美性和审美规律。这种特殊性主要体现在音乐与画面、听觉与视觉的相互关系作用的规律中，无论是背景音乐还是广告歌曲，都不再是纯粹的审美需要，而是和广告对象的特殊性紧密结合起来，甚至可以说此时的音乐已经是产品特性的一部分——往往是最突出的核心理念。并且，各种音乐都具有表现剧作内容和情感世界的功能，具有直接从情感上发生影响的巨大力量。音乐始终伴随着强烈的情感，它具有表情性的特征，因而音乐赋予广告以美感，赋予广告以情感，给广告加上旋律的翅膀，给广告附加的新价值，淡化了其经济性、功利性，使广告成为一门可以被欣赏的艺术。广告里的音乐还有一个不容忽视的优势，同样一句话，用平白的语言说出来和用一定的旋律唱出来，效果是极不一样的，在同样的重复中，受众更容易记住旋律中唱出的广告语。

以下是一些广为流行的广告歌：

刘德华：绿茶广告歌《我的心只可容纳你》

王菲：百事可乐《精彩》

那英：喜之郎 CICI 果冻《我只喜欢你》

王力宏：娃哈哈纯净水《爱的就是你》

陈慧琳：epson《真感觉》

张惠妹：雪碧《日出》

郭富城：可口可乐《渴望无限》

周杰伦：动感地带《我的地盘听我的》

案例：沱牌曲酒广告歌《悠悠岁月酒》

多少天地造化
多少日月精华
你是人杰圣贤的知己
也是平民百姓的朋友
常言道那好酒醉人不醉心
天地间这无情未必真英豪
情至深处人自醉
酒到醉时情更深
悠悠岁月酒
滴滴沱牌情
多少冲天豪情
多少梦绕情牵
你是热血男儿的兄弟
也是多情女儿的知音
常言道那好酒醉人不醉心

天地间这无情未必真英豪
情至深处人自醉
酒到醉时情更浓
悠悠岁月酒
滴滴沱牌情

【评析】 如果单单用语言来传播商品信息，要让人们一下子记住它是比较困难的，但是，如果赋予语言以歌曲的形式，那么，记忆将会变得容易许多。广告歌词应有这样几个基本点：①韵律和节奏以及歌词要能给人留下强烈印象；②必须清晰明了地传达产品或劳务信息；③便于听众记忆；④有与众不同的个性。其表达效果具有易记易流传的优点。因此不少广告语言都通过童谣或民歌或流行音乐的形式而走近消费者。

(4)生活片段式。如果要表现用户而非产品，着力表现使用该产品或该品牌的人群而非具体产品的优点。此类广告常常利用消费者的自我概念来引起他们对某一产品的关注与兴趣。受众在广告中发现的某种生活方式越多，就越有可能喜欢这一产品。

【案例】 万科地产电视广告

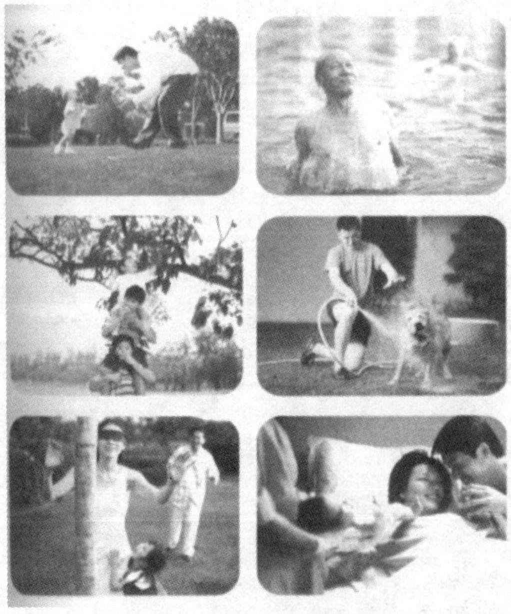

图6-9 万科地产广告

【评析】　电视广告截取了人生的几个场景：年轻的父亲和孩子嬉戏、老年人畅快地游泳、小伙伴们一同玩耍、青年人为心爱的宠物洗澡、孩子和母亲做游戏、年轻的夫妇初为人父、人母。这是人生中弥足珍贵的瞬间和美好回忆，这也恰恰是万科为你提供的温馨高品质生活。

(5)情节式。情节式是按照现实生活情景进行表演，出场人物多为普通老百姓，也有由演员扮演的，通过设置一个情节，吸引受众关注产品，体现出产品利益。情节式一定要表演可信，否则易引起反感。

【案例】　雕牌牙膏

图 6－10　雕牌牙膏广告

【评析】　雕牌牙膏电视广告整体故事大胆触及了一个敏感话题：小女孩有新妈妈了，她开始并不喜欢新妈妈，然而，在生活中发生的一切事情，都让她感觉到新妈妈对她的无限关心与爱护，而且新妈妈对她露齿的微笑，将这种隔阂慢慢消除。这一情节说明了“牙齿更白，笑容更美”的产品功能利益，露齿的笑容甚至能弥合一些无法逾越的情感伤痕。

(6)演示式。电视特别适宜进行视觉演示，演示比口头信息更快更形象地说服公众，可以演示产品的使用状态，竞争状态或使用前、后的状态，这些技法有助于观众直接看到产品具有怎样的性能。卡通、电脑动画设计是处理那些表现较为复杂的信息的有效途径。例如：以药物表现药效的医药用品的电视广告往往用电脑动画来表现病变部位或身体部位如何起疗效，这使一般消费者能够直接地理解。我们比较熟悉的演示广告如：高露洁牙膏、飘柔洗发水等，通过使用前后的效果对比，让受众对产品的功效一目了然。

(三)电视广告文案的写作要求

电视广告所独具的蒙太奇思维和影视语言，决定电视广告文案(脚本)的写作既要遵循广告文案写作的一般规律，又必须掌握电视广告脚本创作的特殊规律。具体要求是：

1. 确定好广告主题

电视广告文案的写作，首先应分析研究相关资料，明确广告定位，确定广告主题。在主题的统率下，构思广告形象，确定表现形式和技巧。

2. 语言要成为点睛之笔

电视广告文案的写作，必须运用蒙太奇思维，用镜头进行叙事。语言要具有直观性、形象性，容易化为视觉形象。为了不“混淆视听”，文案需要做到尽量简洁、精练。但是在极少的字数和有限的发挥空间内，必须最大限度地传达片中最为重要的信息。

3. 文案长短要和镜头长度相匹配

按镜头段落为序，运用语言文字描绘出一个个广告画面，必须考虑时间的限制。因为电视广告是以秒为计算单位的，每个画面的叙述都要有时间概念。镜头不能太多，必须在有限的时间内，传播出所要传达的内容。文案和画面需要有举手投足之默契。

4. 声画对位

电视广告是以视觉形象为主，通过视听结合来传播信息内容的，因此电视广告脚本的写作必须做到声音与画面的相辅相成，动态画面意在写实地表现形象、场景、过程，写意地营造风格和氛围，文案则长于表达画面无法直接表现出的信息，描述无法具象化的情感和观念(如自信、强大、健康)，即广告解说词与电视画面的“声画对位”。必要时还可以对画面进行补充说明，以使画面的内涵更为明确。

5．写好电视广告解说词

电视广告解说词，也称广告词或广告语。它的构思与设计，将决定电视广告的成败。广告词可以弥补画面的不足，即用听觉来补充视觉不易表达的内容，揭示和深化主题，进一步强化品牌或信息内容。广告词包括画外音解说、人物独白、人物之间的对话、歌曲和字幕等。每一则电视广告，可根据创意和主题的需要，只取其中一两类，不一定包罗万象，贪多求全。广告词的写作要求有以下几点：

(1)写好人物独白和对话。它的重要特征是偏重于“说”，要求生活化、朴素、自然、流畅，体现口头语言特征。

(2)写好旁白或画外音解说。可以是娓娓道来的叙说，或者抒情味较浓重的朗诵形式，也可以是逻辑严密、夹叙夹议的理论说道。

(3)以字幕形式出现的广告词，要体现书面语言和文学语言的特征，并符合电视画面构图的美学原则，具备简洁、均衡、对仗、工整的特征。

(4)重点写好广告词中的标语口号，要求尽量简短，具备容易记忆、流传、口语化及语言对仗，合辙押韵等特点。

第三节　网络广告文案写作

在平面媒体、电子媒体之外，还有一种从几年前新兴出现至今已如火如荼的网络媒体。网络媒体，顾名思义，依托的媒介载体是互联网。网络广告是可确认的广告主通过付费在互联网上发布的具有声音、文字、图像、影像和动画等多媒体元素、可供上网者观看收听，并能进行交互式操作的商业信息传播形式。

追本溯源，网络广告发源于美国。1994 年 10 月 14 日，美国著名的 Wired 杂志推出了网络版 Hotwired，其主业上开始有 AT&T 等 14 个客户的旗帜广告。这是互联网广告里程碑式的一个标志。中国的第一个商业性的网络广告出现在 1997 年 3 月，传播网站是 China byte，广告主是 Intel，广告表现形式为 468 ×60 像素的动画旗帜广告。Intel 和 IBM 是国内最早在互联网上投放广告的广告主。我国网络广告一直到 1998 年年初才稍有规模。

历经多年的发展，网络广告行业经过数次洗礼已经慢慢走向成熟。国务院新闻办公室副主任蔡名照 2009 年 7 月在北京召开的第二届中英互联网圆桌会议上说，自 1994 年接入国际互联网以来，经过 15 年的发展，中国网民人数达到3.38亿，互联网普及率为25.5%，超过世界平均水平。

网络广告融合了文字、声音、图像、动画、视频等多媒体形式，打破了传统的文字媒介、声音媒介、视觉媒介之间难以逾越的鸿沟。即时互动性和主动性是网络广告媒体的两大特征。网络广告文案写作是为在网络上发布的广告所进行的写作。

一、网络媒体的特点

随着消费者由卖场向网络终端的大量转移以及在线行为的养成，越来越多的企业将营销和广告重心移向互联网，这是一次低成本的试水。相对传统媒体而言，作为一种适合于细分化市场营销趋势的新媒体，网络媒体具有以下特点：

（一）高度的综合性

网络将电脑、声像、通信技术合为一体，同时又是书籍、杂志、报纸、广播、电视等大众媒介的优点大综合。网络媒介则既有印刷媒介的可保存性和可查阅性，又具有电子媒介的新鲜性和及时性，还具有自身的图文阅读性和音像视听性。

（二）充分的交互性

过去的人际传播是“点对点”的“对话式”双向传播，大众传播是“点对面”的“独白式”单向传播，网络媒介为人类传播活动提供了第三种传播形式——电子“交互式”的网络传播。这种传播既综合了人际传播与大众传播的特点与优势，又不是两者简单的整合和延伸，而是一种全新的创造。

（三）方便性和快捷性

通过网络媒介传递和交流信息，不需要纸张，不需要印刷、投递，也不需要广播电视节目发射时的昂贵而复杂的设备，它是将信息拨号进网，在通信线路上进行自由传达，不分地区、不论国界，随传随至，既方便快捷，又省钱省力。

这些特性使网络广告成为一种新的广告样式，即在动态中呈现诉求信息、使用多层次交互选择和链接完成诉求、整合多种表达手段成就广告等。

二、网络广告的特点

基于网络媒介的特点，网络广告具有以下特点：

（一）虚拟现实，触发想象

舒茨的现象社会学告诉我们：生活世界不仅仅包括日常现实，还包括许多其他世界，如幻想世界、梦幻世界。由于网络媒介的构建是基于数字技术的发展的，所以，网络广告具有虚拟的特点。这种虚拟的特点使广告创作可以突破现实时空的限制，对自然和人类生活进行动态的实时再现或仿真再造，创造出“虚拟现实”，从而实现主体创造力和想象力的发挥。

网络广告媒介的发展促进了人的创造意识和创造潜力的发挥，它深深蕴涵现代文明的新特征。现实与非现实(虚拟世界)的界限越来越模糊不清，现实与影像也处于新的关系之中。这为广告制作者发挥丰富想象力进行创造性实践提供了巨大的平台。一些大型房地产公司制作的房产销售网络广告利用三维技术制作出样板间的模拟实景，受众可以在电脑屏幕上通过点击和移动鼠标来拓展视角，移步易景，仿佛置身于真实的样板间中，既可远看，又可近观，全方位，多角度地细细品味房间设计的每个细节。不论身在何处，都可以通过网络置身于这个虚拟的现场中，不仅大大满足了受众的获知欲求，也灵活地实现了广告的宣传目的。可以毫不夸张地说，计算机技术把广告创作和欣赏带入新的境界，把审美体验与生命体验联系起来，给人们带来崭新的审美体验。

(二)强化参与，实现自我

网络广告是一种互动的双向式广告，可以更多地采取平行、对话的方式与受众沟通，针对目标消费者的特点与需求，将产品的特点、性能、功能、规格、技术指标、价格以及售后服务等内容显示在网页上，以便受众查询，帮助他们作出理性的选择。从传播学角度看，互联网是一种抗拒“推”的传播方式的“拉力”，强调信息主体双方的互动性，而不是像传统广告那样强迫受众接受广告信息。现在的受众更愿意把自己放在主动选择的位置上，更强调自我尊重和自我实现，所以，网络广告将越来越容易被消费者所接受。

网络媒介的互动功能使受众更多地参与到信息传播中来。传受双方的界限变得十分模糊，每个人都可以是网络广告的发布者，按照自己的方式发布广告信息。在选择广告信息的时候，受众是主动的，他们根据自己的需要有目的地获取广告信息，只与他感兴趣的广告内容深入接触，当需要一部二手摄像机时，他可以通过网络媒介强大的搜索功能在几秒中获得大量专门的二手摄像机的转让信息。根据不同要求，还可以进一步获取详尽的相关信息，甚至在网上实现交易。网络广告受众的自主性得到了充分的尊重。

虽然网络广告现在还不能彻底取代其他的传统传播方式，但是它具有传统广告媒介所不具备的优点，如主动选择、双向沟通、平等参与等。它还具有文字、图片、声音、色彩、动画、电影、三维空间、虚拟现实等所有广告媒体的功能。因此，它能提供给受众生动活泼、具有震撼力的多媒体资讯，维系消费者对网络广告的好奇心和注意力，加强传播效果，而且，它使广告摆脱了费用、传播速度、传播量等多方面的束缚，给予创意更加自由的空间，进而使得广告的艺术表现形式更为丰富，更具个性化，更加符合消费者的审美观念、审美心理、审美趣味，使消费者的个人价值得到体现。

（三）巧设机关，引人入胜

对于网络广告来说，“点击”就是生命。我们常常可以看到这样召唤性的句子：如“Click here”、“Visit now”、“Enter here”或是时间性的句子：如“最后机会”、“On sale”、“Free”之类的诱惑。这些句子虽然俗套，但对指定消费人群来讲还是有一定吸引力的。再如，麦当劳针对儿童上网者进行的定向性广告，其广告语为：“输入标题以创造你自己的报纸头条，在这里你就是明星。”这则网络广告针对性很强，它能与儿童产生互动行为，让他们乐此不疲，并进一步与麦当劳之间产生一种内在的默契。长虹在上的一则广告，画面上有一个大大的“奖”字，但在页面中对如何中奖没有任何说明，只有受众输入自己的 E－mail 地址后，它才会告诉你如何中奖，这种广告很能诱导受众参与。在产生互动行为之后，受众与广告主之间容易产生一种特殊的关系，这种关系很可能使一般的访问者成为某品牌的忠诚用户。

吊起受众的胃口，而且吊得巧妙，吊得恰倒好处，这就是网络广告设置悬念的魅力所在。人的好奇心与生俱来，一旦激起心底的疑念，便会一直追问到底。巧设机关正是充分利用人们这种好奇的天性。雅虎有一则网络广告标题是“王菲唱京戏，刘德华耍双节棍”红底白字十分醒目（见图 6－10 所示），许多人看到这样的标题会有很强的好奇心，王菲、刘德华怎么会唱京戏、耍双节棍？广告标题的设定正是利用年轻人对娱乐界名人的关注与好奇，诱导点击，探个究竟。就目前来看，网络媒介的使用者多是年轻人，他们乐于接受新鲜事物，对新奇、前卫的事物有着无比的好奇心，往往是新产品的实践者。他们用新奇的眼光来看待这个世界，对于平庸、缺乏新意的广告形式与内容嗤之以鼻。因此，网络广告从内容到形式上都必须勇于创新，展现出“新、奇、特”的美学特点来吸引网络受众，从而达到推介产品的功利目的。除了利用标题设置悬念，还可以采用动画、Flash、游戏等方式吸引受众参与点击。

值得一提的是，虽然网络广告具有“快餐文化”的特征，但网络广告也应该有自己的美学追求。受众对网络广告的认知过程也是对美的感受、认知和理解的过程。网络广告不能一味强调吸引点击、推销商品，同时也传递着某

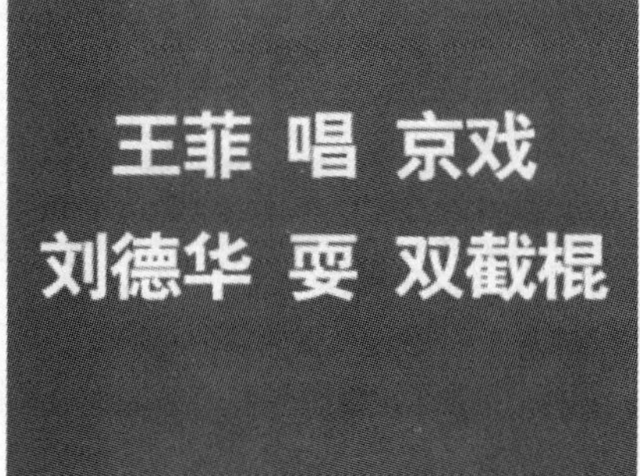

图 6－10　明星演唱会广告

些艺术追求，承担着一定的社会责任，力求让人在对网络广告的认知中得到美的熏陶，提升自身的审美意识和对艺术的感悟能力。尤其在知识经济时代，人们十分注重在有限的时间内，从网络提供的信息中获得尽可能多的东西，尽量去陶冶自己的情操，提高自身修养。所以，在制作网络广告时，设置机关要恰到好处，避免哗众取宠，诱导点击也应积极健康，减少网络广告成为垃圾广告的可能性。

三、网络广告的类型

(一)文本链接广告(见图 6－11 所示)

文本链接广告是一种对浏览者干扰最少，但却最有效果的网络广告形式。整个网络广告界都在寻找新的宽带广告形式，而有时候，需要最小带宽、最简单的广告形式效果却最好。

文本链接广告的文案是网络广告中最简单的一种，比起网幅广告文案，它更直截了当，通常就是一句话。因此这类广告文案的诉求内容很有限，还需要利用超链接网页文字去进一步说服、告诉广告受众更多的信息。

(二)电子邮件广告(见图 6－12 所示)

电子邮件广告具有针对性强、费用低廉的特点，且广告内容不受限制。特别是针对性强的特点，它可以针对具体某一个人发送特定的广告，为其他网络广告方式所不及。

电子邮件广告一般采用文本格式或 html 格式。通常采用的是文本格式，就是把一段广告性的文字放置在新闻邮件或经许可的 E－mail 中间，也可以设置一个 URL，链接到广告主公司主页或提供产品或服务的特定页面。html

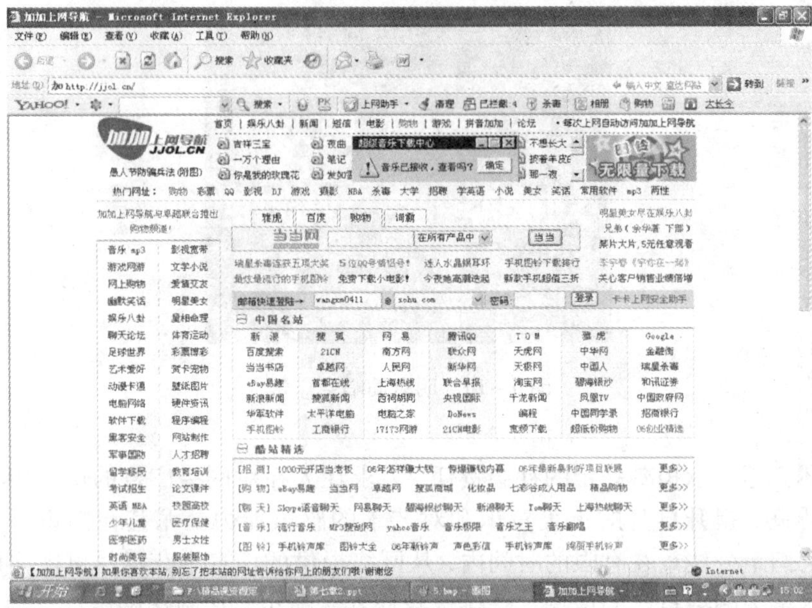

图 6－11　文本链接广告

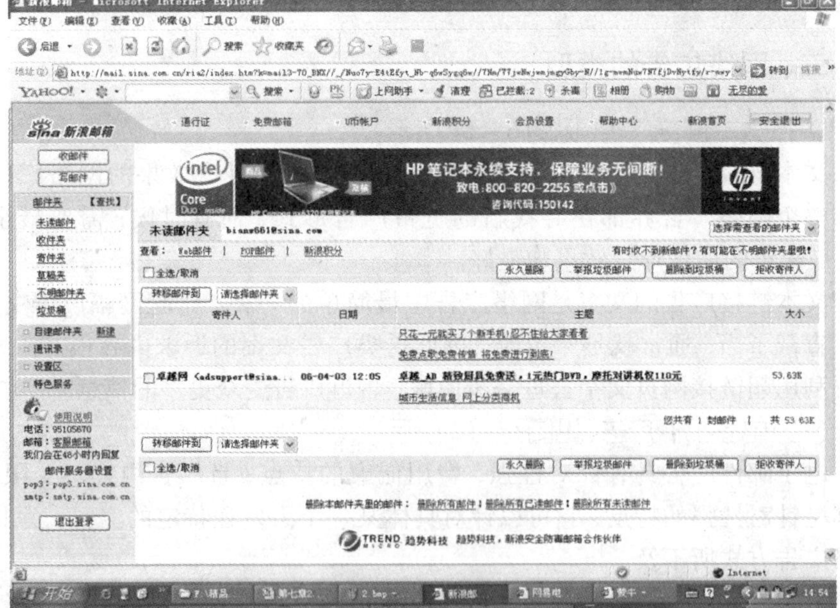

图 6－12　电子邮件广告

格式的电子邮件广告可以插入图片，和网页上的网幅广告没有什么区别，但是因为许多电子邮件的系统是不兼容的，html 格式的电子邮件广告并不是每个人都能完整地看到的，因此把邮件广告做得越简单越好，文本格式的电子邮件广告兼容性最好。

（三）弹出广告（见图 6－13 所示）

也称“插入广告”、“弹跳广告”，当你进入某一个网页，就有可能自动跳出一个窗口（大小约为正常网页的 1/4 或更小），内含广告图片和标语，甚至伴有动画和声音，用跳动的图标和字眼呼唤你去点击。弹出广告有点类似电视广告，都是打断正常节目的播放，强迫观看。弹出式广告有各种尺寸，有全屏的也有小窗口的，而且互动的程度也不同，从静态的到全部动态的都有。浏览者可以通过关闭窗口不看广告，但是它们的出现没有任何征兆。广告主很喜欢这种广告形式，因为它们肯定会被浏览者看到。只要网络带宽足够，广告主完全可以使用全屏动画的插播式广告。这样屏幕上就没有什么能与广告主的信息“竞争”了。弹出广告的缺点就是可能引起浏览者的反感。当网站或广告主强迫他们浏览广告时，往往会使他们反感。为避免这种情况的发生，许多网站都使用了弹出窗口式广告，而且只有 1/8 屏幕的大小，这样可以不影响正常的浏览。

图 6－13　京东商城的弹出广告

（四）软文广告

一些综合性网站和门户类网站都设有很多专栏，提供诸如新闻、娱乐、论坛等各方面的内容和活动。广告主经常在网上结合某一特定专栏发布广告，这类广告很大一部分是赞助式广告，一般有三种赞助形式：内容赞助、节目赞助和节日赞助。赞助式广告形式很多样，广告主可以根据自己所感兴趣的专栏内容或节目专题进行赞助。前者如一些综合性网站上很多见的“旅游文化”、“软件天地”、“商业新闻”等热门栏目；后者有网站上即时开设的诸如“澳门回归专题”、“法兰西世界杯足球赛”以及网站在特别节日所推出的网站推广活动等。

这些赞助式广告的位置一般在各专栏的顶部，对树立广告客户的“在线”形象有极大的帮助，也是众多广告客户青睐的一种广告形式。

（五）富媒体（见图6－14所示）

Rich Media Banner又称Extensive Creative Banner，一般指使用浏览器插件或其他脚本语言、Java语言等编写的具有复杂视觉效果和交互功能的网络广告。这些效果的使用是否有效一方面取决于站点的服务器端设置，另一方面取决于访问者的浏览器是否能顺利查看。一般来说，Rich Media Banner要占据比一般GIF Banner更多的空间和网络传输字节，但由于能表现更多、更精彩的广告内容，往往被一些广告主采用。国际性的大型站点也越来越多地接受这种形式的网络广告。

图6－14 蒙牛的富媒体广告

（六）网幅广告（见图6－15所示）

网幅广告（Banner）是以GIF、JPG等格式建立的图像文件，定位在网页中，大多用来表现广告内容，同时还可使用Java语言使其产生交互性，用Shockwave等插件工具增强表现力。网幅广告是最早的网络广告形式，我们可以把网幅广告分为三类：静态、动态和交互式。

静态的网幅广告就是在网页上显示一副固定的图片，它也是早年网络广告常用的一种方式；动态的网幅广告拥有会运动的元素，或移动或闪烁。大多数动态网幅广告由2到20帧画面组成，通过不同的画面，可以传递给浏览者更多的信息，也可以通过动画的运用加深浏览者的印象，它们的点击率普遍要比静态的高。它是目前最主要的网络广告形式。

图6－15　网幅广告

网幅广告因为结构简单，内容简约，容不得啰唆，故而在写作中应该把握重点，尽量把最重要的或最佳的卖点用几句话提炼出来；同时，因受众注意力机会有限，在表达时也尽可能用直接诉求的方式。文案的撰写须注意与标题分工配合，巧设悬念。另外，还须整体规划播出各幅画面的内容，突出主诉信息和必要信息。

（七）网络视频广告

网络视频广告给广告商提供了更为丰富的创意表现空间，它可对其受众做更准确的定位（地域、时间、兴趣等）。由于它采用的是交互的手段，可以让广告主吸引目标受众参与、交流，达到行为的终极目标，甚至可以由用户点击选择自己所喜好的广告。网络视频广告更易于通过网络传播，容易在短时间内形成免费的规模化口碑推广。随着网民的快速增长和宽带等网络基础设施的改善，网络视频广告“互动性”和“灵活性”的优势越来越突出，毫无疑问具有广阔的发展空间。

网络视频广告在一定意义上可以说是网络在宽带背景下，发挥其整合集成传播功能，对电视广告或电影广告的整合传播。从这个角度看，传统的电视广告文案、电影广告文案所采用的形式与写作方式，网络视频广告均可以使用。

四、网络广告的文案写作要求

网络广告的传播策略基本有两种形式：定向传播策略与交互传播策略。根据传播策略的不同，文案的写作要求也有所不同。

（一）定向传播的广告策略和文案写作风格

定向传播是指对某些特定的目标受众进行有针对性的传播。

（1）在互联网上，有些企业通过一些特定机构购买潜在消费者名单，利用电子邮件、电子新闻组等方式，向潜在消费者发布广告信息。这种做法与直邮广告比较相近。好处在于针对性强，广告投入较少浪费，但如果运用不当，极易引起受众的反感，招致大量抗议邮件，甚至导致企业声誉受损。因而，准确选择目标受众，把广告发给希望得到有关信息的人是这种广告策略成功的关键。

（2）把生动的网络广告放在能吸引某些特定细分市场的站点上，对提高企业或品牌知名度非常有效。

尽管网络广阔，但还是可以细分成很多部分，这些细分的受众有特殊的兴趣与需要，给定向传播提供了更精确的传播途径。比如，一则关于跑鞋的广告放在提供与跑步相关的网站上，化妆品的广告放在女性网站上，会有较精确的到达率。

（二）交互式广告策略与文案写作风格

互联网突破了传统媒体单向传播的局限，为受众与媒体间的双向交流提供了可能。受众不再是被动的接受者，他们也可以发布信息，可以主动寻找信息，对信息作出回应等。

(1)在各娱乐性、综合性网站上发布的图标广告、旗帜广告以及其他广告形式，可采用设置悬念或诱导性、号召性语言与形式，引发访问者的点击与参与。

很多广告主运用网络广告并不满足于仅仅提升品牌的知名度，传播品牌形象，还希望能吸引受众进行更深接触，因而将广告与企业主页相链接，这就要求提高点击率。以此为目的的广告，在文案写作中就应注意设置悬念，不把信息说尽；或者设置参与性内容，引起访问者兴趣，拉近他们与品牌的关系。

(2)有时，主动搜寻相关信息的受众会利用搜索引擎或门户网站的链接到达企业的主页。对于这些访问者来说，由于有明确的目的性，深入而详细的信息会有较大的影响力。

五、网络广告文案技巧

(一)语言要简洁生动，精巧活泼，打破了广告文案写作的传统结构模式，在使用网上流行语的同时，增强文字创造性

由于各网站对广告尺寸有一定限制，而且网络媒体也不适合长时间阅读，因而简洁、生动的网络广告文案才会有较高的注意率。至于深入的信息传播，可以通过吸引受众点击，连接到企业主页实现。

(二)注意语言与画面的配合

动画技术的运用为网络广告增强了不少吸引力，因而在一般的网络广告中，语言更应服务于画面，起到画龙点睛的作用。

(三)运用网络流行语言

由于网络可以根据不同兴趣爱好，把受众高度细分化，因而在针对目标受众诉求时，注意运用他们所熟悉的语气、词汇，会增强认同感。例如网络广告文案 2004 年度十大网络流行语有：做人要厚道、沙发、汗或寒、百度一下、潜水、顶、出来混，迟早都是要还的、弓虽、偶稀饭、FB。

(四)语言形式受投放的网站决定

虽然网络无国界，但受众还是会受到语言的限制，因而要根据企业的传播目标选择站点，决定运用何种语言。

(五)注重标题的拟订

“做标题”是网络广告的一项基本功，广告能否被点击，与标题做得好不好有很大关系。对于网络广告来说，标题是广告的生命线，点击决定一切。

对于广告的投放效果，更有着举足轻重的影响。所以，做好网络广告标题，是广告文案人员的最基本的技巧，是抓准并表现出你的产品（服务）的第一步。

实境创作题

1．为好利来月饼撰写平面广告文案，要求：包括广告标题、正文、附文和广告语。

2．为农夫山泉新品东方树叶撰写网络广告标题，要求：结合网络流行语。

图 6－16　农夫山泉广告

3．请为某旅行社写一个宣传其业务的电视广告分镜头脚本。

要求：分镜头 12 个以上；有一定的创意；有标题、广告语；字数 350 字以上。

复习思考题

1．举例说明广告标题和广告语的区别。

2．谈谈电视广告脚本的类型及适用性。

3．如何实现广播广告中的人声、音乐和音响三要素的最佳组合。

第七章　不同信息主体广告文案写作

知识要点

1. 掌握消费品广告的广告诉求方向；掌握工业品广告诉求方向。
2. 掌握服务广告的典型诉求点和文案写作策略。
3. 掌握企业广告文案写作的方法。
4. 学会运用公益广告的写作主题和诉求方式。

案例：农村母亲的谎言

标题：只有母爱，才能让谎言变成是世界上最伟大的语言

图 7－1　母爱系列广告(一)

小时候，家里很穷，母亲总是等到我们吃完后，用所剩无几的干粮充饥，每次我问母亲，咋不跟我们一起吃饭时，母亲都会说上面的那句话……现在你能读懂母亲说的这句话吗？

图 7-2　母爱系列广告(二)

长身体的时候，母亲到村里的河沟捞鱼给我们补充营养，每次吃鱼，母亲总是在一旁吃鱼刺，我问母亲咋不吃鱼，母亲说了上面的话……现在你能读懂母亲说的这句话吗?

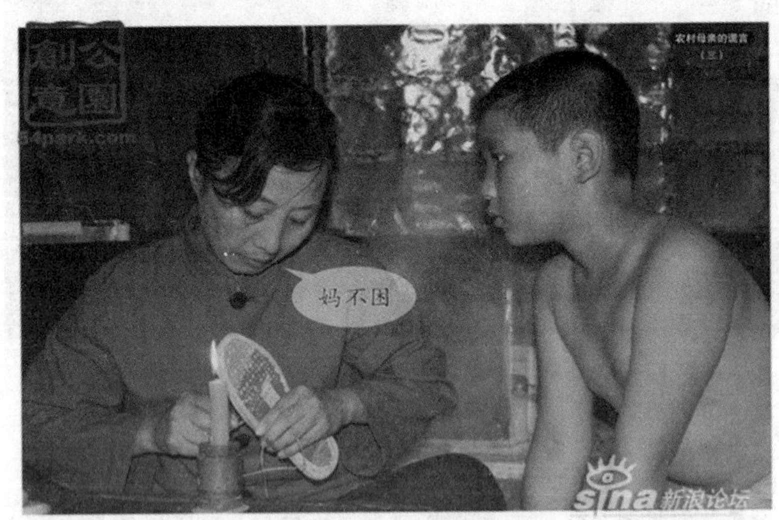

图 7-3　母爱系列广告(三)

为了攒够我们的学费，母亲每晚都做些鞋，拿到集市上去卖点钱，贴补家用，每天晚上我起夜时，问母亲咋还不睡，母亲说了上边的那句话……现在你能读懂母亲说的这句话吗？

图 7－4 母爱系列广告(四)

父亲去世了，很多人都劝母亲再找一个，母亲都婉言拒绝了，每一次母亲都说同样的话……现在你能读懂母亲说的这句话吗？

图 7－5 母爱系列广告(五)

高考时，烈日当头，母亲一直站在外面等待着我的好消息，当我接过满满的水瓶时，我知道母亲没有舍得喝一口，我让母亲先喝，母亲跟我说了上面的话……现在你能读懂母亲说的这句话吗？

图7－6　母爱系列广告（六）

每次我们给母亲钱，母亲说了上面的话……现在你能读懂母亲说的这句话吗？

图7－7　母爱系列广告（七）

后来，我到国外的一个科研单位工作，待遇丰厚，我想把母亲接来享享清福，但母亲说了上面的话……现在你能读懂母亲说的这句话吗？

图 7 -8　母爱系列广告(八)

晚年，母亲被确诊为胃癌，临终前，母亲说了她今生的最后一个谎言……现在你能读懂母亲说的这句话吗？

评析：这一组以“母爱”为主题的公益广告，表现出伟大的母亲，永远无私般关爱自己的子女，尤其是最后一句谎言：她不疼，更让人为之心疼、感动。

第一节　产品广告文案

一、产品定义及分类

市场营销学所讲的产品，是人们通过购买或租赁所获得的需要的满足。换句话说，凡是提供给市场、用于满足人们某种需要的任何事物(包括实物、服务、主意等)，都是市场营销学所讲的产品。这种产品既可以是实物形态的，也可以是非实物形态的，如服务。

按产品的用途划分，产品可分为消费品和工业品两大类。消费品是直接用于满足最终消费者生活需要的产品，工业品则由企业或组织购买后用于生产其他产品。消费品与工业品两者在购买目的、购买方式及购买数量等方面均有较大的差异。因此，对于这两类不同的产品，企业的营销和广告策略必须进行区别对待。

二、消费品及消费品广告

（一）消费品的主要类型

我们采用菲利普·科特勒的消费品分类方法。根据消费者的购买习惯分类，消费品可分为便利品、选购品、特殊品和非渴求品四类。

当然，消费品分类还有其他一些分类方法。例如，按需求量与收入关系划分，可分为高档品（需求量随收入增加而增加的产品，即收入弹性数为正）和低档品（需求量随收入增加而减少的商品，收入弹性系数为负）等。不论怎样，营销者明确了不同的产品类型，有利于其根据不同的变量关系制定适宜的营销和广告策略。

（二）消费品的广告诉求方向

消费品大多直接面对消费者，因此，消费品广告文案的撰写要能够反映产品的利益点，提供消费者购买决策依据。掌握消费者广告诉求方向，并在广告文案中有针对性地推广产品信息，常常会收到事半功倍的效果。消费者广告典型诉求方向如下：

表7-1 消费品广告典型诉求方向

用途	较同类产品用途更广/更适合特别的用途等
功能	功能更多/在某些方面功能更强/有同类产品不具备的功能/新功能等
材质	特别材料/天然材料/新型材料等
成分	特别成分/天然成分/新型成分等
品质	对高品质的追求/品质检验/权威认可/消费者认可等
技术	应用新技术/独有技术/传统工艺等
人才/服务态度	拥有专业权威/设计人员的创新/生产服务人员认真负责等
产地	原装进口/名厂生产/来自著名产地等

续表 7－1

历史	生产历史悠久/生产经验丰富/生产工艺成熟
消费保证	免费保修/免费安装/免费送货等
可信性	环保产品/权威机构认证等
价格	价格低于同类产品/有特殊优惠/有赠品等
促销	大包装优惠/奖品/赠品等
消费利益	解决问题/避免伤害/改善状况/提高生活品质等
品牌地位	著名品牌/传统老字号/外国品牌/著名机构/名人推荐等
个性与形象	群体认同/他人尊重/自身成就感/满足感/个性/品位/完美等

（三）消费品广告的基本思路

（1）强调诉求针对性；

（2）体现鲜明的个性；

（3）融入生活的场景；

（4）保持一定的稳定；

（5）轻松有趣；

（6）反映时代的特点；

（7）力求避免诉求对象的排斥。

三、工业品及工业品广告

（一）工业品的主要类型

工业品是指各种组织如企业机关、学校、医院为生产或组织运作需要购买的商品和服务。对工业品，可以根据它们参与生产过程的程度和价值大小划分为材料和部件、资本项目以及供应品和服务三大类。

（1）材料和部件；

（2）资本项目；

（3）供应品和服务。

对于工业品，存在一个基本规律：随着产品的价值、使用寿命、对生产经营重要程度的降低，广告的作用逐渐增加。越是价值高、使用寿命长、重要性大的生产资料，越不依赖广告，如厂房、大型生产设备等；越是价值低、使用寿命短、重要性小的产品，越依赖广告的推广。

(二)工业品广告诉求方向

工业品通常不为大多数消费者所熟悉，主要还在于其使用场合的不同以及产品本身的特性。工业品广告的常见诉求方向如表7－2所示。

表7－2 工业品广告的诉求方向

性能	出色的功能/性能数据/性能的稳定性
权威认证	权威机构的认证/同行推荐等
材料	新型材料的使用/材料性能的提高等
消费服务	完善的售后服务/提供运输服务等
功能革新	新型功能/操作或使用的易用性
技术革新	原理革新/核心技术的改进等
人才	实力雄厚的技术队伍/研发中心等
产地	原装进口/名厂生产/来自著名产地等
价格	优惠的价格/诱人的赠品等
品牌形象	品牌的支持/著名厂家/历史悠久的品牌等

(三)工业品广告的基本思路

(1)向管理者和专业人员诉求；

(2)针对诉求对象的购买特点；

(3)诉求以理性为主；

(4)专业性信息；

(5)内容真实。

第二节 服务广告文案

一、服务的概念及分类

“服务”一词对我们并不陌生，因为它以深入生产和生活的每一角落，联系每个消费者。世界进入“服务经济时代”。服务业的兴旺发达是一个国家经济实现现代化的重要标志。国家产业结构从工业、制造业转向服务业，按照这种产业建构高级化的一般规律，世界各国的服务业进入快速发展的重要时期，这一类广告也越来越丰富，越来越细化，越来越精彩。

服务，从广义上可分为非赢利性服务和赢利性服务两类。政府、法庭、警察、消防等部门及有关公益机构所提供的服务，是非赢利性的服务。而航空公司、保险公司、宾馆、餐饮业、旅游业、交通运输业、律师事务所提供的行业服务以及各种咨询机构提供的咨询服务，是赢利性的服务。我们是从狭义的范围来理解服务的概念，本节中的服务指赢利性的服务。

（一）服务的定义及内涵

美国服务营销专家A·佩恩将服务定义为：一种涉及某些无形性因素的活动，它包括与顾客或他们拥有财产的相互活动，它不会造成所有权的更换。条件可能发生变化，服务产出可能或不可能与物质产品紧密相连。

菲利普·科特勒在其《营销管理》中将服务定义为：一项服务是一方能够向另一方提供的任何一项活动或利益，它本质是无形的，而且不产生对任何东西的所有权问题。它的生产可以与实际产品有关，也可以无关。

（二）服务的特性

1．无形性

服务的无形性即服务的不可触摸性或非实物性，它是服务的本质特性。贝里把商品描述为“一件物品、一种机械、一样东西”，把服务描述为“一个行动、一次表演、一项努力、一个过程”。到琴行学琴的孩子不能马上就成为伟大的音乐家，但音乐对他潜移默化将使他受益无穷。正如一句广告金句所说“学琴的孩子不会变坏！”

2．差异性

同一种服务常常因服务提供者、服务地点和时间的不同而产生不同的效果。服务没有固定的质量和价格标准，具有较大的差异性。如同一理发师不同状态下能设计出不同造型，顾客有不同的审美趣味，他是否欣赏该理发师的设计是没有一个确切标准的。

3．不可分离性

服务的生产和消费一般是同时进行的，在时间和空间上往往不可分离。比如导游在向游客提供导游服务的时候，游客也在消费导游服务。

4．易消失性

服务是不可储存、不可被包装和反复转让的。比如保健推拿服务，推拿的时候感觉很舒服，推拿完了这种感觉可能就消失了。一家电影院在不同场次放映同一部电影，上午上座率可能只有50%，而在晚场却有许多人买不到票。

5. 所有权不变性

服务在生产和消费过程中不涉及所有权的转让。比如银行提供存款和取款服务，银行通过存款服务得到了钱，顾客通过取款服务得到了钱，但这个过程并没有引起所有权的变化，因为这些钱的所有权本属顾客而非银行。

需要客观指出的是：这些特性并不适用于所有服务，某些有形产品也具有一两个以上提及的服务的特性。

（三）服务的分类

依据服务的对象及服务行为的本质对其进行分类：

1. 针对人的有形行为

要得到这样的一种服务，顾客本人必须在服务现场并且亲自接受服务。如在餐馆点菜和吃饭、理发和美容。服务人员必须考虑控制服务的过程、时间，还有顾客在享受服务的过程中所承受的东西。

2. 针对商品或其他实物的有形行为

顾客要求为某个实物，而不是顾客本人提供服务。这类服务包括交通、仓储、批发和零售分销、安装、搬运和清除等。

3. 针对人的思想的无形行为

这类服务包括教育、新闻和信息、专家建议、心理治疗、娱乐和某些宗教活动等。

4. 针对无形资产的无形行为

如保险、投资银行和咨询（信息处理）。信息是服务最无形的形式。对于这种服务，一旦要求的服务开始实施，可能就不需要顾客的直接参与了。

二、服务广告文案写作

（一）服务广告典型诉求点

（1）服务项目优势。比同行业其他服务机构提供更多的服务项目，或拥有新的服务项目等。

（2）服务内容优势。属同一种服务，则比同行业有更丰富、更独特的服务内容。

（3）服务效果优势。服务的效果令人满意，达到意想不到的效果等。

（4）服务态度优势。服务亲切、自然、善于与消费者沟通，善于倾听消费者的意见等等。

（5）服务质量优势。服务质量达到什么标准，得到哪些奖项等等。

（6）服务环境优势。环境的优雅、舒适，有特别的环境布置、先进的设备等等。

(7)服务人员优势。服务人员具有的专业素质、受过正规培训等等。

(8)服务经验优势。服务经验丰富、有专家指导等等。

(9)服务品牌优势。著名机构提供服务、服务品牌历史悠久等等。

(二)服务广告文案的写作策略

服务的特性对广告文案写作策略提出了新的要求。这些策略主要是：要化“无形”为“有形”，化概括为具体，描绘享受服务后的感受。

1. 化“无形”为“有形”

服务的无形性，使广告在表现服务的品质、效果、感受时，不能有实体的出现。但是广告可以用语言文字对摸不着、看不见的服务进行详细“有形”的描绘。因此，以服务为信息主体的广告文案的写作，要善于对无形的服务提供有形的信息佐证，同时还要选准诉求点，提高诉求力，吸引目标受众。

2. 化概括为具体

服务是无形的，不可触摸的。购买者在体验这种服务之前，它还只是一个抽象的概念。消费者为了减少不确定性，增加安全感，就希望了解服务的具体信息。广告最好将服务信息用具体的语言表述清楚。如服务场所的地理位置，服务的舒适程度，服务人员的态度、技能以及价格、项目等，最好一一说明。

3. 描绘享受服务的感受

消费者与服务的实质性接触是在接受服务时才开始的。在接受服务之前，消费者一般对服务比较陌生，希望了解接受服务后的感受。如果不了解具体服务内容及接受服务的感受，消费者容易产生不信任感。因此，广告文案在提供具体服务信息的同时，还要善于预先营造服务氛围，用富有感染力的语言描绘享受服务后的舒适感受，进而引起消费者接受服务的向往。因为这种描绘，可以给希望得到服务的潜在消费者选择服务消费的“理由”，又可以使他们在进入消费之前就能体会到服务的感受。例如餐饮服务广告文案应着力表现消费者希望得到的特殊的个性化的饮食文化享受。因此，广告文案对消费服务所得到的感受的描绘，可以使受众得到一次接受服务的预演。这样的服务广告往往能够打动人心。

【案例】　中国南方航空公司：心飞白云深处、爱在天上人间

(一)

标题： 让快乐遨游天地之间

正文： 人在天上游，心在云里飞。

广阔蓝天任我行，朵朵白云任我追。

尽情遨游天地间，快乐感觉无穷尽。

您的空中之家，中国南方航空。

（二）

标题：所要到达的距离，每一段都是享受

正文：一份淡淡的闲适，一缕惬意的悠然。

一段用来享受的航程，在南航的每一趟航班。

您的空中之家，中国南方航空。

（三）

标题：静谧、舒适的旅途伴您一路

正文：行云流水，宁静致远。

一份因和谐而生的亲切，

伴您安然入睡。

舒适得如同沉浸在自己的家。

您的空中之家，中国南方航空。

（四）

标题：飞翔的感觉，如此轻松自在

正文：给心情插上翅膀，让快乐在风中飞扬。

开开心心的我，找到了一个快乐的家。

您的空中之家，中国南方航空。

【评析】 着重描写翱翔于天际的舒适感受，这正是南方航空优质服务的体现，如在家中般惬意自然。文字节奏轻松，语句优美，有一股淡淡的幸福感，乘客的叙述显得真实细腻，在繁忙的生活中看到这样悠闲的文字仿佛是享受了世外桃源的安宁与温馨。

4. 强化服务意识，注重心灵沟通

服务是无形的，但优质、周到的服务将带给人春风化雨般的感受，它建立在企业对服务细节方面的无尽追求之上，例如，将“申请者必须……”变为“您只需……”仅仅几个字的变化，却是一种态度的转变，是从职能部门到服务部门的定位的转变，带给受众的是亲切感和尊重感。广告中尽可能剔除交易中的晦涩术语，改变以往的枯燥风格，取而代之的是亲切轻松、诚挚朴实的风格。

【案例】

图 7－9 中国移动通信广告

（一）

广告标题：敬上一杯茶，还望多体谅

广告正文：

承蒙大家信赖，中国移动通信客户逐日递增。在月初月末的交费高峰期，交费需要排队等待。这占用了您的宝贵时间，我们深感不安。为此，我们将不断扩大服务网点，提供更快捷的付款方式，满足您的需求。您的体谅是最好的支持。奉上这杯热茶，以表达我们最真诚的谢意。

（二）

广告标题：再注一杯茶，新感情，新前程

广告正文：

中国移动通信历经八年风雨，从幼小的弱苗成长为今天的参天大树，一路走来，全凭您的无尽关爱。中间，有过无间的真挚理解，也有因种种原因引起的误会。但无论怎样，走到一起总归是机缘，请让我们典藏和珍爱。新世纪初，我们将不断完善通信网络，增设服务项目，为您提供更便捷的服务。再注一杯新茶，传递无尽情谊，祈愿我们的天空更宽广，前程更远大。

（三）

广告标题：茶杯空了，心却暖了

广告正文：

饮尽一杯热茶，一切都会变得释怀，俨然多年老友，彼此关怀，彼此理解。您事务繁忙，未能及时缴费，我们非常理解。对因故未能按时缴费的客

户进行暂停服务，我们也实属无奈。是为保障您的合法权益，防止手机丢失，被他人无限制盗打。种种原因，期望您能理解。往后，对于未缴费客户我们将以新的方式进行提醒，即使暂停服务也会分批、分区进行，缴费方式及网点也将更多样，更宽广。彼此理解方能相互扶助。互敬一杯茶，溶解心中的疙瘩；坦诚相见，方能共筑美好未来。

【评析】 中国移动通信的这一系列形象广告放下了高高在上的老大哥架子，以朋友般的亲切商量口吻来诉说，实属难能可贵。文案表述朴素自然，以一杯茶为线索，将对客户的抱歉以奉茶的方式表现，最后达成“杯子空了，心却暖了”的效果，字里行间流露出对客户的感激、理解和关怀，情真而意切，无矫揉造作的痕迹。

第三节　企业广告文案

一、企业广告概述

在企业广告中，广告处在商品(劳务)销售服务的从属地位。能够帮助企业产生销售业绩的广告，是好广告的重要因素。

广告归属于信息传播的服务业，要求广告按科学的规律准确地传递企业信息，不可有偏颇和误导，因此企业广告具有科学性。另外广告还须运用艺术表现手法，来增强信息的说服力和感染影响力，所以人们认为广告也是一种艺术。科学性与艺术性相互联系，相互影响，构成了企业广告的都有特性，两者不可偏颇。

(一)什么是企业广告

企业广告，就是不推销任何特定的产品和服务，而是致力于塑造或改善企业形象、采取表现出企业理念或其企业文化内涵的广告；或对某一社会事件、公益事业表明立场，甚至直接参与的广告形式。

(二)企业广告的主要类型

根据广告目的的不同，企业广告可以分为以下几类：

1. 企业认知广告

企业认知广告用于企业更换名称、所有权，或者企业集体个性发生变化，企业因鲜为人知而受到影响等情况。

2. 企业形象广告

企业形象广告指在展现良好形象(包括技术形象、精神形象、社会形象等等），显示企业的实力和竞争优势，在诉求对外心目中建立企业的地位和形象，促进消费者对企业的产品或服务的认同。广告的诉求重点集中于企业的使命、宗旨、目标、理念、社会贡献等方面。

3. 企业公关广告

企业公关广告主要表达企业对社会的关心，告知企业的社会公益行动，目的在于帮助企业与政府机构、有业务联系的机构、社会公众建立良好关系。

4. 企业实用性广告

企业还需要为一些应急性或实用性目的发布广告，如告知企业迁址、人才招聘、商标侵权等涉及法律的事物发表声明等等。此类广告，统称为企业实用性广告。

（三）企业广告功能

企业广告具有公共关系的各种优点，是一项绝佳的为企业进行定位的工具。

具体来说，企业广告可以发挥以下功能：

在顾客、股东、金融界和普通公众中树立企业的形象。

鼓舞员工的士气或吸引新员工。

表达企业对社会问题、政治问题和环境问题的看法

使企业的产品在对抗竞争对手时处于更加有力的位置。

在企业的整合营销传播中发挥辅助主要产品和服务广告的作用。

二、企业广告文案写作

（一）企业认知广告

1. 企业认知广告的诉求点

企业认知广告是指传递企业基本信息的广告。这类广告文案一般用平实的语言，客观介绍企业的历史、规模、等级、荣誉、资本性质和精神理念等。在企业刚刚诞生要进入新的市场环境时，企业认知广告肩负着让公众知晓企业，开拓新市场的重任。在企业有了较大规模和一定知名度的情况下，企业认知广告仍然可以将企业的新信息及时告知公众，扩大企业知名度。

2. 企业认知广告案例分析

【案例】

（例一）耳之所闻尽是赞赏之声

2002年2月10日完美见证——重庆希尔顿酒店隆重开幕。由餐厅到客

房，由康乐设备到酒店大堂，在重庆希尔顿饭店，我们对您每一项指示、要求都会倾心聆听，因为我们相信只有完全明白了您心底所想，服务才能超越期望，让您衷心赞赏。在希尔顿酒店，完美不再是追求，因为我们已经为您做到。

经典时刻，尽在希尔顿。

(例二)眼之所见，尽是完美无瑕

2002 年 2 月 10 日完美见证——重庆希尔顿酒店隆重开幕。由品位豪华的欧洲家具到细致精雅的东方装饰，希尔顿酒店不但在整体布局上汇集中西方精粹，匠心更表现在每一个细微之处。眼之所见，皆让您衷心赞赏。在重庆希尔顿酒店，完美不再是追求，因为我们已为你做到。

经典时刻，尽在希尔顿。

【评析】 这是重庆希尔顿酒店的两则开幕广告。为了让广大消费者认知企业，两则广告分别从“耳闻”之言和“眼见”之景两个角度介绍企业主要信息。第一则广告“耳之所闻尽是赞赏之声”，用消费者赞美其近乎完美的服务来给予公众承诺，有一定感染力。第二“眼之所见，尽是完美无瑕”，消费者可以实地考察，你将看到希尔顿饭店，从布局到家具、装饰都是经典之作。突出其环境的幽雅及品味。此外，两则广告采用传统书法绘画，摆脱了以往开业广告最求喜庆的单一模式，清新淡雅，给人耳目一新的感觉。

(二)企业形象广告

1. 企业形象广告的诉求点

企业形象广告不同于产品广告，更强调企业的文化、理念和价值观的传播，以在消费者心中建立特定形象为目的，与消费者形成共鸣。因此，企业形象广告会避开促销等商业色彩浓厚的诉求点。

企业形象广告的诉求点多次挖掘于企业自身的素质及其社会责任和社会理想，更注重与消费者切身利益发生关联。

2. 企业形象广告诉求方法

企业形象是企业呈现给公众的第一印象，因此企业形象广告应该是稳重、大气，富有内涵和说服力。所以，企业形象广告首先应该是理性诉求，这与形象广告本身具有理念传达的性质是分不开的：但一味地理性诉求也造成曲高和寡的可能，说教意味浓厚，有自我炫耀的嫌疑，因此，企业形象广告也要将感性诉求作为重要的方面，将乐观、宽容等情感因素与形象广告相糅合，会更容易走近受众。

3. 企业形象广告案例分析

【案例】　BP公司企业形象文案

（例一）
标题：PTA篇
我们需要
更多的服装
等耐用的家居用品……
我们也需要
更蓝的天空、
更清澈的河流……
我们致力于在发展与环境之间创造和谐。

PTA（精对苯二甲酸），作为一种应用广泛的化工原料与我们的生活息息相关。作为全球领先的PTA生产企业，BP汇聚全球科研资源研发出先进的PTA生产技术，关于2006年宣布将这一创新技术应用于BP珠海PTA生产企业的扩建过程中。较这一新技术在大幅降低能耗的同时，有望将温室气体排放减少65%，废水排放减少75%，固体废物排放减少40%。

这是一个开始。

BP不仅贡献石油。

【评析】　广告并没有单纯地宣扬BP的技术强势，而是将技术与责任很好地联系起来：一方面，展现了自己在专业领域的实力；另一方面，也将技术优势作为了BP负担起环保成果量化，提供了可信度，文案整体朴素、大气。

【案例】　中国移动全球通企业形象广告

（例二）
标题：王石登山
每个人都是一座山，
世上最难攀越的山，
其实是自己，
往上走，
即便一小步，

也有新高度，
做最好的自己，
我能！

【评析】 这是中国移动全球通的电视广告，广告以万科房地产公司董事长王石为主要形象，王石作为一个成功企业家所具备的不怕艰难、自我挑战的品质与中国移动全球通融合在一起，广告文案以王石为第一人称自述，文案内容是一个成功人士奋斗过程中的人生经验展示，句子简短有力、励志，登山成功与感悟正来自于“自我”自信。

（三）企业公关广告文案写作

1. 企业公关广告诉求点

企业为了拥有更好的生存、发展土壤，需要投入精力处理好公共关系，开展公关活动与相关利益人维系良好关系。因此，公关广告对一个企业非常重要，也是企业向大众表达自己立场、态度的重要形式。

重要节日：在重要节日，公关广告向大众表示关心与祝福可以收到良好效果。

大型社会公共事件：这类事件可以吸引大批公众关注（如奥运会等），企业在大型社会公共事件进展过程中，若想提高知名度，获取公众的关注，就需要借助大型社会公共事件展现自己积极的一面，树立公益形象。

公关危机处理：企业在其经营过程中难免会因沟通不畅而与公众产生误会，由此而造成的不良舆论企业必须小心应付，主动与公众解释，表现敢于负责任的一面。

2. 企业公关广告的诉求方法

企业公关广告的一个重要作用就是与客户方、与社会公众的沟通，为企业创造一个良好的舆论环境，因此，沟通是企业公关广告的第一要务。沟通的基础是企业采取何种的态度面向公众以及企业所作出的承诺，这些都应该是企业真诚地付出，因此企业公关广告多以感性诉求方法表现自己的真诚。

3. 企业公关广告案例分析

【案例】 强生，因爱而生

强生相信，
在我们的身边，存在着一些巨人，
他们以巨大的爱和细小的事，

让心灵得到慰藉，
让创伤得到安抚，
让人们得到关爱。
强生以医疗卫生和个人护理的经验和智慧
与这些巨人并肩，
用爱推动人与人的关爱，
因爱而生，强生。

【评析】　强生作为北京2008奥运合作伙伴，在推进奥运会进程中将以医疗卫生为背景的关爱与奥运相结合，以身边的平凡人为主要表现对象，表达了强生关爱大众的企业信念，不仅树立企业形象，更与大众建立良好沟通，博得大众的认同。

（四）企业实用性广告文案写作

企业实用性广告包括招聘、迁址、更名三种类型，对于企业来讲，它们并非无足轻重，而是作为一项指标反映着企业的素质，优质的企业实用性广告与企业形象广告、企业公关广告配合可以收到强化企业形象的作用，加速企业的记忆度，也为企业形象加分。

1. 迁址广告

迁址广告因其单纯的告知性难免流于公文的程式化而显得干涩，失去表现力，因此在其中加入感性因素可以将无味中和掉一部分，活泼的词语新组合也能让流于平淡的迁址广告闪出光彩。

【案例】　诚品书店迁址

关于搬家
卡缪搬家了。马奎斯搬家了。卡尔维诺搬家了。莫内搬家了。
林布阑搬家了。毕卡索搬家了。瑞典KOSTA BODA彩色玻璃搬家了。
英国WEDGWOOD骨瓷搬家了。法国HEDIARD咖啡搬家了。
金耳扣大大小小的娃娃也要跟着人一起搬家了。
一九九五年十月一日诚品郭南电搬家。

【评析】　文案整体用了大量相同句式，其中大量提到的作家和艺术家准确反映出诚品书店的经营性质，众多名家名称的排列也体现了诚品书店的艺术气息，也因为将原址比作“家”而使整个文案洋溢温暖。

2. 招聘广告

招聘广告反映着一个企业整体气氛的表现环节，也成为了企业形象广告的一个重要方面。招聘是一项实用性很强的事务，与企业迁址广告一样，也会有大量的作品流于枯燥和无味；或者企业只考虑自己的想法，而忽略应聘者的感觉，造成对企业不利的影响，但仍有大量的招聘广告闪烁着创意的火花，也需要更多的企业认识到招聘广告的重要性。

【案例】 麦肯光明广告公司招聘广告

图 7－10 招聘广告

【评析】 该广告获《现代广告》2001 年“创意无限”大赛金奖。这则系列广告由四则广告组成，分别是妖、魔、鬼、怪。《妖篇》是蓝色画面上，一个古灵精怪、动作神秘的泰国风格人妖；《魔篇》是绿色画面中，一个在时隐时现的形形色色的众生中凸现的另类；《鬼篇》是橙色画面中，一个戴着小帽的精于算计的账房先生；《怪篇》是红色画面里，一个不对称的丑八怪。这一组性格鲜明的反常形象，巧妙地反映了麦肯公司欲招聘的广告人员是具有专业水准和经济头脑，能超负荷进行广告创作，又有与众不同创意的“特殊人”。

第四节 公益广告文案

商业广告文案的好坏，主要是看它在销售产品上带来什么直接效果，如知名度如何，销售额增加了多少。一句话，它强调和重视的是广告直接产生的经济效益。

公益广告文案则是强调和重视广告所产生的社会效益。主要是看公益广告所提出的问题是否引起社会的关注和共鸣？能否帮助形成一种良好的健康向上的社会舆论？是否为社会公众忍痛和接纳？能否推动社会向文明、健康进步的方向变革？是否有利于社会公益事业的发展？

一、公益广告的定义及特征

(一)公益广告的定义

公益广告是为公众利益服务的非商业性广告，旨在传播某种公益观念，促进社会公共利益的实现和社会精神文明建设。

公益广告的广告主一般有以下四种：①政府或政府部门。政府拥有大众传媒这一强有力的宣传工具。用广告进行公益宣传，侧重于说服、感染、提醒，虽然有时也批评、讽刺，但与舆论宣传相比，公益广告显得更生动委婉，较少说教，易于为公众接受。所以在进行舆论宣传的同时，政府也十分重视通过大众传媒发布公益广告，用多种方式宣传政府倡导的观念、精神、风尚。②社会公益团体和国际组织。如环境保护组织、禁止毒品组织、妇女儿童保护组织、红十字会、慈善总会等，是公益广告最主要的广告主。由民间组织发布的公益广告，一般是针对具体情况或某些特殊事件提出一个比较现实的社会问题，然后将此与公众的普遍利益相联系，将广告诉求普遍化，希望尽可能地引起公众、社会的重视，以便促使现实问题尽快得到妥善解决。例如在美国，公益广告是社会团体向公众表达自己意愿或主张的主要途径。③特殊行业的企业组织，如烟草行业，法律不允许其进行商业广告宣传，它们一般会进行公益广告宣传活动。如：鹤舞白沙，我心飞翔(白沙烟)；④一般行业企业组织，许多企业从塑造自身社会形象的角度考虑，投资制作并发布一些公益广告，以期增加与公众的亲和力。

(二)公益广告的特征

公益广告具有广告的一般属性，同时又以其“公益”目的和“公益”内容而有别于其他广告，是广告家族中一个特色鲜明的成员。公益广告不但具有广告的一般特征，又有自身独特之处。

首先，公益广告是广告主体自愿制作、发布的广告。我国从 1996 年开始，国家工商行政管理局出面组织了几次公益广告月活动，活动的参与者大多都是出于社会责任感，自觉自愿地通过公益广告为社会做贡献。

其次，公益广告是一种付费广告。广告主要支付一定费用，用于广告设计、制作和购买媒介版面、时间等。

再次，公益广告借助一定的媒介和形式传播。公益广告主要利用报刊、广播、电视等大众传播媒介和路牌、灯箱、海报等户外媒介进行传播，根据不同媒介的特性进行创作。

最后，公益广告是一种说服的艺术，它要说服受众重视某些社会问题，积极参与某项事业，摒弃落后的生活习俗，改变不健康、不文明的行为，接受先进观念、创造美好人生……它不是教条式的灌输，而是具有感情色彩、思辨色彩的说服艺术。公益广告又是一种非商业性、非政治性广告，不以赢利为目的，不传递商业信息，没有销售增长率、利润指标的要求，不以经济效益为最终目的，不以政治功利性为目的，它以维护社会公共利益为宗旨，所宣传的内容和社会公众利益密切相关，赢得公众信赖。这种非功利特点体现在它以宣传先进的生活理念，反映当前社会问题，展示现实社会环境为内容。有些公益广告中标有广告主名称、地址、电话号码，不能认为是广告主的形象宣传，而是为了便于受众与广告主取得联系，参与到公益活动中来。

二、公益广告文案的写作主题

(一)政治政策类公益广告

这类公益广告一般是政党和政府发布的，为了宣传政党纲领、政治倾向，或者解释政府的方针、政策等而制定的。如改革开放20年、迎接建国50周年、科技兴国、推进民主和法制、扶贫等。

【案例】 香港回归广播广告(古钟篇)

女：一口古钟伫立在海边，斑驳的锈迹中，记录着百年的风雨，百年的离恨。

男：那是一个夏天，古钟眼睁睁看着香港从祖国的怀抱中被割让。那时天地为之黯然，山河为之伤神。

女：一个半世纪过去了，又是一个夏天，香港，这颗东方明珠，微笑着向祖国走来。

男：听，古钟已经鸣响。这浑厚的钟声中包含着祖国的祝福。

女：雪洗百年耻辱。

男：喜迎香港回归！

——中央人民广播电台创作

（二）节日类公益广告

节日类公益广告是指运用中外传统和现代节日作为切入点创作的广告。它利用节日元素作为载体，赋予公益广告内容。如“中秋节”、“教师节”、“重阳节”、“植树节”等。

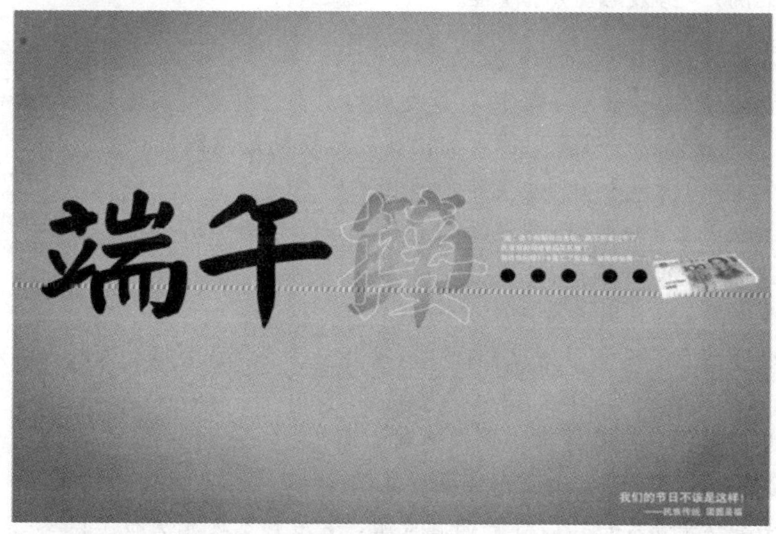

图7－11　端午节广告

图7－12　中秋节广告

（三）社会文明类公益广告

这类公益广告主要倡导社会文明、道德风尚，提高公民的个人素质。社会文明类，如保护环境、节约用水、关心残疾人等。

【案例】 身残志坚广播广告

（海浪声，舒缓的音乐起）

（女生旁白）凌晨。一个快要是失明的少女开到海边，想要最后看一眼海上日出，一位伫立在礁石上的老人出现在她模糊的视线里。

（少女声）老爷爷，您也是来看日出的吗？

（老年男生，温和地）我是来听日出的，（少女声）听日出？

我的眼睛30年前就看不见了。

（少女声）可日出怎么能听得见呢？

（老年男生，充满激情地）你听，（音乐转为激昂）太阳出来时大海对她欢呼着，我虽然看不见，但我的心感觉到了。

（乐声渐强，随着男声结束来达到高潮）。

（少女声，兴奋地）老爷爷，我听见了，我听见了，太阳走过来了！

（男生旁白）只要我们心中拥有太阳，生活就永远充满希望！

（四）健康类公益广告（图7－13）

此类广告主要宣传健康问题的伦理原则和道德规范，以及应该采取的措施，呼吁人们爱护自己的身体、保持健康的心态，也尊重别人的健康，反对吸烟、预防疾病、防止性病传播等。

（五）社会焦点类公益广告

这类公益广告把目光集中在社会焦点问题。如下岗、打假、诚信、扫黄、打非、反毒、希望工程等。

【案例】 接受篇广播广告

女儿：妈妈，是不是你干得不好，单位让你下岗了？

父亲：孩子，你怎么这么说你妈呢，你妈可是厂里的先进工作者！不是说下岗的人都干得不好。

女儿：妈妈，那你以后可怎么办呢？

母亲：妈妈明天就去再就业市场，一定能重新找到工作的。

（也许下岗的命运会降临到您的头上，请接受下岗的现实，勇敢地迎接挑战！）

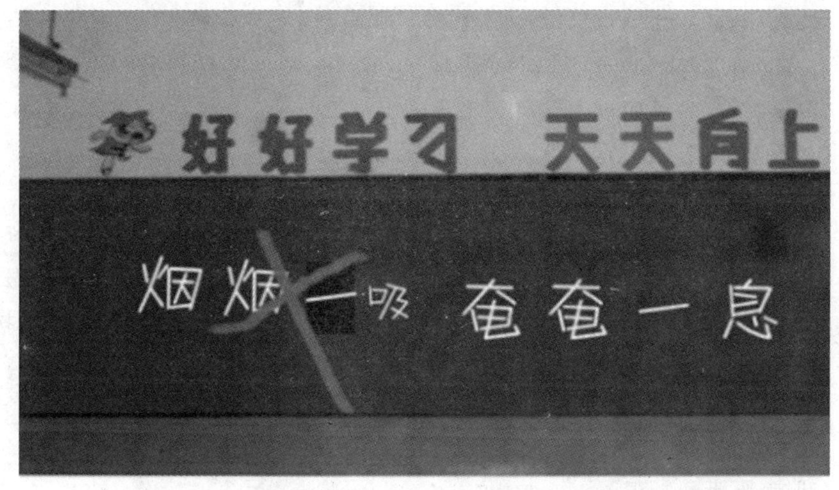

图 7－13　公益广告

三、公益广告的诉求方式

（一）正面倡导型

正面倡导型公益广告是以正面引导的方式直接灌输公益观念。它不批评也不讽刺，而是引导受众接受一种思想意识、社会风气、生活方式。

【案例】　路灯篇广播广告

（偏僻的小路上，一老一少走路的脚步声和竹棍敲击地面的哒哒声由远而近）

孙女：爷爷，当心台阶。

爷爷：放心吧，孩子，这条路爷爷都走几十年了。

（脚步声和竹棍敲击地面的哒哒声继续，稍后停止）

孙女：爷爷，到了。

爷爷：知道了。

（拉路灯开关声）

爷爷：亮了吗，孩子？

孙女：嗯，亮了，爷爷！你眼睛看不见，为什么还要每天开路灯呢？

爷爷：哈哈，傻孩子，爷爷看不见，你看见了吗？

孙女：看见了。

爷爷：嗯，看见了就好。

（音乐渐扬至结束）

（二）关心爱护型

关心爱护型文案是以真诚的关心爱护态度传播公益观念，以真诚打动公众的心，唤起人们的同情，让大家都献出一份爱心，让所有的人都伸出援助之手，帮助那些需要帮助的人们。

【案例】 我们都来节约一分钱

（儿童歌曲……混）

女孩：你出一，

男孩：我出一，

孩合：一一相加就是二。

女孩：你出十，

男孩：我出十，

孩合：十十相乘就得百。

女孩：十十百百就成千，

男孩：百百千千就成万，

爷爷：孩子们，算得好呀！我们国家有十二亿人，如果每人每天节约一分钱，那是多少呀？

孩合：一千二百万元。

爷爷：对，一千二百万元，可以办好多好多的事，就说为贫困地区的小朋友盖希望小学吧，就可以盖几十所哪！

众孩合：爷爷，爷爷，那我们也每天节约一分钱，捐给希望工程。

（三）规劝说服型

规劝说服型是以劝说疏导方式宣传公益观念。对于那些有不良思想、不好行为的人，进行劝说，使他们改掉不良行为和习惯，或者纠正落后、封建、不健康的思想理念。

（四）提醒警示型（图7－14）

提醒警示型是以提醒、告诫、警示的方式，善意而严肃地提出某种正确

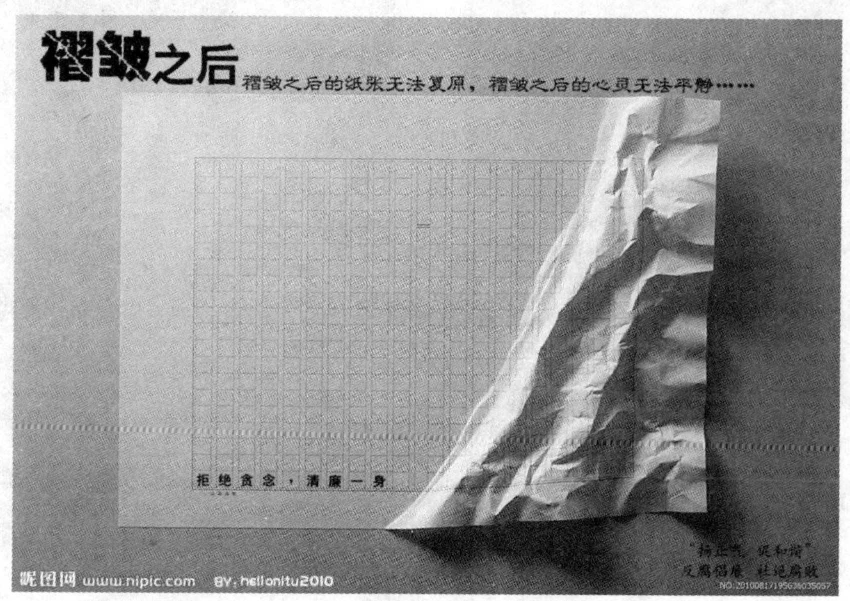

图 7－14　反腐倡廉公益广告

的观念，引起当事人的重视。

【案例】　珍惜生命公益广告文案

假如你错过了今天我为你准备的快乐，不要紧，明天我再为你准备——生命

别担心昨天的痛苦只是我跟你开的一个小小玩笑——生命

我不会给你后悔药，但我为你准备了知错就改——生命

你不用羡慕别人，因为有了我，你也可以和他们一样——生命

世界末日还没到，除非你抛弃了我——生命

我要怎么样才能发现我呢？在失去我的那一刻吗？——生命

（五）讽刺批评型（图 7－15）

讽刺批评型是以各种讽刺批评方式对不良现象进行揭露和鞭笞，使这些不良现象得到改善。

图 7－15 批评型广告

【评析】 三则广告的描述手法几乎同出一辙，广告内容也大致相同，但却真实地、尖锐地指出了我们大部分国人的“坏习惯”。确实，在我们现实生活中，“垃圾随手抛、公众场合大声叫、厕所便后不冲水”的现象随处可见。看完广告，作为中国人，我心里真不是滋味，想不到外国人竟然以此来“礼待”咱们中国人，刹那间，小弟大有当年陈真看到“华人与狗，不得入内”的告示时的那种愤慨，真想去把它拆了。但是冷静下来想想，这能怪谁？只能怪咱们自己吧！咱们中国人虽然有着历史悠久的文化，但历

图 7－16 垃圾公益广告

史悠久的“坏习惯”似乎也是代代相传，在当今的先进文明社会，这些“坏习惯”确实让人感到悲哀。这到底是谁的错呢？素质教育在外国是十分重要的一课，他们很小就开始注重个人道德素质的教育，而在我们中国，哪怕高呼“要重视素质教育”大有人在，但确切落实到教育部门的却寥寥无几，其中的原因相信大家都明白。要想改变这种现象，恐怕“路”还很长。

四、公益广告文案写作注意事项

(一)反应热点，明确主题

公益广告始终把焦点集中在人、社会、自然三大方面。要配合政府大政方针和社会当前的热点问题进行选题。

(二)揭示本质，解剖事理

公益广告要从深层次揭示事物的本质，说明事情的利害，让传播对象自己思考利弊，独立做出选择。

(三)艺术感染，震撼心灵

公益广告要用运用一切艺术手段增强感染，强化主题，使传播的观念深入人心，在公众那里升华为价值理念。

(四)比喻含蓄，善意诱导

公益广告的目的是说服受众响应号召，积极参与，戒除不良，学好向上。公益广告应该含蓄，善意诱导，启发公众参与行动和深刻思考。

(五)情感渗透，心灵沟通

公益广告要强化感情渗透，要进行心理沟通，用感情和心灵感化传播对象。

(六)适度夸张，鞭辟入里

有些以讽刺批评为主的公益广告，就可以运用适度夸张的手法，将问题或现象放大，让大家都能看清楚，认清问题本质，以便对症下药。

(七)轻松幽默，寓教于乐

公益广告不能完全说教，这样让人产生逆反心理影响说服效果。可以把公益广告做得有趣、奇特、轻松、好看，使公众发自内心地接受。

实境创作题

1. 以你所熟悉的服装品牌为题，创作一则平面广告文案。
2. 以父爱为主题，创作一篇公益广告。

复习思考题

1. 你如何界定服务广告和产品广告的范畴?
2. 你是如何看待企业实用性广告的功效的?
3. 公益广告诉求方式有哪些?

第八章　不同行业内容广告文案写作

知识要点

1. 掌握房地产广告的写作要点；应用房地产经典广告语写作方向；
2. 知晓并掌握酒类广告文案写作主题方向；
3. 掌握餐饮业广告文案写作方法；
4. 掌握食品业广告文案写作方向。

案例：东润枫景房地产文案

图8－1　房地产文案

标题：生命，可以浪费在美好的事物上

正文：衡量生命的厚度，需要一种美好的心情，东润枫景，燕莎往东2500米，距离的意义，就是让你省下尽量多的时间，去享受生活——枫丹白露林里，听虫儿啾啾；闲坐中央广场，看孩子姗姗学步；咖啡店一隅，心情如行云悠悠淡淡；往来的是与你一样对美不愿妥协的邻人……；在这里，实在有太多的美好值得你去“浪费生命”。东润枫景，发现居住的真意。

图 8－2　房地产文案广告

标题：冬日阳光从窗外溜进来，暖洋洋的情绪在家里悄悄滋生

正文：晒太阳，一种永远的生活乐趣。在东润枫景，无论季节变换，总有阳光轻轻洒在身上。户户朝南，是这里的设计准则。只因为，那个在北京呆了几年的加拿大设计师，感受了几番北京的天气后，就坚持东润枫景的楼宇进深不超过 15 米，楼与楼间距不超过 1∶1.2，他固执地相信，北京人会和他一样喜欢阳光。有阳光相伴，心情才会明朗。

广告语：东润枫景，发现居住的真意。

东润枫景广播广告(30 秒)

脚本一：

悠扬的萨克斯曲《归家》旋律、咖啡店里轻微的说话声

厚实、低缓的男声：我不在家，就在咖啡馆(略停顿)，不在咖啡馆，就在去咖啡馆的路上。

感性、优雅的女声：在东润枫景，咖啡馆不是一步一家。不过，这儿的生活氛围却像咖啡般闲淡写意。

厚实、低缓的男声：燕莎以东 2500 米的东润枫景，一个纯然放松的北美式生活社区，为 CBD 白领而诞生。

东润枫景，发现居住的真意。

感性、优雅的女声：售楼热线：64316262，64316363。

脚本二：

女人忧虑的声音：儿子现在老爱玩电子游戏，你也……

（一阵嘈杂的电话铃声此起彼伏）

男声：好的，张总，我马上回公司。

（足球赛热烈的喝彩声和解说员声音）

激烈的男声：就这个价，让无可让！

（女孩欢快地哼歌）

（大街嘈杂声）

男声歉意的：对不起，有个客户要见，我不能陪你……

（以上部分的不同声音快速切换）

浑厚男声：工作就是工作，生活就是生活。不应该混在一起。

（舒缓萨克斯曲《回家》，男女和小孩笑声、鸟虫吟声，流水哗哗声）

女声：来东润枫景看看，你将发现居住的真意。

售楼热线：64316262、64316363。

【评析】　我们可以看到，该系列平面广告文案和广播广告文案符合东润枫景的楼盘定位和目标消费者人群的特性，广告文案竭力渲染和烘托出一种“发现居住的真意”的意境和氛围。所有的文字都是宁静的、优美的、闲散的、优雅的，弥漫小资个性和话语，充分张扬与现代都市的繁华、紧张、匆忙、疲于奔命相反的居住和生活氛围与形态。这也是所有在现如今巨大的压力下渴望一种心灵放松和身心惬意的人的梦想和追求，特别是生活在大都市里有着自己的品味和个性的中产阶级，他们缺少的肯定不是房子，而是一种能够满足他们的个性和风格、放松他们的心情与灵魂、张扬他们的生活方式与理念的心灵港湾。

第一节　房地产行业广告文案

一、房地产行业特点

中国房地产业经过10年的磨砺，在经济发达的中心城市已逐渐成熟，进入了大盘时代、品牌时代。针对目标市场的生活形态、生活理念、生活方式进行有创意的沟通，成为一种趋势；彰显差异，建立信心和价值感成为新一轮地产宣传的立脚点。

房地产市场基本可以分为三个部分：普通住宅；办公楼、写字楼、公寓；高级住宅、别墅等。进入2005年，房地产市场涨势迅猛，火爆惊人。在多种利好因素影响下，普通住宅需求量继续加大，相关配套设施不断完善，在清水房的基础上，推出了简装房、精装房，为迅速入住提供了便捷，小户型的热卖为房地产行业拓展了新的发展空间；商用写字楼的整体配置及物业服务不断完善，力求与国际接轨，以个人投资形式出现的酒店式公寓成为新的投资热点；随着经济发展与带动，消费者购买能力越来越强，别墅作为人生置业的终极梦想，市场状况空前高涨，专家预测，未来别墅市场呈高端化趋势。别墅、TOWNHOUSE、公馆层出不穷。作为现代社会的身份名片，别墅对消费者而言是更深刻的自豪感与满足感，以及来自社会的认同。按照马斯洛"人的需求层次理论"，在一个相对富裕的社会中，消费者价值一般与人的较高层次的需求如自尊、自我实现等有关。可以说，在市场定位与品牌挖掘的过程中，把握"消费者价值"是房地产广告成功的关键。消费者的需求和期望被满足的程度及因此建立的相对稳定的认识和信任，与消费者购买动机有强烈的关系。

基于房地产行业的特殊性，房地产广告具有以下特点：

（一）房地产广告信息暴露量较大

房地产广告信息一般包括项目信息、物业管理信息、促销信息等。仅项目信息就包括地段、环境、主题、配置、功能等诸多方面。欲把项目信息最大程度暴露，只能通过发布系列广告解决这个问题，每篇各有主题，独立成篇而又相辅相成。

（二）房地产广告注重宣传的阶段性

房地产广告投放量一般分为前置期、公开期、强销期、持续期、二次销售期，不同销售阶段需要不同的广告配合。房地产作为一种特殊商品，十分注重前期宣传，如果前期宣传火爆一方面可以吸纳大量预定款，一方面可以为品牌积累无形资产。前期宣传又可分为三阶段：奠基期，一般使用报刊媒介进行前期知名度推广，报道奠基盛况等，工地户外围挡是此间唯一能够创造直接效益的媒体；建造期，这一阶段跟踪报道建设进程，对项目适时加以介绍，吸引目标消费者的持续关注；封顶期，以促销报道、节庆活动、优惠售房、礼品赠送为内容进行大规模宣传，同时推出概念，配合形象广告。现房的发售过程则更为丰富，可以利用杂志、户外、电视新闻专题、DM派单、楼书，以及售卖现场进行广告媒介整合，这一期间可以将项目实景作为宣传的重点，推出促销信息。尾房销售的广告则主要以大幅度优惠为主。

（三）房地产广告发布时机的选择性强

一般选择以下几个时机发布：一是项目工程进度有重大进展的时机，诸如工程开工、封顶、立面完成、交钥匙等时机；二是节假日期间，开展促销活动；三是每周四、五发布广告往往效果最好，即房地产广告的“星期五现象”。

（四）发布的规律性较强

这里的规律性是由房地产推广的节奏性、阶段性和周期性决定的。在项目开盘初期往往是项目信息告知型广告，一般选择有影响力的平面媒介打开知名度，以最快的速度给消费者留有印象。然后是促销广告、形象广告，大型楼盘一般在销售期间持续在权威媒体发布形象广告，确立并维护自身的地位与档次。中小型楼盘更注重促销信息，即广告能够为其带来多少有效客户、销售多少房子等等，因此常选择发行量大，费用少，版面固定，阅读人群广泛的报纸。

（五）房地产广告往往选择多种媒介相互配合使用的宣传模式

房地产广告必须把项目的位置、价格、付款方式、物业特点、开发商、销售地点和时间等信息理性地加以交代，所以，报刊成为房地产广告的首选媒介，电视次之。另外，需要与大量的楼书、DM 配合使用，满足消费者深入了解项目的需求。户外广告也是不可或缺的广告媒介。

（六）房地产广告强调产生立竿见影的效果，高投入，高回报

一笔广告费少则几十万，多则上百万，必须在短期内获得一定数量的销售额。从表面上看，这种投入风险极大，但实际上宣传量加大形成了规模效应，反而降低了单位风险成本，如果房地产广告在宣传量上达不到一定的饱和度，就无法在短期造成直接刺激，无法大量成交，因此，房地产广告是强调规模效应的特殊广告形式。

（七）“硬销”与“软销”相结合

所谓“硬销”是以地段、质量、价格、配套等“硬件因素”的理性认识为主脉的广告营销思路和方式，执行以销售、促销为主的营销主张，通过凸显、强化和深入传播“硬件因素”以达成目标受众对产品的注意、认知和认同，在短期内营造轰动效应、制造销售高潮和创造销量奇迹，其最大的营销利益可以缩短销售期。例如，“购房十年免费保修”就是一种“硬销”方式。

相对于“硬销”的，我们称之为“软销”，是以情感、氛围、文化等“软件因素”感性认识为主脉的广告营销思路和方式，主张以品牌构建为主。从实际运用情况来看，在房地产广告营销策略上，大多倾向于“软销”，即便“软

硬兼施”也侧重于“软销”。二者各有所长。“软销”的运用，需要较长一段时间，必须经过日积月累，才能建立充分稳固的品牌认知，不断提升品牌知名度和企业美誉度，最终在目标受众心中建立品牌。在强大的品牌张力下销售产品，“软销”的运用要求开发商具有强大实力，有雄厚的人力、物力、财力，能够持续较大投入，并对销售期在时间上不苛刻。事实上，这些对于大多数中小型房地产开发商来说较难承担。

二、房地产广告文案写作要点

在我国广告行业中，房地产广告占据着很大的市场份额，甚至在很多地区的广告市场占据主导地位，其策划、运作、创意、制作等环节都具有很强的专业特性。房地产广告的创意与写作在承载房地产广告的生命和展示房地产广告的魅力的职责的同时，还作为房地产营销传播中的重要环节联系着房地产前期推广和中后期销售。现在很多房地产广告墨守成规、因循怠惰。消费者打开报纸翻开杂志之时，看到的是同样脸谱化的画面，同样语气的文字，同样的版式设计……千篇一律的广告正在把消费者的阅读变得枯燥化。为了避免这一误区，在房地产广告文案写作过程中，我们要注意以下几个方面：

（一）定位差异化

房地产产品在自身领域内有着明显的层次和类型的区分，因此在房地产广告创作中，更应该强调“定位”的重要性。所谓“定位”就是通过市场调研、市场细分之后，对房地产项目进行市场定位和目标市场定位，其中市场定位包括项目定位、品质定位、客源定位、房型和面积定位、价格定位等。在了解和确定了房地产产品的市场定位和目标客户是谁之后，根据房地产产品的特性和目标客户的特性，界定广告创意的内容和形式，做到有的放矢。广告的主题决定项目的形象以及推广的思路。针对不同项目的特质，采用在不同阶段推出不同主题的基础上，始终给项目全局一个大的，保持不变的主题定位。定位往往反映在一个新概念的推出，将它进行全新的注解，并根据项目的需要不断为其注入新的内涵和因素。

消费者购房的动机大致三种：居家、置业、投资。由于买房置业是人生一件大事，因此消费者购房时整体行为是理性的，深入分析消费者选择房产时考虑的因素，至少有10项：

（1）地理位置。

（2）升值潜力。

(3)交通状况。

(4)市政配套。

(5)生活配套。

(6)周边环境。

(7)建筑风格。

(8)物业服务。

(9)价格。

(10)户型。

以上也是房地产广告创作可以应用的诉求点。

一般常用的房地产广告定位，有配套定位、户型定位、物业定位、价格定位、个性定位、品质定位、文化定位等，但一定要切中市场，根据项目自身特色与消费群体的需求来选择。

(1)配套定位——引领消费，文案对小区的整体设计、规划要完整细致，将环境及配套银行、邮政、电信、学校、幼儿园、购物中心、交通等呈现给消费者，突出优势。硬件设施包括新材料、新工艺等。

(2)文化定位——卖的是一种生活方式。

(3)品质定位——人文氛围、好的邻居。

(4)价格定位——实实在在。价格在文案中作为主要卖点一定要清晰、实在。创意应用最平淡的直述，明明白白地介绍给消费者。

(5)风格定位——卖艺术氛围、卖生活梦想，实现广告中“虚”与“实”有效结合。整体风格保持一致。

(二)选择恰当的表现形式

在确定了统一风格的基础上，形式应该力求新颖。包括整体的形式和具体媒体的设计和制作形式。

房地产广告的表现形式大体可以分为以下几种：

1. 硬广告(见图8-3所示)

硬广告是广告的一般形式，具有广告的结构形式，诉求直接单一，目的明确。一般来讲，房地产销售过程硬广告是必不可少的。

对硬广告写作过程中有以下需要注意的地方：首先，突显利益，“利益所在，关注所在”。每则广告要有明确的卖点，卖点突出。一般以突出一点为宜。例如：房型、地段、价位、投资是一般消费者比较关注的问题，在硬广告中应有所说明。第二，注重文字语言风格与版面设计风格的协调，图文并茂，相得益彰。第三，在附文中注意项目地址的明确性，不要任意夸大，注重细节的真实，从长远角度来看，树立良好的口碑终将化为企业品牌资产的积累。最后，一般来讲，房地产硬广告都是系列广告，需要在风格上保持“清晰、一致、持续”，在细节上“求新、求异、求变”注重整体形象的一贯性，可以给人信任感。

图 8－3　硬广告

2. 软广告

软广告又称“软文”，是用新闻稿的形式来写广告文案。是配合硬广告而出现并运用的广告形式。它常常运用在房地产广告、汽车广告、药品广告中，是一种委婉表现广告功利性的广告形式。由于以新闻形式出现，容易博得消费者信任与关注，消费者往往不易觉察其意图。

撰写软广告有以下技巧：

(1)把握发布时机。软广告往往借新产品发布、新概念推出、评选获奖等为契机进行宣传。

(2)配合整体营销策略，有的放矢。软广告的发布不应游离整体策划，要配合整体宣传，这样才能软硬结合，浑然一体。

(3)配合新产品上市、促销攻关过程，软广告写作要确保数量，一般至少3篇。

(4)为确保权威性，尽可能列举相应权威机构公布的结果、权威人士证言。

(5)运用精确数字说话，有效利用数字对比增强可信性和直观性。

(6)列举真实事例，加强新闻性。最好注明人物真实姓名、性别、住址、联系方式等。

(7)插入相关照片，图文并茂，生动可信。

(8)发掘软广告新形式，如通信、短信、知识百科、专家述评、读编往来、新品发布、试用感受等。

(9)注意排版格式。借鉴报纸的新闻版式，标题、字体、字号、线框、色彩等都要仔细斟酌，力求规范。

(10)确保标题出现品牌名称。

【案例】

生活，凌驾于50万平方米阔野之上——雲锦城·翠舍，你的世界

理想的栖居什么样？在都市的人们几乎都要忘记土地、河流、天空的存在时，距市区仅20分钟车程的雲锦城·翠舍，却有着50万平方米的原生态湿地公园，10万平方米自然水域。大白荡，正向人们完美诠释几千年的天人合一的居住理想。

以50万平方米阔野孕育生活

雲锦城·翠舍，紧邻新区首座城市生态公园——50万平方米大白荡城市湿地公园，私藏风景，从容进退。大白荡，规划总面积50万平方米，其中水面10万平方米，总体规划设计糅合了海内外境群、致朗等多家景观设计公司的独到创意，以生态为基础、水为中心，瀑布、喷泉、白菱田池、水闸、码头遗址、观景平台、树阵广场、亲水栈道、戏水场、高尔夫球场、市民活动广场、休闲茶室等应有尽有。

都市里与喧嚣绝缘的地带，绿树成阴，鸟语花香，富含高浓度负氧离子，满足生态自然的生命全领域解读——雲锦城·翠舍，在稀缺的资源中传承建筑价值，在稀缺的资源中孕育生活态度。

以卓越社区景观畅享生活

对望大白荡无边秀色，雲锦城·翠舍，从社区入口开始，布局循序渐进，风景层出不穷。沿着坡度规划的独特风景线，社区自携3000平方米幼儿园、3000平方米商业，结合大白荡商业区，出则繁华，入则静谧，独有的领域和归属，让主人以舒适、和谐、尊崇的姿态拥抱生活。

错层走廊、空中花园、玻璃中庭、双露台，以自然风景的角度裁切建筑；错层起居室、餐厅结构，专属地下室、半地下室，以原生态居住之特有的恬适与宁静，感悟生活。

72席翠舍，现正接受预约

有了健康的环境，再加上健康的房子，让我想想，还需要什么？雲锦城·翠舍，72席原生态城市别墅，私享50万平方米大白荡生态原景，亲近10万平方米自然水域，全方位包容原生态景观，给自己一个世界吧！

（三）创意信息化

广告创意是将一种市场思维和信息通过艺术语言表达出来的一个过程。我国房地产广告创意已经开始将对市场的考察研究和对卖点的提炼融入到房地产广告创意之中，其表现在强调对核心卖点和核心楼盘硬信息的提炼；强调核心卖点在文案和画面表现中的突出位置；强调楼盘硬信息在文案和画面表现中的有效传播。综观我国的房地产广告，其创意内容大致三类，即：硬性信息、软性信息和感性信息。其中每一项中又包含四个类别。

1. 硬性信息

(1)强调地理位置的优越。当今社会，人们越来越强调生活的便利和交通的迅捷。所以，房地产楼盘所处的地段就往往成为房地产广告创意的切入点。

(2)强调周边景观特色，生态与自然，是人们对居住环境的要求。房地产开发商对楼盘园林景观的规划和房地产广告创意人员对楼盘周围环境的挖掘到了不能再精细的地步。

(3)强调建筑名家的设计，为建筑品质作为实力保障。因为房地产产品才是消费者最终购买的目标，所以以建筑的品质为创意切入点也是很有效的。

(4)强调价格低廉、房地产产品的超值性。购买房地产产品往往是一项很大的投入，尤其对普通购房者来讲是人生的一件大事。因此，房地产创意以价格为突破口是很常用的。例如某房地产广告，标题为“贵族享受、平民价格”。

2. 软性信息

（1）强调企业集团实力与品牌。“品牌”的概念已经深入消费者心中，在房地产产业中，开发商的品牌优势可以为楼盘增值已经成为不争事实。例如“万科”这一品牌在其许多广告中，“万科”这两个字已经作为创意在使用了。

（2）强调物业管理的优越。现代人购房不仅是购买住宅，更是在购买享受、购买服务，作为楼盘的“联体儿”，物业成为关系到人们居住体验的一个重要保证，房地产广告创意以其为切入点是符合消费者购买心理的。

（3）树立投资置业新观念。一般来说，购房者购房的目的一是居住，二是投资。所以把买房当作投资的这一部分人群是最容易被投资置业的新观念所打动的。

（4）强调名人推介效应。所谓名人为邻，彰显不凡。名人效应在房地产广告中大有用武之地。例如沈阳国奥现代城，以奥运冠军王楠在此购房为卖点进行了一系列营销活动。

3. 感性信息

（1）强调火爆的热销场面。这是创意人员针对消费者的从众心理制订的广告策略。

（2）进行入住业主访谈，真情实感娓娓道来。同为购房者，其经验会给消费者一种信任，更容易让消费者接受广告信息。

（3）凸显项目品牌个性，强调心灵交流沟通。这就是我们平时所说的“炒概念”，通过对房地产产品在精神层面的诠释来打动消费者的心灵。值得注意的是，在创造概念时要避免滥用概念、虚构主题，不能完全脱离自身产品进行辞藻的堆砌。

（4）强调高雅品位生活。买房是为了提升生活的质量，从生活的角度来诠释房子，已经成为房产广告创意人员惯用的方法。

以上是房地产广告中较为常用创意角度，也是房地产写作的创意来源。当然，生活是无限精彩与丰富的，只有更多地挖掘产品内涵，不断地提升观察生活、领悟生活的能力，才能探询到更多、更好的创意来源。

（四）语言个性化

语言是一种社会现象，随着社会的产生而产生，随着社会的发展而发展。社会生活中的新事物，新概念的出现，人的观念的更新都是经常发生的，随着这些变化的发生，社会生活就会不断地提出新的交际需求，语言必须随时对社会生活中的这些变化作出反应，才能使语言满足社会的需求。语言中与社会联系最直接的是词汇，词汇对社会发展的反映最灵敏，变化也最快。房地产行业在中国是发展势头最为迅猛的朝阳行业，与人们生活息息相关，因此，词汇的变化在房地产广告中表现得最为明显。社会生活中反映新事物、新概念、新观念的词语经常出现在房地产广告中，借此流传开来。

1. 新词语的来源

(1)从外语里借用。房地产广告中出现的新词语，有很多是从外语“借”来的新词。具体地说，常见的“本案”，现在很多房地产的平面广告上都用“本案”两个字标明所宣传的楼盘。“本案”就是所在地的意思。现在常用于商品房标志地图上。在日本，凡广告上画了简单地图，指明该商场或商品房的地点，都在所在位置用明显标志注明“本案”两字。现已被商品房广告商引进。从日本借用的汉字词，不读日语读音而读汉字音。这也是从日语借词存在的一个便利条件。

从英语中借用的词更多，使用频率比较高的是 CBD 和 Townhouse。

所谓 CBD，是英文 Central Business District 的简称，最早产生于 20 世纪 20 年代的美国，由美国人伯吉斯提出，中文译为商务中心区或中央商务区。中央商务区在《现代汉语词典》(2002 年增补本)中的解释是“大城市中地理位置优越，汇集商贸、金融、证券、保险等机构，以互联网为纽带，集中进行商务活动的地区”。本来成为 CBD 有一定的要求，但是现在的人们都有一种浮夸的心理，所以很多城市都在建设 CBD，于是在很多地方的房地产广告中都有××楼盘位于“CBD 核心”的字样。比如某楼盘“经典生活”就有广告词：“雄踞 CBD 民主广场珍稀位置，步行 500 米与天津街、人民路亲密接触。”CBD 成为房地产广告中的流行语。

Townhouse 是欧美国家的一种城市住宅形式，中文又叫联排别墅。起源于英国。二战以后西方国家由于工业化进程加速，大量的劳动力涌入城市，令城市日益拥挤，生活环境恶化，为了维持生活质量，一批志同道合的中产阶级开始在市郊建房，久而久之形成了 Town，这就是 Townhouse 的由来。

像 CBD、Townhouse 这两个词都有意译的汉语词，但是人们在平时使用中大多使用英语词，不经常使用“中央商务区”、“联排别墅”，这一方面因为英文读写比较方便，另一个原因也是这些年外国文化大量进入中国，人们崇洋心理作祟，以洋为美。

(2)从方言中借用。普通话词汇以北方话的词汇为基础，但也从来不排除吸收其他方言中有表现力的词语。从方言中借用的主要是“南风”词语北上。吸收进来的“南风”词语并不能说一定有什么特别突出之处，但由于港台或粤方言地区的经济发展使之成了强势方言而很容易推广开来。

在房地产广告词中的“按揭”，《现代汉语词典》的解释是一种购物的贷款方式，以所购房屋或物品为抵押向银行，然后分期偿还。这个词源于粤语，先用于香港，“按”是抵押，“揭”是借贷。也有人说是“按”若干年份可以“揭”开住房这个盖子，就是指分期付款，多用于住房贷款，后来也逐步用于购置汽车及其他大型高额商品。

还有一个词“楼盘”，“楼盘”是兴建或出售的商品楼，包括单栋的住宅楼和成组的住宅楼群，起初也多用于香港地区。

(3)从其他行业借用。房地产广告中也有从其他行业中借用的，比如“开盘”，这个词是从证券业借来的。“盘”来自算盘，旧时商店开门营业时店主喜欢将算盘珠拨得很响，以示生意兴旺，这就叫做“开盘”。现今证券交易将开市营业叫做“开盘”，只是算盘已不再使用。房地产从证券业借用了这个“开盘”表示楼盘开始出售。

(4)利用原有构词材料构造新词。利用原有的构词材料构造新词是新词产生的重要途径。

有一个在广告词中泛滥的词“内部认购”。“认购”在《现代汉语词典》中的意思是应承购买(公债等)。现在用到房地产领域。所谓“内部认购”，是指房地产商小规模、不公开地预售商品房，也可以叫做“内部职工认购”或“提前定购”，是开发商在不具备预售资格前的一种变相销售方式。内部认购的商品房价格较低。每平方米比开盘后便宜一二百元，在价格的驱动下，有很多买房人士热衷于这种“内部认购”。而这种“内部认购”又可以加速开发商的资金周转，因此，现在的“内部认购”实质上已经成了“外部认购”。这种行为是否合法有待确定，但到目前为止，“内部认购”这个词还活跃在房地产广告词中。如果以后真的认定这种“内部认购”的行为为非法的话，“内部认购”这个词语在不久的将来也有消失的可能。“亲水住宅””，“东方威尼斯”也是用原有材料构造出的新词。从字面的意思理解就是“亲近水的住宅”，“东半球的水上名城”它们都是指建筑在水体周边的住宅，使人能够更加方便地接近自然水景。

(5)旧词新用。旧词新用主要分两种类型。一种是“旧词复活”，另一种是“旧瓶装新酒”，即赋予原词新的引申义，此种现象较为常见。

“高尚”，原指人道德水平高；也指有意义的，不是低级趣味的。现在有了新义：住宅高雅时尚。于是有了“高尚住宅区”、“时尚住宅区”。

“席位”在《现代汉语词典》中的解释是集会时个人或团体在会场上所占

的座位。特指议会中的席位，表示当选的人数。现在“席位”这个词也能在房地产广告中经常见到。经常会看见某某楼盘“仅有少量尊贵席位”的字样。这里的“席位”很明显指的不是什么会场，更不是议会。这个“席位”应是从“座位”引申出的，意思上大致相当于位置。如果是商铺的房产广告，它指的就是铺位，如果是一般的单元房，它指的就是套房。

“公馆”，始见于《礼记》，“公馆，君之舍也”，诸侯将相的私邸豪宅。20世纪二三十年代，公馆融合中西建筑艺术，兴盛于上海，多建于城市核心地段，为身份显赫的达官贵人、将军名流的府邸。随着历史的积淀，公馆已成为一个时代豪华、尊贵与生活理想的标签，洋溢贵族文化气质（见图8－4所示）。

图8－4　楼盘名称：香山公馆

“新贵”，拥有财富，拥有最优裕生活方式；拥有品位，拥有体面的身份地位；拥有智慧、辉煌的事业追求，是令人仰慕的都市生活情调的代表。

“新贵生活”，富有品位，善待生活，舒适怡人的家，成功但不张扬，轻松愉悦的生活方式。

“香榭丽舍”，横贯巴黎东西的大干道，引申为巴黎商业中心，更是商业中的传统和现代的完美结合。在房地产开发中的使用则意味着奢靡豪华，指代大园林、大景观。

“枫丹白露”，法文原意“蓝色美泉”，枫丹白露宫是法国皇家狩猎地。中文的枫丹白露由四个充满浓郁中国古典意味的诗词用字构成。同时构成森林、泉水、园林、宫殿的通感联想，寄托了某种人生态度、人生理想。如今，借鉴“枫丹白露”的皇家度假含义，屡屡被房地产中的别墅开发商借用。

“庄园”，原是欧洲人拥有的私人领地，里面种植葡萄、花卉或其他农作物。引申为一种田园牧歌式的生活，在房地产行业成为高级住宅的代名词。

“左岸”，由塞纳河区分，将巴黎分为两岸，右岸凝聚着奢华宏大的文化象征；左岸则是贫穷作家与诗人的天堂，代表清贫的文化，年轻的奋斗，是人文的气质。“左岸”在国内借用为一种符号，成为财富的象征，被房地产和咖啡馆所钟情。

“塞纳河”，法国河流名。引申为精神概念的河，代表着从平民到精英的广泛认同、精神源泉。在房地产业中，被众多城中有河流流经的城市引用，并被河流沿岸房地产楼盘作为广告用语。

“威尼斯”，意大利北部水城，商贸、艺术中心。引申概念意味着生活方式的亲水性，蕴涵着海洋国度的涵养和文艺复兴的底蕴，意味着闲适环境和文化熏陶的双重生活，在房地产业常被引用为“东方威尼斯”，指那些与水、河密切相关的城市。

2. 新词的形式

词的形式主要是字母词和固有词。房地产广告中出现的新词汇这两种都有。

(1)字母词。房地产广告中的字母词主要是纯字母词。纯字母词又分为缩写的和原形的。缩写的就像前面提到的 CBD，原形的如上面提到的 TOWNHOUSE。

(2)固有词。房地产广告中的新词汇里固有词占一大部分。固有词分为三种：缩略、派生、复合。

①缩略。由于社会生活节奏加快，当代的语言，无论是哪种语言，都出现大量的缩略语。在房地产广告中也不例外。比如“豪宅”就是“豪华的住宅”的缩略。“普豪”就是“普通豪宅”的缩略。还有现在出现的“五明设计”，是指“明厨房、明餐厅、明卫生间、明客厅、明卧室”，这是表述概括形式的简称。

②派生。派生法即词根加词缀的方法，也有两种。一种是词根在前词缀在后，比较典型的是“××版”，经常有楼盘广告打出“绝版”户型、“豪华版”楼盘，“精装版”小户型等等。“版”在《现代汉语词典》里有四个意思。第一个是上面有文字或图形的供印刷用的底子，从前用木板，现在用金属板。第二个是书籍排印一次为一版，一般可包括多次印刷。第三个是报纸的一面叫一版。第四个是筑土墙用的夹板。而在这里是样式，类型的意思。现在已经可以算是类词缀了。另外一种是词缀在前词根在后，如类词缀“超”，现在的人们浮夸心理已经到了一定程度了，“好”还不够，一定要“超”，什么都是“超一流”、“超豪华”，楼盘的设计、装修也要“超水准”，“超”也演变成为一个类词缀了。

③复合。复合法造的词比较多。汉语词汇的一个特点就是广泛运用词根复合法构造新词。像“新锐标志”，“新锐”是新而有锐气。“新锐标志”从结构上说是偏正结构。就是“新锐的标志”；还有“新盘”，是指新近推向市场的商品房，也指设计风格较新的商品房。还有“复式住宅”，是一种住宅结构，内部的局部空间分为上下两层，有楼梯相连。“复式住宅”以外还有“错层式住宅”、“跃层式住宅”，都是指住宅结构。

3. 词出现的原因

(1)词汇的活跃性。词汇的活跃性是语言结构系统各要素中最易变化的一个要素，它总要随着社会的变化而变化，一旦社会上有新的事物出现，就要有相应的新词语出现。社会发展，出现了新的事物，因此有必要用一个新词来表达。

我国实行改革开放以来，社会生活发生了很多变化，新事物、新概念层出不穷，人们的思维成果也越来越复杂，精密，这些都会不断地对语言提出新的要求，推动语言不断地丰富自己的语汇，不断地使自己的表达方式精确化，多样化，以适应社会发展的需要。这种情况首先明显反映到词汇上。随着“温饱”问题的解决，现代人对住宅的要求越来越高，不只要能住，还要住得好。住宅的绿化也成为买房的一个重要参考因素。但是，地皮是有限的。于是，出现了“屋顶花园”，它是建于房屋顶部的花园，多铺种小规模草坪，栽种花木，或附有小型建筑，供人们休息、观赏，是城市立体绿化的组成部分，也称“空中花园”。

过去的人们，工作就是工作，住宅就是住宅。现在则不同，出现了“商住住宅”。它是一种住宅形式，居住者在居住的同时又能从事商业活动，是SOHO(small office home office)居家办公理念的一种延伸。它是住宅，又融入写字楼的许多硬件设施，具有良好的计算机网络功能，适合于小型公司及经常使用计算机网络的人群。

以前的楼盘大多比较零散，现在又出现了“社区”，是指城市里相对独立、配有成套生活服务设施的居民住宅区。现在的社区大都是封闭式的，配有保安等，居民的人身安全、财产安全更有保障。

(2)求新求变的心理。有一部分新词，它们的出现是为了迎合人们的某种心理。同时，潜在用户的“虚荣心”也成为房产从业人员，行销人员万众一心的标的。因此在房地产广告中往往将词语生疏化，陌生化，艰涩化，学术化。如“文澜尊邸”“卧波苑 自然演绎高贵 湖畔豪宅 卓然之境”。“邸”本为高级官员的住所，而“苑”则是养禽兽植林木的地方，旧时多指帝王的花园。

4. 新词的规范

新词的出现总是有它的原因，但是，新词出现后也需要加以规范。词语的规范就是要把那些符合语言发展规律的新成分，新用法肯定下来并加以推广，对那些不符合语言发展规律，且又难以被社会公众接受的成分和用法，加以剔除。现在的房地产词语也有许多需要规范的问题。有的词缩略不当。如“尊极车位”中的“尊极”表义不明确。楼盘“汐岸国际”用大胆的广告语“生活不在家”和近期推出的“生活在选择”引起了很大的争议，成为人们关注的焦点话题。“生活不在家”广告语立意十分新颖，会马上吸引人们的注意力，但不足的地方反映在让人不好理解，如果不是通过电话咨询以及到现场参观，就单凭这句广告语一时很难让人理解。

但房地产广告语言的个性化是整个项目个性化品质的具体体现，应该说这是整个房地产行业发展中的一种积极的现象，房地产广告语代表了一种新的生活价值观和居住的设计思维，这种现象应该给予正确的引导和评价。对于房地产广告中的新词汇，根据词语的发展规律和词语社会功能的要求，应供社会公众参考，而后进行公开和广泛的讨论，听取各个方面的意见，在此基础上逐步产生能够为社会公众认可的规范词语，如条件比较成熟，就可以由某个权威机构提出具体的规范意见，再通过大众传媒等渠道向社会推行，以保障新的词语能够向着健康，完善的方向发展。

5. 相关法规

写作房地产广告文案时，广告文案人员在掌握《广告法》等广告业法律法规外，还应对《产品质量法》、《反不正当竞争法》、《消费者权益保护法》等相关法律、法规有充分了解。除了遵守《广告法》中“真实、合法”、“不得含有虚假的内容，不得欺骗和误导消费者”等一般规则外，还应遵守房地产业有关的法律法规如《城市房地产管理法》、《城市房地产开发经营方案条例》、《房产销售管理办法》、《消费者权益保护法》、《房地产广告发布暂行规定》、和《商品房销售管理办法》中的部分条款等。

目前房地产虚假广告文案问题严重，而房地产广告法规建设的急待完善，也造成表述困难。

例如对装修装饰的广告表述、投资项目的广告表述存在表述困难的问题。《广告发布规定》第十三条第二款规定："预售、预租商品房广告，不得涉及装修装饰内容。"按此条款的表述，预售项目不得提及装修装饰内容，但随着购房者要求的日益提高和市场竞争的日益激烈，一方面有关部门已提出今后将不再允许销售纯"毛坯房"，另一方面，越来越多的项目从房屋档次和今后的装修扰民等问题考虑，在开发时已确定了房屋带精装(房价中也含有这部分装修的价值)，这些房屋在预售时，如果不提及装修装饰内容，就无法说明房屋今后入住后的真实状态，也不能如实反映所售房屋的价值。但如果提及装修装饰内容，又与本条款冲突。

《广告发布规定》第十六条规定："房地产广告中不得出现融资或者变相融资的内容，不得含有升值或者投资回报的承诺。"这一条款主要是从金融管理和避免开发商对投资性购房者以虚假广告诓钱而制定的。但"不得含有升值或者投资回报的承诺"未作更详尽的规范和说明。随着经济水平和房产市场的发展，以投资为重点的公寓和商住项目出现并增多，开发商在对这类项目进行广告时，要既有投资性质说明，又不能做任何的回报承诺，很难操作。

三、房地产广告语写作方向

(一)海景概念海洋以其博大的胸怀、壮观的景色给人类带来诱惑和渴望

人们对拥有海景居住环境有着强烈的欲望。现代工业文明破坏了原有的生态环境，人们厌倦了都市的摩天大楼和车马喧哗，渴望返璞归真，于是大海成了人们的好去处。深圳位于南海边，地理位置得天独厚，海景概念自然被地产商利用得淋漓尽致。

让你看海直到永远——海滨广场

华侨城顶级全海景花园——锦绣花园

21 世纪智慧型海景豪宅——汇景豪苑

海景无限优美，居家赏心悦目——锦隆花园

深圳维多利亚式全海景高层豪宅——京光海景花园

醉人的海韵情怀，尊贵的欧陆风情——御海湾山庄

纯正欧美海岸度假景观，坐拥欧美海滨别墅，俯瞰大海超然人生——金海滩度假别墅

宽广花园环境，无限开阔海景——金海湾花园

（二）绿色健康概念

21世纪是绿色的世界，生命源于绿色，也必将走向自然。随着人们生活水平的提高，人类对生活的要求也越来越高，人们不仅仅满足温饱的需求，还要追求一种绿色健康生活。这是一种时尚的表现，阳光翠鸣，绿意盎然，仿佛不懂得享受大自然的绿色便不是过着健康的生活。

大自然里的温馨家园——半岛苑

21世纪健康家园——汇锦名园

澳洲山庄，给您长寿20年——澳洲山庄

健康就在家门口——广州奥林匹克花园

阳光、沙滩、海浪、仙人掌、还有一片红树林——爱琴居

阳光灿烂的日子——中城康桥花园

市中心超规模度假式园林社区——云顶翠峰

都市里的田园度假村——中海怡翠山庄赛乐园

观山听雨翠雅居，明月无声入梦来——翠雅居

做个山里人，身体更健康——雍翠豪园

（三）智能生态概念

科技在发展，社会在进步，21世纪是智能化的时代。仿佛一夜之间，因特网变得无处不在。生意场上，谁能领先一步，谁就能赢得商机无限。“呼机、手机、商务通，一个都不能少”，这是一种快捷便利的竞争社会。试想，静坐家中，一杯清茗，轻轻一点，即刻与世界沟通。宽频上网，远程抄表，网上教育，闭路监控……让你足不出户，一切尽享安然轻松。

21世纪智能化生态家园——翠海花园

时空花园，天地中央——中央花园

都市人的生态家园——广地花园

21世纪生活概念空间

如诗如画的居住理想，现正优雅开放——丽江花园

10兆宽频，自由自在全在线，华强北智能商住公寓——阁林网苑

（四）地铁概念

地铁是一个城市最高效的交通工具，它是一个城市高度发达的标志，也是一个城市经济实力的象征。地铁的修建，能将城市土地的利用率大幅度提

高，能够加速城区的建设，加快人们的生活节奏，缩短城郊的距离，减弱城郊的差异性。地铁沿线将成为人流、物流、资金流、信息流强度最大的地段。一般地铁的线路规划，总是将交通枢纽和城市黄金地带联系起来，诸多商业金融区、政治文化区和大型社区串联成紧密的黄金商业线。

地铁网络时代，繁华都市生活

地铁通到家门口——彩福大厦

东门真正地铁上盖大商场；势做东门平价铺王——新2000年广场

地铁上盖往来如风——富怡雅居

地铁——畅通无阻大干线——天安高尔夫海景花园

未来人流、物流、经济流汇聚之地，地铁上盖升值在即——保利城花园

(五)质量品质概念

“百年大计，质量为本”，产品取胜市场的最根本是源于它内在的品质。对于房地产行业，不管是漂亮的楼盘外装，还是强大的广告宣传，软件背后是硬件，最重要的质素是楼盘建筑质量好，这是购房者最基本的要求，也是发展商最基本的市场行为。无论是知名发展商自我标榜的品牌效应，还是与中建三局、建厂局等国字号超强施工企业的捆绑营销，无非就是告诉客户楼盘的质量信得过，给客户以信心，值得购买。

享受源于品质，艺术尽在生活——艺术心殿

延续传奇品质，再创精品典范——鸿湾半岛

以艺术打造外型，以品质建构内涵；拥有品质便是一种高贵——天健名苑

再创深圳高尚家居典范——百仕达花园

给你一个五星级的家——碧桂园

超前30年的美丽家园——创世纪滨海花园

价值、超值，值得你去追捧——共和世家

保利品质，恒久魅力——保利花园

(六)公园概念

都市的上班一族每日都在钢筋大厦的牢笼里忙碌，梦想都市中有一块宁静的居处是大多数人的渴求。公园是公共的社会活动空间，是都市人休闲的好去处。放眼绿色生机，满目郁郁葱葱。傍晚时分，与亲密伴侣携手相约，或花前低语，或林中小憩；周末午后，携爱子或踢球嬉戏，或放飞风筝，怎不让人涌起家的温馨和甜蜜。

坐享中心区28万平方米绿色生态家园——城市绿洲花园

独占市中心区首席绿色特区皇岗公园——云顶翠峰

家住中山公园旁，连空气都甜——中山颐景

给你一个带公园的家——宝珠花园

三大公园环抱的家——桃源居

公园里的住宅典范——共和世家

醉人的海韵情怀，尊贵的欧陆风情——御海湾山庄

纯正欧美海岸度假景观，坐拥欧美海滨别墅，俯瞰大海超然人生——金海滩度假别墅

宽广花园环境，无限开阔海景——金海湾花园

轻柔海风，宁静家园——碧海天

(七)艺术教育概念

有人预言：21 世纪是教育年。人类进步需要不断创新，不断汲取知识。教育提升人的素养，艺术提升人的内涵。从最初的扫除文盲到现在的本科、硕士文凭；从山村小学到名牌高校，我们要受到更高的教育才能掌握更多的知识。一切从小孩抓起，这是父母对孩子的责任，也是社会对一辈人的要求。敏锐的发展商早已意识到这一点，于是开发楼盘大打文化教育牌。众所周知，在商场经营中，女人和小孩的钱是最好赚的，看起来，在房地产营销中，动动女人尤其是小孩的主意也是很有效的。

“豪”的概念全新演绎，“生活艺术”活现眼前——东海花园(第二期)

活到老，学到老 入住星海名城，就读北大附中(幼儿园、小学、中学)，享受中国一流名校教育——星海名城

深圳国际幼儿园、高级小学、高级中学、深圳外国语小学等名校林立，成就品牌教育——翠海花园

滨海音乐家园——浪琴屿花园

孩子好，才是真的好——长安、长泰花园

(八)中心区概念

都市中心，世外桃源——天安高尔夫花园

中心区旁最大型绿色滨海社区——金海丽名居

市中心首席绿色家园——云顶翠峰

小的、好的，也要中心区的——彩天名苑

推开中银的窗户，放眼中心区的未来——中银大厦

到中心区商圈赚钱——彩福世纪商城

(九)山景、水景概念

“一窗山水，亲山、亲水、亲自然”——文伟阁

"一切，因水而永恒"——洛涛居

"东方破晓时，湖光山色现"——东湖大厦

第二节 酒业广告文案

在各个国家，酒都有同样的文化与历史象征意义。酒类广告文案往往以酒的生产历史作为创意出发点，除此之外，品牌、产地、历史、口味也是创意形成的方向，也有酒类广告文案将酒与受众的感受相联系，营造一种温馨、热烈、沉静、庄严氛围。消费者的个性也常常在文案中体现。

文化、历史、时间、个性品味、情感寄托是酒类广告恒久不衰的主题。

一、文化方向

在世界各个国家，酒都具有浓厚的文化象征意味，将文化内涵融入品牌，形成文化上的品牌识别，能大大提高酒类品牌的品味。珠江云峰酒业推出的"小糊涂仙"酒，借"聪明"与"糊涂"反衬，将郑板桥"难得糊涂"的名言融入酒中，由于把握了消费者的心理，将一个没什么历史渊源的品牌运作得风生水起。

【案例】 水井坊文案——风雅颂

风声、颂声、声声入耳

雅韵、酒韵、韵韵关情

——中国酒文化之源

酒遣怀为风，合礼为雅，致敬为颂，水井坊，将风、雅、颂的情感精髓提炼得至醇至真，成为酒文化历史上的巅峰之作。水井坊，从被评为"1999年全国十大考古新发现"到被列为"全国重点文物保护单位"；从"最古老的酿酒作坊"载入吉尼斯世界纪录到荣膺"原产地地域产品保护"；更以古色清幽、最贵典雅的包装获世界大奖"莫比"包装设计金奖和最高成就奖。水井坊实至名归，每一项荣誉、每一项桂冠都是对中国源远流长酒文化的传承与升华。

水井坊——中国白酒第一坊。

二、情感寄托方向

将人间美好的情感注入广告中，用情感因素引发消费者的感情共鸣。

【案例】 芝华士广告文案——表现对父亲的真切情感

因为我一生下来就认识你。

因为一辆 RUDGE 牌自行车曾使我变成街道上最高兴的男孩。

因为你允许我在草坪上玩蟋蟀。

因为你老在厨房里跳舞，手腕上围了一块茶巾。

因为你的支票簿为了我而格外忙碌地被使用。

因为我们的家里充满了书香和笑声。

因为无数个星期六的早晨，你放弃了自己的娱乐看一个小男孩玩橄榄球。

因为你对我从不苛刻要求，而我一旦干了坏事就给予适当的惩罚。

因为每天夜晚，我在床上酣睡时你却在书桌旁辛勤地工作。

因为你从不拿小鸟和蜜蜂之类的问题来麻烦我。

因为我知道在你的皮夹里有一块褪了色的有关于我的奖学金问题的剪报。

因为你总是督促我把鞋后跟擦得跟脚趾头一样亮。

因为我 38 次生日你 38 次都记得。

因为当我们相遇时你仍然紧紧地拥抱我。

因为你仍然为我妈妈买花。

因为我知道是谁使你凭添这么多的白发。

因为你是个称职的祖父。

因为你使我的妻子感到自己是家庭中的一员。

因为最近一次我为你付钱买午餐时，你选择的饭店是麦当劳。

因为每当我需要你时你总在我身边。

因为你总让我自己尝试，就算错了你也从不说“我早就跟你说过”。

因为你还佯装自己还能读书看报，只是少了付眼镜罢了。

因为我该经常对你说声谢谢，可我没有做到。

因为今天是父亲节。

因为假如你不值得送 Chivas Regal 这样的礼物，还有谁值得?

三、历史方向

生产历史和贮存年代是消费者判定白酒和葡萄酒品质的重要标准。因此，历史也成为酒类广告的一个典型诉求点。泸州老窖公司拥有始建于明代万历年间(1573)的老窖池群，所以总是用“您品味的历史，430年，国窖1573”的历史定位来突出品牌传承的历史与文明。

【案例】

在法国近郊马爹利干邑世家一望无际的酒库上空，散发着一股醉人芳香，流传着一个动人故事。每年，有超过一百万公升的上等干邑白兰地在漫长的酝酿过程中不断升华到空气中，成为对天使的奉献。大约三百年前，这种芳香，将一只燕子深深吸引，依恋不舍。最后，它终于化身金黄，超越平凡。每年初春，数以千计的燕子都在这里悠然翱翔，而金燕子也依然不断出现在每一瓶马爹利干邑白兰地之上，标志着法国马爹利。

广告语：干邑世家，经典无价

四、时间方向

将产品的创牌时间或酿造时间作为卖点，彰显产品生产过程的复杂和漫长，也是很好的表现。

【案例】 长城葡萄酒——表现十年的酿酒历程

三毫米的旅程，一颗好葡萄要走十年
三毫米，
瓶壁外面到里面的距离，
一颗葡萄到一瓶好酒之间的距离。

不是每颗葡萄，
都有资格踏上这三毫米的旅程。
它必是葡园中的贵族；
占据区区几平方公里的沙砾土地；
坡地的方位像为它精心计量过，
刚好能迎上远道而来的季风。
它小时候，没遇到一场霜冻和冷雨；
旺盛的青春期，碰上十几年最好的太阳；
临近成熟，没有雨水冲淡它酝酿已久的糖分；
甚至山雀也从未打它的主意。摘了35年葡萄的老工人，
耐心地等到糖分和酸度完全平衡的一刻才把它摘下；

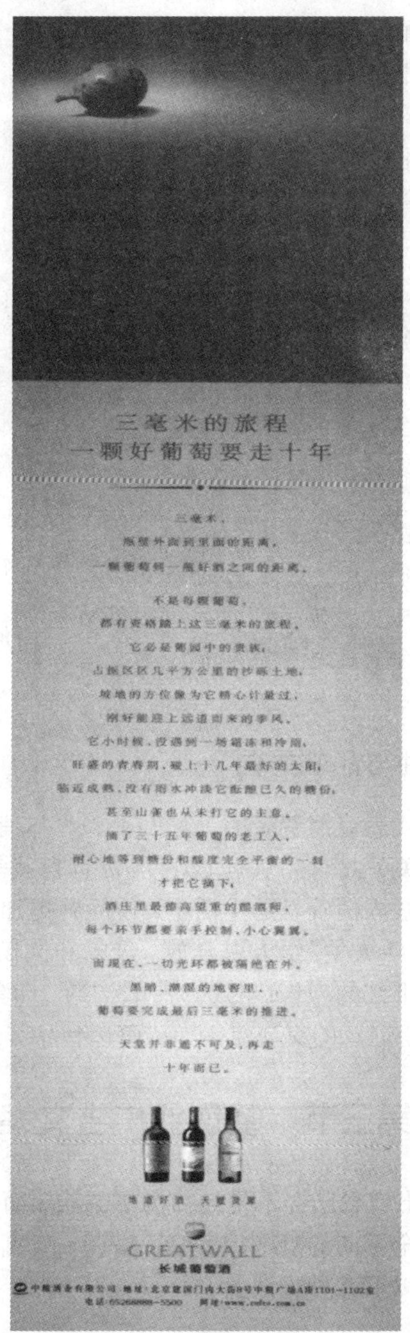
三毫米的旅程
一颗好葡萄要走十年
三毫米，
瓶壁外面到里面的距离，
一颗葡萄到一瓶好酒之间的距离。
不是每颗葡萄，
都有资格踏上这三毫米的旅程。
它必是葡园中的贵族；
占据区区几平方公里的沙砾土地，
坡地的方位像为它精心计量过，
刚好能迎上远道而来的季风。
它小时候，没遇到一场霜冻和冷雨，
旺盛的青春期，碰上十几年最好的太阳；
临近成熟，没有雨水冲淡它酝酿已久的糖份，
甚至山雀也从未打它的主意。
摘了三十五年葡萄的老工人，
耐心地等到糖份和酸度完全平衡的一刻
才把它摘下；
酒庄里最德高望重的酿酒师，
每个环节都要亲手控制，小心翼翼。
而现在，一切光环都被隔绝在外。
黑暗、潮湿的地窖里，
葡萄要完成最后三毫米的推进。
天堂并非遥不可及，再走
十年而已。
GREATWALL
长城葡萄酒

图 8－5　长城葡萄酒广告

酒庄里最德高望重的酿酒师，
每个环节都要亲手控制，小心翼翼。

而现在，一切光环都被隔绝在外。
黑暗、潮湿的地窖里，
葡萄要完成最后三毫米的推进。

天堂并非遥不可及，再走十年而已。

也有强调时间短，新鲜的。如贝克啤酒的广告文案：

【案例】

禁酒令

文案：查生啤之新鲜，乃我酒民头等大事，新上市之贝克生啤，为确保酒民利益，严禁各经销商销售超过七日之贝克生啤，违者严惩，重罚十万元人民币。

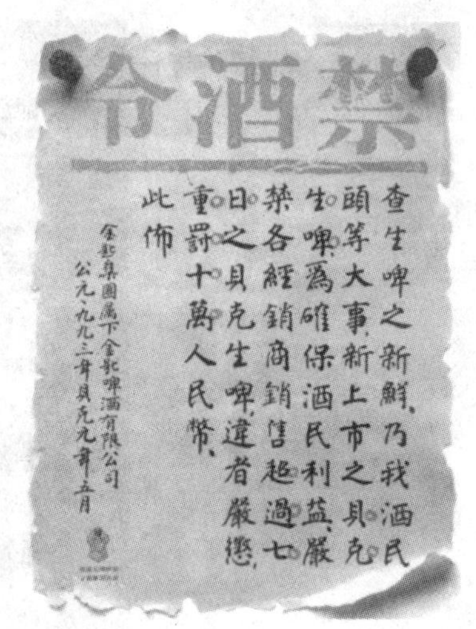

图 8－6 禁酒广告

五、消费者个性与品味方向

喝什么样的酒也代表着消费者的个性与品位，与消费者的身份、自我认同、社会地位密切相关，此时品牌就成为消费者自我表达的一种载体和媒介。酒业品牌还常常融入消费者的生活中，使品牌更加生活化。如青岛纯生啤酒的“鲜活滋味，激活人生”给人以奔放、舒畅和激扬的心情体验；云南印象酒业公司推出印象干红的广告口号为“有效沟通，印象干红”，赋予品牌在人际交往中获得轻松、惬意的交流氛围，从而达到品牌诉求的效果。

第三节 餐饮业广告文案

对于现代人，外出就餐已经不是纯粹为了果腹，而是为了享受美食和体会一种与家庭氛围完全不同的氛围。美食、格调、气氛是餐饮服务广告的三大诉求重点。主要有以下八种方法：

一、展示地方风味

有些人就餐就是去品尝独特的地方小吃，感受传统的地方风味，因此这类广告要以饮食的地方特色为主要诉求内容，吸引远方的客人来品尝。

如：欧陆风情，诗韵醉人——欧陆风情酒店

二、展示独特风格

对于外来的餐饮项目，如开设的全国各地的四川饭店等，广告文案要结合当地饮食习惯，并强力宣传自身风格和传统美味，以吸引当地消费者。

如：正宗潮州菜，享誉大上海——沪上酒店

品一品，尝一尝，欢乐在东风——东风酒店

繁星点缀的江畔，火树银花鲤鱼门——鲤鱼门酒店

集传统名菜海派风味之精华，融中国烹饪现代美学于一体——海派大酒店

三、展示老字号风格

对于本地餐饮行业，广告文案要以老字号等历史和文化因素来吸引当地人和外地人，为企业建立较好的信誉和形象，形成口碑效应，同时形成长期的习惯性消费。

如：绘出民俗风情的新画卷，开创美食娱乐的新天地——民族酒店

四、展示历史文化

还有的餐饮业广告以文化取胜，将历史名人或历史事件作为诉求点，形成核心竞争力。

如：昔日帝王居，今日贵宾楼——南山宾馆·贵宾楼

京都东来顺，今日来天官；独行涮羊肉，闻名美食——天官酒店

五、展示服务特点

有的饭店是以服务取胜，强调服务的全面周到、舒适实惠，物有所值。

如：到深圳，住新兴，驾车来，免费停，真实惠——新兴大酒店

六、迎合吉祥、炫耀心理

迎合人们心理，用好运、幸福、和睦等词汇来唤起顾客的好感，用尊贵、

重要、自豪等词满足顾客的自我体现，让其体会到主人的感觉。

【案例】 美粤华大酒店：体会美食背后的尊贵人生

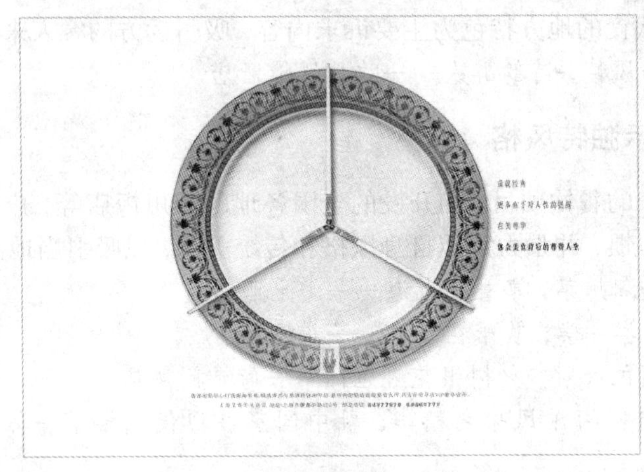

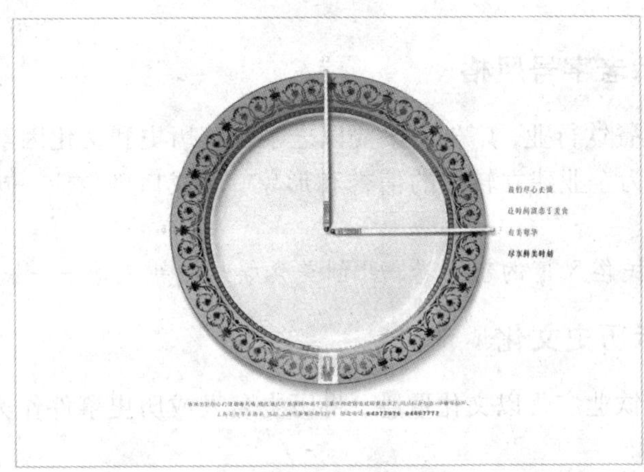

图 8 –7　大酒店广告

成就经典
更多在于对人性的把握
在美粤华
体会美食背后的尊贵人生
我们尽心去做
让时间留恋于美食
在美粤华
尽享鲜美时刻

我们不在乎东南西北
在美粤华
唯一指点我们的
是您挑剔的口味

【评析】 系列文案采用广告主自述的方法，直接抒发内心感受和追求，配合画面的奔驰标志、时间将文字的意味进一步升华，美食不仅仅停留在表面，其背后尽显尊贵和内涵。

七、激发情感向往

以人间亲情、友情、爱情、乡情为诉求内容，引起人们对情感的向往。

【案例】 兄弟大饭店

我们的心，永远记得故乡的口味。
一如我们的脸，总是重复读着故乡的书信。
我们的眼，永远辨得出故乡的口味。
一如我们的脸，总在梦里，对着故乡的情人。
我们的嘴，永远熟悉故乡的口味。
一如我们的心，
总像流云，朝着故乡的方向，
我们的舌，永远恋着故乡的口味。
一如我们的心，
总在夜里，缅怀故乡的亲友。
4 个月，4 年或 40 年，转瞬消逝了，
或许，故乡的人、事、物，已不复往昔，
但是，熟悉的乡味与乡思，
依然扣人齿颊，怀念不已。
兄弟大饭店

【评析】 由于现代社会人们流动性极大，思乡情绪非常浓重，用书信、情人、亲友娓娓道来对于亲情、爱情及友情的寻思，最终回到这些情绪的原点：乡情。以丰富的感情催使人们产生共鸣，不禁让人回想起余光中先生的著名诗篇《乡愁》。

八、展示优美环境

以优美的环境为诉求内容，获得顾客的认同。

【案例】 汤泉高尔夫凯泉度假酒店

标题：大隐于野，岁月增添价值——汤泉高尔夫凯泉度假酒店

正文：人生有许多现代生活的抉择，
等待着决定。
“但千万别在城市里下决定。”
松下幸之助有次对着一万三千位松下同仁说，
“应该到自然中去！”
雅致的生活，或许是摩天方厦里的斡旋帷幄，
或许是宝车名饰的簇缀荣显，
但一定是充分享受阳光、空气和水……
如果人类居住的现代化只能换来淡漠和冰冷，
那么它将一钱不值。
家是内心的归属，
而真诚的关怀和亲切，
是疲惫的心灵最好的抚慰。
或许会出现在新闻上，
或许相会在高峰论坛上，
就这样的不期而遇，
一个微笑，一声问好。
不同的世界观，
相近的学识，
汇聚成商战里的智慧河流。
高山，流水，飞鸟，叶落。
大自然的情致，
亦是人生的乐趣，
原来生活可以如此
从容。

【评析】 该文案如诗如歌，含蓄地介绍了酒店的所处环境、酒店内设

施、服务质量、会议场所以及自然环境等，充分展示该酒店是大型高档、设施齐全、服务周到、环境宜人的餐饮会所，是商务会议、学术研讨的好场所。

第四节 食品业广告文案

食品广告有的以理性诉求为主，一般以介绍产品构成、功能为主，如保健食品、绿色食品等。此类食品广告在文案写作上一是尽量提供产品的权威认证，二是说明详尽、清楚、要点明晰，三是尽可能地运用真实案例来验证产品功效，说理与实例相结合，有效打动消费者。

有的则采用感性的方式，做快乐、健康、生活化的表现，既让消费者产生情感共鸣，又能保持自我个性的感性特征，从而积极塑造产品的品牌形象。具体而言，在食品广告文案写作中，可以朝着以下方向进行文案的创作。

一、快餐概念

广告要灌输快餐概念，说明快餐给繁忙的人们带来的便利和好处，强调产品的快餐节时、方便、随意等卖点。

如康师傅的广告文案：平常演出总是挺忙，吃方便面那是经常的事。我总选择康师傅香辣牛肉面。哎呀，那份痛快的辣呀，就跟四川老家的一样。筋斗的面条，香浓的味道，令人回味无穷。还有不同的辣味选择，嗯，都是同样的精彩。香喷喷，火辣辣，康师傅香辣牛肉面。

二、强调文化

中国饮食文化对外来饮食者是很有吸引力的。外国饮食文化也逐渐进入中国，中国人对外来食品的异域口味也表现出较强的偏好。

【案例】 台湾黑松汽水“灵药篇”的系列平面广告文案

(一)爱情灵药

温柔心一颗，
倾听二钱，
敬重三分，
谅解四味，
不生气五两，
以汽水服送之，

不分次数，
多多益善。
广告语：用心让明天更新。
(二)工作灵药
热心一片，
谦虚二钱，
努力三分，
学习四味，
沟通五两，
以汽水服送，
遇困境加倍用之。
广告语：用心让明天更新。
(三)生活灵药
水一杯，
糖二三分，
气泡随意，
以欢喜心喝之，
不拘时候，
老少皆宜。
广告语：用心让明天更新。

三、注重天然

现代人更关注个人健康和食品的美味。个人健康关系到食品的环保和营养，于是绿色食品受到消费者的青睐。人们追求纯天然和绿色，对纯天然食品趋之若鹜，对食品生产流程非常关注。

四、口味诱惑

传统饮食文化讲究色、香、味、器、形。在广告文案中也要注意突出这些元素，以满足人们对食品的感官要求。

【案例】 南方黑芝麻糊电视广告文案

小时候，一听见芝麻糊的叫卖声，我就再也坐不住了。
一缕浓香，一缕温情。

南方黑芝麻糊。

五、保健价值

现代人更关注个人健康和食品品质。广告文案要强调食品的低糖、低热、低脂、少盐，迎合人们对健美的要求。

六、历史要素

人们在消费食品的同时也是在消费当地文化。针对这种心理，有些食品广告把食品所蕴涵的文化和历史作为诉求主题。

七、情感投入

广告中的感情投入关系到人们消费时的心理感受。因此，有些食品广告通过加入情感因素，给食品以附加价值。如月饼讲究团圆，面条讲究长寿，水饺意味着节庆等。

【案例】　月饼广告文案

中秋之月，
曾几何时，人们已不再把吃月饼当作解馋的享受。
然而，它像临近十五的月亮那样，
召唤着背井离乡的儿女，
催促着久别思念的亲人。
金秋月下尝一口，
团圆桌上献一盒，
甜了人心，亲了人意。

八、流行时尚

随着社会进步和生活水平提高，人们更关注食品所体现出的流行时尚。

【案例】　“七喜”广告文案

标题：七喜(7UP)——非可乐
比可乐更胜一筹
新鲜，纯净，爽口。
不含过多的糖分。

饮后没有异味。

具有可乐的一切优点，并且比它们更多：

七喜，非可乐，唯一的非可乐。

广告语：新的生活时尚的倡导者

九、营造生活化的氛围

如喜之郎果冻在广告中推荐“工作休闲来一个，游山玩水来一个，朋友聚会来一个，健身娱乐来一个”，让人在这些快乐和喜悦的场合想起喜之郎，使消费者在产品的使用过程中能体会出一种良好的令人惬意的生活气氛、生活情调、生活滋味和生活感受，而获得一种精神满足，使品牌更加生活化。

【案例】 三叶葡萄干文案

标题：总会有惊喜的新点子

正文：

三叶葡萄干配上烧烧豆花里，好棒！好棒！

三叶葡萄干和着暖乎乎的汤圆吃，好喜欢！

三叶葡萄干自己一个人吃，好过瘾！

三叶葡萄干和朋友一起分享，好快乐！

千变万化的吃法，随心所欲的乐趣，

无论怎么吃，

三叶葡萄干都一样好吃。

吃三叶葡萄干，

你总会有更令人惊喜的新点子。

广告口号：简明人永远有新吃法

评析：将三叶葡萄干这一产品的使用场合生活化、情景化，并将使用体验和由此而产生的情绪、心境和联想结合起来，使文案的诉求充满感性的生活情趣，并强化了商品名和使用场合。最后广告口号点题，突出三叶葡萄干的诉求对象是一群喜欢简单、寻求创新的人。

第五节 医药业广告文案

医药广告是医院及药品企业在市场竞争中不可或缺的重要竞争手段，医药广告文案的质量直接关系到医药广告的效果，因此文案具有相当重要的地位和特殊的重要意义。成功的医药广告在文案写作上有这样几个方向可以展开创作：

一、理性诉求

人们在购买药品时候往往很理性的进行对比选择，确定最适合自己的药品和医疗单位。

所以在写作医药广告时，一定要摆事实讲道理，从理论上简要地说明药品的性能和适应症状。

（一）药品信息型

通过摆事实、讲道理，展示药品的功能和特点，从理论上对消费者产生影响，激发他们的逻辑思维，达到说服的目的。

【案例】　排毒养颜胶囊的广告文案

健康人的脸色，一般是红润而富有光泽和弹性。但是，当毒素侵害人体，面部就会出现如痤疮、颜面色斑等症状，或是脸色苍白、枯黄、面色无华……想要拥有健康人的脸色，当然先要进行排毒调理。

排毒养颜胶囊，通解调补，专业排毒。一方面，通过通补结合、升降得宜的处方配伍，排出、解除体内毒素，调理人体紊乱的代谢；另一方面，通过调节机体状态平衡，使气血流畅、气机条达、阴阳平衡，使皮肤血液增多，皮肤细胞活力增强。从而达到调内养外，促进身体健康平衡的目的。

脸色红润象征健康与魅力。

脸色好，人缘更好，生活更轻松！

现在开始，认准属于你的"专业排毒"品牌——排毒养颜胶囊

（二）解除病痛型

如果广告从患者病情入手，引起患者对广告的兴趣，然后切入广告正题，介绍药品的功能，帮助患者解除病痛，就能获得患者的认同和接受。

【案例】　午后三点半，怎么办？

滴答……滴答……壁上的时钟毫不留情地走着，老张额头上的汗珠也越流越多，打电话四处求救兵，却均无结果，眼看三点半就快到了，怎么办？

对许多工商界人士而言，午后三点半是最敏感的时刻，调头寸、轧票子，

急得团团转，真如热锅上的蚂蚁。

工商业社会，由于处处讲究时效，分秒必争，锱铢必较，因此弄得人人紧张，无怪乎喊头痛的人也越来越多了。头痛有损健康，更阻碍事业，因为失眠、倦怠、注意力不集中、食欲不振、心神不宁等现象也常与头痛相伴而来，对您的为人做事都会产生不利的影响。

午后三点半如何过关？我们恕难给您一个满意的答复。

但是若您有了头痛的麻烦，我们却能给您提供一个绝佳的对策——

由必治妥大药厂精心研制的百服宁具有两大特色：

ⓐ 不含剧药(如比林系、咖啡因等)，是不会危害人体的镇痛良药。

ⓑ 独具必治妥大药厂专利的 ADA 成分，能促进吸收，迅速渗入血液，发挥疗效，且对胃酸有缓冲效果。

百服宁治头痛效力快，是您的锦囊妙“剂”！百服宁保护您无痛、健康。快乐！

二、感性诉求

医药广告越来越多地运用形象策略，利用树立良好的品牌形象来影响消费者，采用感性诉求方式与消费者进行有效地沟通，在感情上产生共鸣，让消费者感到广告是在真心实意地为他着想，是在为解除患者病痛而努力。

图 8-8 邦迪广告

【评析】 邦迪创可贴是个老品牌，之前的广告宣传主要侧重于功能诉求，比如防水，弹性，保护伤口等。而后来在社会层面重新界定了“伤口”，各种创伤，包括国家之间，政党之间，生活中遇到的心灵创伤。2000 年夏季，朝韩峰会这个震动了世界的话题引起了全国关注，半个世纪的对峙终于握手言和。邦迪广告“朝韩峰会篇”敏感地抓住这个时机，在朝韩领导人金正日与金大中进行会谈时，邦迪创可贴在这个历史性碰杯的经典画面旁边发表自己的见解：邦迪坚信，没有愈合不了的伤口！把人们对和平的期盼融入其中，在消费者心中引起共鸣，使邦迪的形象得到很好的提升。邦迪创可贴将“愈合伤口”这个简单的功效扩展为“再深，再久的创伤也终会愈合”的理念，开阔了广告发挥的空间，极大提升了品牌形象。

三、企业形象

树立企业形象，让形象深入人心。消费者认同了企业形象，也会认同企业的医疗服务和产品。

【案例】　安利的广告文案

主标题：一个待人以诚的真实故事

副标题：得了全世界的钱也未必快乐，看着别人一天一天好起来，心里却有着无限的满足。

正文：余先生夫妇加入安利已逾10年，是安利大家庭中的长辈，他们的长者风范温暖着每个人的心。最初，余太太加入安利当直销员，任职商行经理的余先生曾为此大表反对，认为不值得为那些“鸡毛蒜皮“的酬金而累坏了身子。但余太太的想法却不一样，她说加入安利不全为钱，能够帮助他人达成心中理想，才是最大报酬，目睹自己朋友的生活得以改善，心中的喜悦实在难以形容。他们待人以诚也赢得了别人的爱戴：有陌生的安利朋友在滂沱大雨中递上雨伞；有家在别处的直销员特意登上他们搭乘的班车，为的只是短短车程的片刻交流……这些种种，都丰富着余先生夫妇的人生，更叫他们立志坚守安利的事业，10年如一日，永不放弃。

广告语：接触真诚，同享丰盛。

实境创作题

(1)龙湖——香醍漫步。

定位：绿色地产 和谐人居

地理位置：沈北新区蒲河大道北侧

别墅均价：11000元/平方米

龙湖地产有限公司创建于1994年，成长于重庆，发展于全国，是一家追求卓越、专注品质和细节的专业地产公司。集团总部设在北京，现有员工

4000多人，业务领域涉及地产开发、商业运营和物业服务三大板块。公司于2009年11月19日在香港联交所主板挂牌上市。沈阳公司成立于2009年9月份。

通过收集资料和实地考察后，对龙湖香醍漫步别墅进行软广告创作。

图8-9 房地产广告

(2)选择你身边熟悉的餐厅，为其创作一则广播广告文案。

复习思考题

1. 房地产广告的创意信息化包含哪些信息，你是如何理解的？

2. 酒业广告文案的写作主题方向都有哪些？

3. 餐饮业广告文案的写作方法有哪些？

参考文献

[1] 冯露. 广告文案谋划与写作. 中南大学出版社, 2006 年第 1 版
[2] 李世丁, 周运锦, 编著. 广告文案写作. 中南大学出版社, 2003 年第 1 版
[3] 郭有献. 广告文案写作教程. 中国人民大学出版社, 2011 年 6 月 1 日第二版
[4] 胡晓云著. 广告文案. 浙江大学出版社, 2009 年第 1 版
[5] 丁柏铨. 广告文案写作教程. 复旦大学出版社, 2008 年第 2 版
[6] 初广志. 广告文案写作. 高等教育出版社, 2011 年第 2 版
[7] 余源鹏. 房地产优秀广告文案创作与鉴赏大全. 机械工业出版社, 2010 年第 1 版
[8] 胡晓芸. 广告文案写作. 高等教育出版社, 2003 年第 1 版
[9] 冯章. 新编广告文案写作与赏析. 经济管理出版社, 2009 年第 1 版
[10] 李欣频. 广告拜物教. 电子工业出版社, 2008 年第 1 版
[11] 陈叶编著. 广告文案. 合肥工业大学出版社, 2009 年第 1 版
[12] 赵兴元. 广告原理与实务. 东北财经大学出版社, 2002 年版
[13] 罗立. 酒品广告的奥秘. 广东经济出版社, 2002 年版
[14] 迟双明. 广告文案创作 50 法和精彩实例. 中国国际广播出版社, 2004 年版
[15] 刘涛. 服饰广告的奥秘. 广东经济出版社, 2004 年版
[16] 约瑟夫·休格曼(Joseph Sugarman), 杨紫苏, 张晓丽. 文案训练手册. 中信出版社, 2011 年第 1 版
[17] 许传宏. 广告文案. 上海人民美术出版社, 2012 年版
[18] 李中流, 张淑杰. 广告文案. 中国建筑工业出版社, 2005 年版
[19] 杨雷. 为广告插上翅膀—文案撰写技巧与实例. 电子工业出版社, 2011 年版
[20] 张微, 张金海. 广告文案写作. 武汉大学出版社, 2008 年版